COMMENT LA FRANCE A PERDU L'AFRIQUE

DES MÊMES AUTEURS

Chez d'autres éditeurs :

Ces messieurs Afrique, vol. 2, Calmann-Lévy, 1997.
L'Afrique sans Africains : le rêve blanc du continent noir, Stock, 1994.
Ces messieurs Afrique, vol. 1, Calmann-Lévy, 1992.

DE STEPHEN SMITH

Dans la même collection :

Négrologie : pourquoi l'Afrique meurt, 2004.
Oufkir, un destin marocain, 2002.

Chez d'autres éditeurs :

Question blanche, en collaboration avec Géraldine Faes, Éditions du Panama, 2006.
Atlas de l'Afrique : un continent jeune, révolté, marginalisé, Éditions Autrement, 2005.
Le Fleuve Congo, en collaboration avec Patrick Robert, Actes Sud, 2003.
Bokassa Ier : un empereur français, en collaboration avec Géraldine Faes, Calmann-Lévy, 2000.
La Diplomatie pyromane : Burundi, Rwanda, Somalie, Liberia, Bosnie, en collaboration avec Ahmedou Ould Abdallah, Calmann-Lévy, 1996.
Somalie : la guerre perdue de l'humanitaire, Calmann-Lévy, 1993.

À Florence Aubenas

Avant-propos

Le point de départ de ce livre est une perplexité que les auteurs croient partager avec tous ceux qui, de près ou de loin, s'intéressent à l'Afrique. Comment la France, si longtemps à son aise – et même trop ! – sur le continent noir, a-t-elle pu se mettre en porte-à-faux au point que, désormais, tout s'y retourne contre elle ? Paris intervient, et on dénonce son « ingérence », voire son « néocolonialisme » ; Paris s'abstient, et on lui reproche son « indifférence », on lui rappelle sa « responsabilité historique ». En fait, la France est au milieu du gué : elle a quitté une berge, glissante, mais n'a pas encore atteint celle d'en face, supposée sûre. C'est cet entre-deux qui nous intéresse, la transition entre la « Françafrique » d'hier et une France-Afrique de demain qui se cherche encore.

Rien n'apaise mieux les passions que le temps. C'est vrai, dans un sens, puisque la longue relation franco-africaine souffre aujourd'hui d'indifférence et de lassitude. Mais c'est faux, aussi, tant la polémique est vive. La connivence avec les dictateurs, la responsabilité de la France dans le génocide au Rwanda, le feuilleton judiciaire Elf, l'« Angolagate »... et puis, la crise et les morts en Côte d'Ivoire. Des scandales sont dénoncés, des erreurs relevées, des comptes historiques réglés. À tort ? À raison ? Tout le monde sent bien qu'une époque s'achève, qu'une page se tourne. C'est l'heure du bilan.

Nous tenons à exprimer notre gratitude à tous ceux qui, gouvernants ou opposants, partisans ou pourfendeurs d'une relation passionnelle au long cours, nous ont ouvert leur porte et leurs souvenirs sur l'histoire si contrastée entre la France et l'Afrique depuis plus d'un demi-siècle. La plupart d'entre eux sont cités dans les pages qui suivent, d'autres ont tenu à préserver leur anonymat. Qu'ils soient ici tous remerciés pour leur témoignage ou leur analyse. Enfin, nous tenons à exprimer notre reconnaissance à Henri Rethoré et André Faes pour leur relecture attentive du manuscrit et leurs observations.

Introduction

Apocalypse Now sur la lagune d'Abidjan

La France a perdu « son » Afrique dans la nuit du samedi 6 au dimanche 7 novembre 2004, à Abidjan. De vingt-trois heures jusqu'au petit matin, ses hélicoptères de combat, tous feux éteints dans le ciel noir, empêchent alors une marée humaine de traverser les deux ponts liant le cœur de la mégapole lagunaire à Port-Bouët, la langue de terre qui abrite l'aéroport et le camp militaire français, collés l'un à l'autre. Trente fois au moins, les plus résolus des jeunes « patriotes », partisans du président Laurent Gbagbo, avancent pour entraîner la foule qui, s'enhardissant, déferle en hurlant : « À bas la France ! », « Vive la Côte d'Ivoire indépendante ! » Mais à chaque fois, dans les cris hachés par le bruit des rotors, la vague est retournée par des tirs de barrage, un déluge de feux où se mêlent balles réelles, balles traçantes et bouquets d'étincelles que provoquent les grenades offensives en éclatant sur le goudron. Puis, le pont Félix-Houphouët-Boigny et son jumeau, le pont Charles-de-Gaulle, baignent à nouveau, totalement déserts, dans la lumière blême des lampadaires. Un véhicule tente de forcer le passage. Il est stoppé net par un tir de roquettes, prend feu. L'un de ses passagers parvient à se libérer, fuit, torche humaine s'embrasant toujours plus... Sur le toit de l'ambassade de France, qui surplombe la lagune, Gildas Le Lidec, entouré de ses proches collaborateurs, est comme hypnotisé par cette scène de guerre franco-ivoirienne. « Tout est fini, il n'y a plus rien à faire, murmure-t-il. Ma mission est terminée. » Depuis deux ans, il œuvre jour et nuit à mettre Laurent Gbagbo « en confiance ». Cette tâche d'extrême urgence lui a été confiée par Jacques Chirac en décembre 2002. Désemparé, à bout de solution, Paris mise alors tout sur le président ivoirien, en espérant faire de lui – selon la formule du Quai d'Orsay – « le fil conducteur de la crise ivoirienne » qui mènerait la France à une porte de sortie honorable du conflit. L'urgence n'est pas un vain mot. « Il faut partir, tout de suite ! » insiste le président de la République. Si bien que les lettres de créance ne peuvent être établies à temps, l'intendance ne suivant pas : le 11 décembre 2002, devant les caméras de la télévision ivoirienne, Gildas Le Lidec remet une enveloppe vide à Laurent Gbagbo...

Au même moment, retiré dans sa maison de la Drôme, Renaud Vignal, le prédécesseur limogé de Gildas Le Lidec, tente de mettre de l'ordre dans les événements dramatiques qu'il a vécus à Abidjan. « Ce rapport de fin de mission souffrira sans doute des circonstances particulières dans lesquelles ma mission en Côte d'Ivoire a pris fin (d'après *Le Monde* : "le changement d'ambassadeur le plus expéditif sous la Ve République"...) ». Ainsi débute-t-il un exercice qui, en l'occurrence, n'aura en effet rien de convenu. Filant la métaphore du *Docteur Jekyll et Mister Hyde*, le diplomate cherche à comprendre comment le président ivoirien a pu se métamorphoser dans les deux mois suivant l'éclatement de rébellion dans le Nord, le 19 septembre 2002, au point de « mettre en place un régime totalitaire avec escadrons de la mort commandés à partir de la présidence et [de] constituer la France bouc émissaire de toutes ses incompétences ». Au départ, Laurent Gbagbo avait pourtant donné les gages d'une réelle volonté de réconciliation, après plusieurs années d'instabilité en Côte d'Ivoire et après son élection « dans des circonstances calamiteuses », selon ses propres termes. En août 2002, il avait même fait entrer au sein d'un gouvernement d'union nationale ses plus farouches opposants, les partisans de l'ancien Premier ministre, Alassane Ouattara. L'ambassadeur Vignal lui avait alors tressé des lauriers dans un télégramme diplomatique envoyé à Paris. « Nous disposons avec Gbagbo d'un des meilleurs chefs d'État que ce pays peut actuellement avoir. Alors que le président a tenu ses promesses (élections à tous niveaux, gouvernement ouvert à toutes les familles politiques), le moment est venu de lui en donner acte. » Le temps aura manqué. Un mois plus tard, l'insurrection du Nord tue l'espoir de voir naître une nouvelle démocratie africaine. Un espoir que Renaud Vignal nourrissait d'autant plus volontiers que, socialiste aux fortes convictions, il souhaitait ardemment la réussite de son « camarade » ivoirien.

À Paris, personne n'a vu le coup venir. Signe du démontage du dispositif africain de la France, les services secrets de la République ont fermé leur « poste » au Burkina Faso, le pays voisin d'où la rébellion est partie – avec le soutien actif des autorités locales et, peut-être, du colonel Kadhafi. Que faire ? En cas d'agression extérieure, la France a l'obligation de se porter au secours de la Côte d'Ivoire, en vertu des accords de défense signés au lendemain de l'indépendance. Le gouvernement français hésite, se contente de demi-mesures : ses troupes « prépositionnées » à Abidjan fournissent munitions, essence et moyens de transport à l'armée ivoirienne, qui manque de tout. En visite à Rome, Laurent Gbagbo regagne sa capitale avec une garantie de la France pour sa sécurité personnelle. Il trouve cette aide « un peu courte ». Une semaine plus tard, le 27 septembre 2002, la moitié nord du pays étant passée sous le contrôle des rebelles aidés de l'extérieur, il demande formellement l'application de l'accord de défense. Le lendemain, il essuie une fin de non-recevoir qui brise à jamais la confiance entre Paris et Abidjan : la France promet seulement son « aide logistique ». En réalité, à cinq reprises, l'armée française ouvrira le feu sur les rebelles pour les empêcher de « descendre » sur Abidjan. Mais la France ne prête pas main-forte à la reconquête du Nord par les forces gouvernementales. Dès lors, Laurent Gbagbo cherche à se donner les moyens de gagner ce qu'il appelle une « sale guerre » : il finance en sous-main des milices « patriotiques », de jeunes désœuvrés menés par d'anciens leaders estudiantins, comme le « général » Charles Blé Goudé ; il met en place des escadrons de la mort, directement rattachés à la présidence. Les premiers prennent en otages la rue et la communauté expatriée. Ils lancent aussi des assauts contre la base des militaires français à Abidjan, pour les pousser à la faute d'un « massacre du style de la place Tian'anmen » que les médias acquis au régime dénoncent d'avance. Les seconds assassinent, à la faveur du couvre-feu, des dissidents à Abidjan, « au rythme d'une dizaine chaque nuit », écrit l'ambassadeur Vignal. Celui-ci est lui-même devenu la cible d'une violente campagne de presse, quand, le 27 septembre 2002, Dominique de Villepin, alors le chef de la diplomatie française, tient une conférence de presse à la présidence ivoirienne. Venu pour regagner la confiance de Laurent Gbagbo, il sacrifie l'ambassadeur. « La France est engagée par fidélité, par amitié, par conviction, parce qu'elle aime la Côte d'Ivoire comme elle aime l'ensemble du continent africain, déclare Dominique de Villepin. Vous pouvez me citer beaucoup de pays qui ont cette constance, qui ont cet engagement, qui ont cette affection pour les Ivoiriens et pour la Côte d'Ivoire ? » Enfin, il en vient au fait : « J'ai demandé à l'ambassadeur de me rejoindre à Paris pour faire un point, pour des consultations. » En vérité, Renaud Vignal, qui apprend son départ en écoutant « son » ministre, est rappelé définitivement à Paris. « J'ai combattu le bon combat ; j'ai achevé ma course ; j'ai gardé la foi ! » conclura-t-il dans son rapport de fin de mission, citant, en « vieux calviniste », la Seconde Épître de Paul à Timothée.

Débute alors la mission impossible de Gildas Le Lidec, un diplomate tout-terrain capable d'autodérision. « Puisqu'on m'a envoyé pour servir de "nounou" auprès de Gbagbo... », devient son entame de phrase préférée. À la fin janvier 2003, six semaines après son arrivée en poste, la France réunit les protagonistes ivoiriens à Marcoussis, près de Paris, pour un conclave de la paix. Mais les accords ne sont pas encore entérinés, en présence du secrétaire général de l'ONU, Kofi Annan, que les « patriotes » à Abidjan s'en prennent aux expatriés et aux symboles les moins contestables de la présence française, tels les écoles et le centre culturel, qui partent en fumée. Coïncidence de date, le jour de la signature des accords de Marcoussis, le 24 janvier 2003, les services secrets français rédigent une note de synthèse intitulée « Côte d'Ivoire : au sujet des escadrons de la mort ». Sous le sceau du « confidentiel défense », ce rapport de sept pages distingue, « en fonction de la chaîne de commandement et de leurs chefs respectifs », deux groupes de tueurs : celui du capitaine de gendarmerie Seka Yapo, « affecté officiellement à la protection de Mme Simone Gbagbo », l'épouse du chef de l'État ivoirien ; et « l'équipe » commandée par Patrice Bahi, « le responsable de la sécurité personnelle du président Gbagbo ». Ce dernier va faire obstruction aux accords de Marcoussis et parvenir, en une année, à rétablir son pouvoir en s'appuyant, le jour, sur le « ministère de la rue » et, la nuit, sur ses commandos de la mort. Il marginalise totalement le « gouvernement de réconciliation nationale », issu de Marcoussis, noyaute l'État de « patriotes » et arme ses milices. Le 25 mars 2004, la tentative de l'opposition d'organiser une marche de protestation à Abidjan aboutit à « une tuerie aveugle de civils innocents », selon une enquête du Haut Commissariat pour les droits de l'homme des Nations unies, qui dénonce « une opération soigneusement planifiée et exécutée par les forces de sécurité, de la police, de la gendarmerie, de l'armée, mais aussi de ceux qu'on appelle les forces parallèles, sous la direction et la responsabilité des plus hautes autorités de l'État ».

À partir de juillet 2004, la justice française déboute, en première instance puis en appel, des plaintes pour diffamation intentées par Laurent Gbagbo et son épouse contre *Le Monde* et *L'Express*, qui les avaient présentés comme commanditaires des « escadrons de la mort » à Abidjan. Ainsi, après les services secrets, le pouvoir judiciaire en France, en France juge-t-il criminel le régime ivoirien. L'exécutif français est plus versatile : tantôt Paris considère le pouvoir de Laurent Gbagbo comme « légal », voire « légitime » ; tantôt, aux moments paroxystiques de la crise, Jacques Chirac dénonce le « climat de haine qui est entretenu à Abidjan », voire la « dérive fasciste » du régime ivoirien. Mais aucune conséquence n'est tirée de ces dénonciations, sauf – à titre individuel – par plusieurs gestionnaires du dossier qui préservent soigneusement des copies de tous les documents officiels, pour leurs « archives personnelles ». L'un d'eux explique qu'en 1993, « on avait moins de preuves pour l'implication du président [rwandais] Juvénal Habyarimana dans le "réseau zéro" [l'escadron de la mort de son régime]. Or, après le génocide, la France a été accusée d'avoir sciemment collaboré avec un pouvoir criminel. Alors, si ça dérape à Abidjan, qu'est-ce qu'on va dire à une future commission d'enquête ou à la Cour internationale de justice ? Qu'on ne savait pas ? Qu'on n'a rien vu venir ? »

Le jeudi 4 novembre 2004, Laurent Gbagbo relance la guerre en rompant le cessez-le-feu garanti par plus de six mille Casques bleus et trois mille huit cents soldats français. Son armée tente de reprendre Bouaké, la « capitale » rebelle au centre du pays. Après soixante heures d'un vain *blitzkrieg*, l'aviation gouvernementale y bombarde un camp des forces françaises d'interposition, causant la mort de neuf soldats. En représailles, dans l'heure, Jacques Chirac ordonne la destruction de tous les aéronefs militaires ivoiriens. Très vite, dans l'après-midi, les images des appareils éventrés au sol, tirés au missile Milan par des soldats français, tournent en boucle à la Radiotélévision ivoirienne (RTI), sur fond d'hymne national. À vingt et une heures, le « général » Charles Blé Goudé, le principal chef de file des « patriotes », apparaît sur les écrans. Il appelle les dormeurs « à se réveiller » et les dîneurs « à arrêter de manger » pour aller « libérer la Côte d'Ivoire qui n'est pas un quartier de Paris ». Il demande à tous de se rendre au camp français du 43e Bataillon d'infanterie de marine (BIMa) et à l'aéroport. « Voulez-vous mourir dans la honte ou mourir dans la dignité ? » Des dizaines de milliers d'Ivoiriens convergent des quartiers populaires aux deux ponts sur la lagune. « L'idée était de submerger la base et la plate-forme aéroportuaire, pour empêcher l'arrivée de renforts, explique le général Henri Poncet, commandant en chef des forces françaises en Côte d'Ivoire, à la fois du BIMa et de l'opération Licorne qui appuie les Casques bleus de l'ONU. Dans l'après-midi, un commando avait déjà attaqué l'aéroport au lance-roquettes. Si on n'avait pas bloqué la foule au niveau des ponts, la communauté française aurait été sans défense. » Le lendemain, dimanche, c'est en effet la « chasse aux Blancs » à Abidjan. Sous l'apparence d'une irruption de colère populaire, les expatriés français sont pillés chez eux et pourchassés dans la rue. À défaut de pouvoir les protéger dans une capitale de 3,5 millions d'habitants morcelée en presqu'îles, l'armée française, ayant reçu le renfort de mille quatre cents soldats, organise leur évacuation. Sur plus de vingt mille expatriés, moins de huit mille resteront, presque exclusivement des binationaux sans vraies attaches en France. Tout ce qui rappelle l'ex-métropole coloniale a été brûlé et dévasté à Abidjan, du lycée Mermoz au restaurant *Paris Village*, en passant par la Librairie de France, pourtant rachetée depuis des années par des Ivoiriens. « Je n'ai pas compris ce qui est arrivé. Tant de haine... Je n'ai plus rien », devient le leitmotiv des Français abasourdis débarquant à Paris, souvent en short et en tongs.

Le mardi 9 novembre 2004, après quarante-huit heures d'un face-à-face de plus en plus tendu devant l'hôtel *Ivoire*, un détachement français ouvre le feu – tirant quelque deux mille projectiles en une minute – sur une foule de « patriotes » qui enfonce son périmètre sécurisé, situé à moins de un kilomètre de la résidence de Laurent Gbagbo. Convoyés à bord d'autobus de la Régie abidjanaise des transports, armés pour certains d'entre eux, les manifestants sont venus défendre leur président, la radiotélévision nationale répétant que « la France veut enlever Gbagbo ». À la suite de la fusillade, l'armée ivoirienne publie le soir même un bilan de vingt deux morts, bilan revu à la hausse six jours plus tard dans un communiqué de la présidence faisant état de soixante-sept morts et de mille deux cent cinquante-six blessés. N'avançant pour sa part aucun chiffre, donnant l'impression de ne pas se soucier des morts ivoiriens, la France perd la bataille de la communication. D'autant que l'imaginaire colonial explose à la télévision et à la une de tous les journaux en France : on y voit des Ivoiriens vociférant, brandissant des pancartes hostiles (« C'est gâté. À chacun son Blanc ») ; une fillette blonde assise sur sa valise à l'aéroport d'Abidjan, comme sa maman sur le port d'Alger en 1962 ; des paras français quadrillant une ville hostile, en proie au « syndrome de la casbah », le doigt sur la gâchette, la sueur perlant à grosses gouttes sur leur front ; des hélicoptères immobiles dans le ciel nocturne, tapis dans l'obscurité pour lancer leurs foudres sur les ponts entre la France et l'Afrique, Charles de Gaulle et Félix Houphouët-Boigny, les pères fondateurs de la « Françafrique ». Dans les années 50, Diên Biên Phu avait scellé la perte de l'Indochine. Dans les années 60, la France était sortie battue et meurtrie de la guerre d'Algérie. Plus de quarante ans après, la rupture avec l'Afrique francophone est-elle consommée ?

C'est à cette question que ce livre entend répondre. « La Côte d'Ivoire est un symbole, comme la prise de la Bastille », estime Michel de Bonnecorse, le conseiller pour l'Afrique de Jacques Chirac. Mais quelle est la révolution dont « *Apocalypse Now* sur la lagune » constitue la bande-annonce ? Les événements d'Abidjan ne sont pas sans précédent : à Bangui, dans la nuit du 4 au 5 janvier 1997, un Puma français avait « vengé », au canon 20 mm, la mort de deux militaires, tués d'une balle dans le dos par des miliciens centrafricains ; ces représailles au bilan inconnu, dénoncées par la presse locale comme un « massacre », avaient également suscité un fort sentiment antifrançais. Mais celui-ci était resté passager et, surtout, n'avait trouvé d'écho ni ailleurs en Afrique ni en France. En revanche, la « guerre » franco-ivoirienne nourrit d'images un profond malaise existant entre le continent noir et l'Hexagone, qui ne demandait qu'à s'exprimer. Comment ? De la même façon que la destruction d'une citadelle à Paris, transformée en prison d'État sous Richelieu, devint *la* scène finale de l'Ancien Régime : parce que l'événement est emblématique au sens propre, qu'il fournit la « mosaïque » – *emblêma* – capable d'ordonner une multitude d'éléments auparavant isolés, confus. D'où lui vient cette capacité ? De l'Histoire, toujours particulière. Celle qui sera retracée ici s'étend sur plus d'un demi-siècle, pendant lequel tout change : la France, l'Afrique et le monde. Elle balbutie au sortir de la Seconde Guerre mondiale, quand la communauté de destin franco-africaine, forgée dans l'épreuve de la

Libération, débouche sur une « union » qui remplace l'empire. Le soleil de l'indépendance ne se lève que quinze ans plus tard, sans éclipser la « Françafrique », l'État franco-africain qui survit jusqu'à la fin de la guerre froide. C'est la « grande » époque (néo) coloniale. Entre la chute du mur de Berlin, le 9 novembre 1989, et les attentats contre le World Trade Center à New York, le 11 septembre 2001, une deuxième époque se limite à un intermède de douze années, le « temps du malheur », pour reprendre l'expression du politologue camerounais Achille Mbembé [1] : au printemps de la démocratie sur le continent et à la libération de l'Afrique du Sud de l'apartheid succèdent l'automne des restaurations autoritaires, le premier génocide en terre africaine, en 1994 au Rwanda, beaucoup de conflits meurtriers ailleurs, voire des « suicides nationaux ». L'État postcolonial s'effondre presque partout. Annoncé par George Bush père dès 1991, un « nouvel ordre international » se fait attendre. Jusqu'au jour où la terreur islamiste frappe l'Amérique sur son sol. Depuis, la seule « hyperpuissance » met en place, au besoin *manu militari*, une nouvelle matrice géopolitique. Celle-ci augure d'une autre époque, le présent, encore difficile à nommer mais dont les enjeux sont globaux : la lutte antiterroriste, la coexistence religieuse, l'accès aux matières premières, et notamment au pétrole, l'écologie, la maîtrise des pandémies, telle celle du sida. Abandonnée à la fin de la guerre froide, l'Afrique réintègre pleinement ce nouveau monde. La France y joue son rôle, parfois dans une posture d'opposition aux États-Unis. La question est désormais de savoir qui, de ces deux puissances tutélaires, les seules qui comptent en Afrique, sera mieux en phase avec un continent dont près de la moitié des habitants a aujourd'hui *moins de quinze ans*. À Abidjan, cette « jeune » Afrique s'en prend à la « vieille » France. Or, si celle-ci n'était plus là, ses violents imprécateurs ne s'entre-tueraient-ils pas ? *A contrario*, vu de Paris, quel avenir la France se prépare-t-elle sur le continent, quand bien même elle réussirait, contre toute vraisemblance,

1. Achille Mbembé, « À propos des écritures de soi », *Politique africaine*, n° 77, mars 2000.

à résoudre la crise ivoirienne ? L'ancien « gendarme de l'Afrique » veut-il se recycler en gardien de la paix du continent, pour retenir ses anciens colonisés au bord du gouffre, pour les sauver d'eux-mêmes ?

« Nous étions homme à ses dépens, il se fait homme aux nôtres », tançait Sartre pour justifier la « violence irrépressible »[1] de la lutte anticoloniale. C'est toujours en culpabilisant « à mort », si l'on ose écrire, que la France vit la fin de son exceptionnelle présence dans une vingtaine de pays au sud du Sahara : francophonie, zone franc, armée française... C'en est fini de la sarabande tropicale ! Les images se télescopent : à l'hôtel *Ivoire*, icône du « miracle » des années 70 avec sa galerie marchande, sa patinoire – unique au sud du Sahara – et sa piscine en forme de gouttes d'eau, des hommes politiques et des journalistes français avaient rendez-vous, tous les cinq ans, pour suivre le discours-fleuve du président Houphouët-Boigny devant le congrès de son parti unique ; à l'époque, ils étaient invités, tous frais payés, ligne téléphonique ouverte et champagne à volonté ; à présent, ils sont mis à la porte. Des plaies qu'on croyait fermées depuis la signature des accords d'Évian, en 1962, se rouvrent. Un long silence est brisé. Il s'était instauré du côté des perdants de la guerre d'Algérie parce que leurs pires prédictions ne s'étaient pas avérées : la France ne s'écroulait pas, l'Algérie n'était pas à feu et à sang. Quant aux vainqueurs, ils se taisaient par désenchantement, forcément dans l'Algérie de la collectivisation et de l'« industrie industrialisante », mais aussi en France : de leurs incandescences fraternelles, il ne restait aux « porteurs de valises » que le mâchefer des désillusions sur le nouveau régime. L'anticolonialisme portait la couronne d'épines d'avoir servi à la prolifération de dictatures indépendantes. Ainsi la « plus grande France » s'est-elle défaite dans le non-dit, l'Europe devenant le lieu où se jouerait son futur. À une exception près, l'éternel codicille d'une histoire dont on ne cesse de tourner la dernière page : l'Afrique, en fait l'Afrique noire francophone. Depuis le génocide au

1. Jean-Paul Sartre, préface à Frantz Fanon, *Les Damnés de la terre*, Paris, La Découverte, 2002 (1re éd. Maspero, 1961).

Rwanda, pour lequel la France a été mise en cause, la « honte » est revenue. Dirigeant de l'association Survie, François-Xavier Verschave dénonce la « Françafrique » comme le « plus long scandale de la République », une entreprise de bout en bout « criminelle ». Dans ce contexte, les morts sur les ponts d'Abidjan et devant l'hôtel *Ivoire* pèsent sur une mauvaise conscience collective. Mais toutes les victimes n'ont pas la même vertu expiatoire, ne se prêtent pas à l'exorcisme du « devoir de mémoire » : quel souvenir peuvent entretenir, en effet, les parents des neuf soldats français de la paix tués à Bouaké par l'aviation ivoirienne ? Et pourquoi la cinquantaine de morts d'un raid punitif de la force onusienne au Congo-Kinshasa, le 1er mars 2005, cinq jours après le massacre de neuf Casques bleus, n'a-t-elle pas suscité le même émoi que les morts ivoiriens tués par l'armée française à Abidjan ?

La France a des états d'âme. Il est loin – plus d'un siècle – le temps pendant lequel sa « mission civilisatrice » a largement rallié, dans l'autosatisfaction, la droite et la gauche. « Partout où le Français a mis le pied, ne fût-ce qu'un instant, il a rendu français le sol qu'il a foulé, écrivait en 1877, dans son *Étude sur les colonies et la colonisation au regard de la France*, l'abbé Raboisson. Partout il a laissé des sympathies obstinées qui ont résisté à toutes les destructions, celles des révolutions et des temps. » Lors d'une conférence prononcée à Albi, en 1881, Jean Jaurès ne fut pas en reste : « Là où la France est établie, on l'aime, expliquait le leader socialiste, à l'époque simple député du Tarn. Là où elle n'a fait que passer, on la regrette ; partout où sa lumière resplendit, elle est bienfaisante ; là où elle ne brille plus, elle a laissé derrière elle un long et doux crépuscule où les regards et les cœurs restent attachés[1]. » Quant au géographe et écrivain qui inventa le terme « francophonie », Onésime Reclus, il justifia, en 1904, son plaidoyer intitulé *Lâchons l'Asie, prenons l'Afrique* ainsi : « En Afrique, nous sommes Rome par la paix française, par la langue, par l'unité des efforts contre la confusion des élans

1. Cité *in* Raoul Girardet, *L'Idée coloniale en France de 1871 à 1962*, Paris, Hachette Littératures, 2005.

sans but, bref par une supériorité prodigieuse. » On aurait tort de se moquer de ce qui constitue bien le substrat de la culture impériale française : le contentement de soi qu'on est prêt à partager avec autrui, pour en faire un Français. Ce projet n'est pas toujours désintéressé, comme en témoigne un passage dans le livre de l'ancien ministre de la Coopération, Jacques Godfrain, *L'Afrique, notre avenir*[1] : « C'est ainsi : grâce à ce lien avec l'Afrique, la France ne sera jamais ni le Liechtenstein ni même l'Allemagne. Nous sommes un pays à part en Europe. Aux Nations unies, grâce à l'Afrique, nous pesons plus lourd que notre population, notre superficie et notre produit intérieur brut. L'Afrique est pour nous un levier formidable. Petit pays, avec une petite force, nous pouvons soulever la planète parce que nous sommes en relations d'amitié et d'intimité avec quinze ou vingt pays africains. » Même si cela est exprimé ici plus crûment qu'ailleurs, qui nierait que ce « besoin d'Afrique » a longtemps été une partie intégrante, et intégrée, de la politique, de l'économie et même de la culture françaises ?

On mesure d'autant mieux le choc que représente la « perte » de l'Afrique. Jusqu'en 1995, quand Brazzaville, première capitale de la France libre et haut lieu commémoratif de l'épopée coloniale, s'est transformée en un nid de milices tribales, les « Ninjas », « Cobras » et « Condors », *tous* les responsables français étaient sincèrement convaincus qu'une descente aux enfers comme au Liberia ou en Somalie était « impossible en Afrique francophone ». Ils ont précisé « dans l'ex-Afrique française » lorsque le Burundi et le Zaïre, deux anciennes colonies belges, ont pris le même chemin. Ils se taisent depuis que la « vitrine » de la France a volé en éclats en Côte d'Ivoire, le pays phare de l'Afrique de l'Ouest, l'État au sud du Sahara le plus subventionné par Paris en quarante ans d'indépendance, le paradis des coopérants et expatriés français dans les années 80, quand ils y étaient respectivement plus de quatre mille et plus de cinquante mille ; enfin, la patrie de Félix Houphouët-Boigny, le leader le plus prestigieux de l'Afrique francophone. De

1. Jacques Godfrain, *L'Afrique, notre avenir*, Paris, Michel Lafon, 1998.

son vivant, témoigne le président gabonais Omar Bongo, « il n'y en avait pas pour un autre, il incarnait l'Afrique ». Aussi n'est-il pas exagéré de dire que, si la France « perdait » la Côte d'Ivoire, il n'y aurait plus de présence française en Afrique noire, du moins pas au sens où on l'entendait pendant un siècle. Or, de cette « présence », il ne reste déjà plus grand-chose : ni écoles, ni centre culturel, guère de PME, d'ateliers mécaniques, de commerces ou de restaurants, plus de « petits Blancs ». Un tissu constitué dans la durée s'est effiloché, puis déchiré. Certes, les grands groupes – Bouygues, Bolloré, la CFAO, France Télécom... – resteront en Côte d'Ivoire, quitte à y travailler comme Unilever, Siemens ou Nissan. Cependant, pour le meilleur et pour le pire, ils n'y perpétueront pas ce qui fut « l'exception française » en Afrique. À ce titre, le seul gage ou, c'est selon, la seule hypothèque de la France en Côte d'Ivoire est désormais sa base militaire, le 43e BIMa installé à Port-Bouët.

L'anecdote est rapportée par Jacques Foccart, qui fut pendant trente ans l'homme clé de la relation franco-africaine dans l'ombre du général de Gaulle, puis de ses héritiers. « La grosse affaire était l'escadron blindé de Port-Bouët, qu'on décidait tous les ans de rapatrier, lors de l'établissement du budget des forces armées. Je devais me battre pour qu'il soit maintenu. Au cours d'un conseil de défense en juin 1966, le Général s'était montré hostile, une fois de plus, à ce que l'escadron restât en place. Il avait fini par céder aux arguments unanimes des participants – pour une fois, Messmer était d'accord. Et puis Triboulet avait cru bon d'ajouter : “D'ailleurs, je viens d'obtenir, à grand-peine, l'accord d'Houphouët pour qu'il fasse attribuer des villas aux officiers.” C'était la dernière chose à dire. Le Général s'est mis en colère : “C'est toujours cela, les militaires s'accrochent à l'Afrique parce qu'ils ont de belles villas, des serviteurs, etc. Eh bien, puisque c'est ainsi, l'escadron sera rapatrié.” Le soir même, au cours de mon audience, sa colère étant tombée, il est revenu sur cette affaire et il a accepté de faire inscrire le maintien des militaires à Port-Bouët dans le procès-verbal du conseil. Finalement... je crois bien que l'escadron est encore là-bas [1]. » En effet, et nul ne pré-

1. Jacques Foccart, *Foccart parle*, Paris, Librairie Arthème Fayard, 1995.

sagerait l'aboutissement des conciliabules en cours au premier trimestre 2005 pour que la base militaire à Abidjan soit enfin fermée. Pourtant, l'occasion serait bonne : la France pourrait mettre sa base de Port-Bouët à la disposition des Nations unies, rapatrier le 43e BIMa et ne maintenir que l'opération Licorne, qui appuie celle des Casques bleus de l'ONU. Ainsi, quand tout sera fini, d'une façon ou d'une autre, elle pourrait se retirer, sans fil à la patte. Cependant, instruit par le passé, il vaut mieux rester prudent. La France est capable de rester encore longtemps à Abidjan, de s'enferrer dans l'anachronisme pour des raisons subalternes.

On l'aura compris : pour les auteurs de ce livre, la « Françafrique » est morte, non pas terrassée par la vertu citoyenne, bien tardive à se manifester, mais de ses hésitations, de son incapacité à s'adapter à l'Afrique et au monde, qui ont profondément changé. C'est donc un acte de décès, le plus précis possible sur les maladies l'ayant causé, qui est dressé dans les chapitres ci-après. On l'aura compris, aussi : la France a *déjà* perdu l'Afrique, la Côte d'Ivoire n'étant que le dernier clou dans le cercueil de sa « présence » au sud du Sahara. Comment celle-ci a été bradée, comment elle s'est abîmée dans de multiples scandales et dans une indolence également coupable, tout cela est raconté dans le détail. Mais auparavant, il devient urgent de s'expliquer sur le titre de l'ouvrage. Que la France a perdu « son » Afrique, soit un tiers du continent noir, ni le plus peuplé ni le plus riche, a déjà été dit. Mais comment peut-on prétendre que la France aurait « perdu » l'Afrique, alors que, pour les uns, elle y demeure omniprésente, sinon toute-puissante, et que, pour les autres, elle n'y « possède » plus aucun territoire depuis les indépendances ? À quel point la France est désormais *out of Africa*, très loin d'un « jeune » continent autant à la dérive qu'en quête d'avenir, on l'aura saisi en refermant ce livre. En revanche, dans les pages qui vont suivre, on touchera du doigt comment l'Afrique, même indépendante, a réellement « appartenu » à la France, qui y était chez elle. Et l'on admettra alors que, par rapport à ses anciennes habitudes de propriétaire, elle a bien « perdu » l'Afrique...

Première partie

1945-1989
L'ORDRE FIGÉ DE LA GUERRE FROIDE

La Seconde Guerre mondiale, à travers la lutte commune contre la dictature nazie, jette les bases de la décolonisation. Époque charnière d'un point de vue géopolitique, elle scelle définitivement le déclin de l'Europe et l'émergence comme puissance mondiale des États-Unis, « phare de la liberté des peuples ». Pour la France, qui se « refait une épée » grâce à son empire colonial, comme le notera dans ses *Mémoires de guerre*[1] le général de Gaulle, le nouvel embrasement du Vieux Continent entraînera une schizophrénie dans la perception entre citoyens métropolitains et sujets coloniaux : les premiers s'installent dans la contradiction de considérer avec fierté les seconds comme auxiliaires de la « mère patrie » tout en les jugeant indésirables en tant qu'immigrés ; quant aux colonisés, ils aspirent à devenir des « Français noirs » en même temps qu'ils revendiquent l'indépendance...

Cette fois, en raison de la levée massive de troupes dans les colonies, le choc en retour sera bien plus fort encore que le souvenir des tranchées de la Grande Guerre. En août 1944, l'armée de la France libre – FFI non comprises – compte environ 550 000 hommes, dont plus de la moitié proviennent des possessions d'outre-mer : 134 000 Algériens, 73 000 Marocains, 26 000 Tunisiens et 92 000 Africains, parmi lesquels 42 000 sont originaires de l'Afrique de l'Ouest, 23 000 de l'Afrique centrale et 27 000 de Madagascar. Ces anciens combattants n'oublieront ni la fraternité d'armes qu'ils ont connue ni les sacrifices qu'ils ont consentis, alors que tous n'étaient pas volontaires – loin s'en faut

1. Charles de Gaulle, *Mémoires de guerre*, Paris, Plon, 1999 (1re éd. 1954).

– au départ de leur continent. Mobilisé en 1939, dès la déclaration de guerre, en tant que Français naturalisé, fait prisonnier en 1940, le futur président du Sénégal, Léopold Sédar Senghor, réclame en juillet 1945, dans la revue *Esprit*, « l'égalité dans la cité » en des termes impensables – du moins au sud du Sahara – avant les indépendances : « On demande notre coopération pour refaire une France qui soit à la mesure de l'Homme et de l'Universel, écrit-il. Nous acceptons mais il ne faut pas que la métropole se leurre ou essaye de ruser. Le "bon nègre" est mort ; les paternalistes doivent en faire leur deuil. [...] Nous voulons une coopération dans la dignité et dans l'honneur, sans quoi ce ne serait que "Kollaboration" à la vichyssoise. Nous sommes rassasiés de bonnes paroles (jusqu'à la nausée), de sympathie méprisante ; ce qu'il nous faut, ce sont des actes de justice. » Mais à peine formulé, cet appel à l'équité sera pris dans la glace de la guerre froide.

Le 14 août 1941, lors de leur rencontre sur un navire de guerre, Franklin Roosevelt et Winston Churchill adoptent la Charte de l'Atlantique. L'article 3 de ce texte fondateur de leur lutte commune proclame « le droit de tous les peuples de choisir la forme de gouvernement sous laquelle ils veulent vivre ». Les peuples en question sont, d'abord et surtout, ceux passés sous le joug nazi. Mais en fixant comme but de guerre de « voir rétablis les droits souverains et le gouvernement indépendant des nations qui en ont été dépouillées par la force », le trente-deuxième président des États-Unis sait bien qu'il bouleversera aussi l'ordre régnant dans le reste du monde, l'ordre colonial. Il prolonge la démarche de l'un de ses prédécesseurs à la Maison-Blanche, Thomas Woodrow Wilson, dont les « quatorze points » publiés en janvier 1918 – parmi lesquels le « principe des nationalités » et l'évacuation des pays conquis – avaient détaillé les objectifs pour lesquels les États-Unis se battaient. En 1941, il s'agit d'engager les Américains dans un nouveau combat effrayant, loin de chez eux. Quatre mois avant l'attaque de Pearl Harbor, ils y sont très réticents.

Aussi Franklin Roosevelt doit-il persuader ses compatriotes qu'il s'agit d'un combat pour la liberté, la seule perspective susceptible de les enflammer.

Le Premier ministre britannique n'ignore également rien des conséquences que la Charte de l'Atlantique est susceptible de provoquer. Il y est hostile. Franklin Roosevelt l'interpelle avec véhémence : « Winston, vous avez dans le sang cinq siècles de domination ! Vous ne voulez pas comprendre que nous sommes entrés dans des temps nouveaux et que les libertés que nous avons proclamées dans la Charte de l'Atlantique doivent s'étendre à tous les peuples sans exception. » Pour ne pas mettre en péril l'entrée en guerre de l'Amérique, dont dépend le sort de son pays, Churchill cède. Mais il reviendra à la charge à Yalta, la station balnéaire sur la mer Noire où les alliés russes, américains et britanniques se partagent les fruits de leur victoire imminente sur Hitler, en février 1945. Roosevelt, ayant renoncé à son projet initial d'un transfert des colonies sous mandat international, compte y faire entériner, au moins, une promesse générale de mener les peuples colonisés à l'indépendance, avec un certain droit de regard sur les progrès accomplis dans cette voie que devraient exercer les futures Nations unies, dont la création est également décidée sur la côte méridionale de la Crimée. Or, cette fois, Churchill explose. « Sous aucune condition, je n'admettrai qu'une cinquantaine d'États [les pays indépendants qui forment, à l'époque, la communauté internationale] mettent leurs doigts intéressés dans les affaires de l'Empire britannique, dont l'existence est vitale pour nous », s'écrie-t-il, selon les minutes de la conférence. Laquelle est d'ailleurs interrompue, Churchill ayant lancé à un Staline apparemment ricaneur, qui vient de mettre la main sur toute l'Europe de l'Est : « Vous accepteriez qu'on transforme la Crimée en colonie de vacances internationale ? – C'est avec plaisir que j'offre la Crimée comme lieu de conférence à nos trois puissances alliées », répondit du tac au tac Staline avant de quitter la salle pour laisser le temps à ses alliés anglo-saxons de se mettre d'accord entre eux sur le devenir du monde colonial, dont il se désintéresse dans l'immédiat. Le résultat : Roosevelt doit battre en retraite, Yalta reste silencieuse sur la décolonisation. Et ce n'est que bien plus tard, à la fin de la guerre froide, que les Nations unies administreront pour la première fois un ancien territoire sous tutelle pour le conduire à l'indépendance : la Namibie, en 1990. Quant à Yalta, la ville ne fera les joies balnéaires d'une Ukraine indépendante qu'à partir de décembre 1991, après la chute de l'empire soviétique...

La guerre froide est une très longue parenthèse. En Afrique francophone, elle correspond à une période de glaciation qui permet à la France de pérenniser sa domination sur cette partie du monde. Dès 1947, la « doctrine Truman » limite le potentiel émancipateur de la Charte de l'Atlantique aux seuls pays « vivant sous le joug de l'URSS ». Certes, le président américain parle toujours de deux mondes en irréductible opposition, l'un « fondé sur la loi de la majorité, des institutions libres, des élections, un gouvernement représentatif, la liberté de parole et de religion » ; l'autre « fondé sur la terreur et l'oppression, sur une presse et une radio esclaves, sur la suppression des libertés individuelles ». Mais ce n'est plus le message de Franklin Roosevelt destiné à « tous les peuples sans exception ». Dans les colonies et, plus tard, dans les pays formellement indépendants, pourvu qu'ils aient choisi l'allégeance à l'Occident, il ne sera plus question du règne de la majorité, d'élections équitables ou de liberté d'expression. L'oppression sera tolérable, à condition de sévir dans le « bon » camp. L'anticolonialisme devient, comme on aurait dit en face, une « contradiction secondaire ». En Afrique, elle est même tellement secondaire qu'elle s'accommode d'une sous-traitance géopolitique : puisque, comme l'avaient déjà perfidement relevé les Britanniques en pleine course de dépeçage colonial, « le coq gaulois a planté ses ergots dans les sables africains », c'est-à-dire dans les zones stériles du continent, pourquoi ne pas laisser à Paris le soin de s'occuper de cette partie du monde ? Ainsi le « gendarme de l'Afrique » va-t-il vieillir sous le harnais colonial et veiller, près d'un demi-siècle durant, à ce qu'il n'y ait point d'infiltration communiste dans son domaine africain, qui lui permet de préserver son « rang » grâce à son potentiel nucléaire, son siège permanent au Conseil de sécurité de l'ONU et son rayonnement diplomatique, pour l'essentiel dû à l'Afrique.

Pendant toute cette période, le chef de file du camp occidental, volontiers présenté sous les traits caricaturaux de l'oncle Sam, suscite également de vives inquiétudes hexagonales. La crainte obsessionnelle française en Afrique est la substitution, le remplacement d'une puissance tutélaire par une autre, plus grande. Sous sa forme atavique d'« humiliation nationale infligée par les Anglo-Saxons » resurgit ainsi le « complexe de Fachoda », du nom de la ville du Sud-Soudan où le capitaine français Jean-Baptiste Marchand dut amener, en 1898, la tricolore, et céder le terrain sous la menace d'une canonnière britannique à laquelle Lord Kitchener avait fait remonter le Nil. Pendant des siècles, déjà sous l'Ancien Régime, l'entreprise coloniale de la France fut synonyme d'un état de guerre quasi permanent avec l'Angleterre. Pendant la guerre froide, qui prend la relève, le « gendarme de l'Afrique » est ouvertement antisoviétique mais aussi, en catimini, jalousement antiaméricain. Comme l'explique dans ses souvenirs l'un des piliers de la « Françafrique », Maurice Robert, pendant près de vingt ans chef du département Afrique des services secrets et bras droit de Jacques Foccart, l'homme des « réseaux » à l'Élysée : « Américains et Soviétiques se livraient à une surenchère dangereuse. Mus par des arrière-pensées politiques et économiques, ils voulaient préparer un avenir où ils seraient plus présents en Afrique, où la France serait reléguée à une place plus modeste, soit parce que ses anciennes colonies se détacheraient d'elle par souci d'émancipation, soit parce que, usée et fatiguée de les avoir tenues à bout de bras, elle s'en retirerait d'elle-même[1]. » Ironie de l'histoire, c'est seulement à la fin de la guerre froide, enfin privée de ses grands rivaux, que la France s'épuise à maintenir l'Afrique sous sa chape néocoloniale.

1. Maurice Robert, *Maurice Robert, « ministre » de l'Afrique*, Paris, Éditions du Seuil, 2004.

1

LA FRANCE LIBÉRÉE, L'AFRIQUE REPRISE EN MAIN

Il n'est pas aisé d'imaginer aujourd'hui ce que l'Afrique représentait pour la France dans l'entre-deux-guerres. Pour le plus grand nombre en métropole, ce fut l'époque de la vraie découverte du continent : en suivant la « Croisière noire » qui, entre novembre 1924 et juin 1925, franchit quelque vingt-huit mille kilomètres entre Colomb-Béchar et Madagascar ; à travers l'épopée de l'Aéropostale, qui réussit l'exploit d'une liaison Paris-Dakar en quinze heures et trente minutes ; à l'occasion de l'Exposition coloniale à Vincennes où, de mai à novembre 1931, huit millions de visiteurs se pressent autour des pavillons exotiques de la « plus grande France ». Joséphine Baker donne alors un coup d'envoi très médiatique à l'expédition Dakar-Djibouti de Marcel Griaule et Michel Leiris, une mission officialisée – fait sans précédent – par une loi votée par le Parlement et munie d'un « permis de capture scientifique » délivré par le ministère des Colonies. Le premier congrès d'histoire coloniale a lieu en France en 1931 ; six ans plus tard, un demi-millier de congrès et de conférences sont consacrés à ce thème. En 1939, 5,4 millions de postes de radio dans les colonies – dix fois plus qu'en 1930 – ont mis l'empire sur la même longueur d'onde. Cette année-là, à quelques semaines de la débâcle militaire, un sondage sur la « conscience impériale » des Français révèle que 53 % d'entre eux considèrent que l'outre-mer c'est la France, mais que 44 % céderaient les possessions coloniales plutôt que de se battre pour elles.

Combien parmi ces personnes interrogées savaient que les territoires conquis et si tardivement « mis en valeur » absorbaient alors un tiers des exportations de la métropole et lui fournissaient 23 % de ses importations ? Au lendemain de la Première Guerre mondiale, les chiffres correspondants n'avaient été que de 12,8 %, pour les exportations, et de 10,9 % pour les importations. Fruit d'un important programme d'investissements, notamment pour la construction de ports à Dakar, Conakry et Abidjan, cet essor commercial était d'autant plus remarquable que toute l'Afrique française – de l'ouest et du centre – comptait seulement 18,5 millions d'« indigènes » et 30 000 Blancs, dont 2 000 fonctionnaires coloniaux. En France, le nombre d'immigrés venus de tout l'empire ne dépassait guère les 200 000, dont la moitié était des Maghrébins. Il n'y avait qu'une soixantaine d'étudiants originaires de l'Afrique noire. Néanmoins, c'est dans l'entre-deux-guerres que la France abandonne officiellement, par la voix de son ministre des Colonies Albert Sarraut, son projet originel d'« assimilation » en faveur d'une politique d'« association » des administrés d'outre-mer. Même si, dans les faits, l'effacement de l'approche assimilationniste sera long et contradictoire, il s'agit là d'un tournant dans l'histoire coloniale française. Pour en mesurer la portée, il suffit de contempler la haute figure de Blaise Diagne, premier député africain à l'assemblée française : né à Gorée, Noir adopté par une famille créole, époux d'une Française et franc-maçon, il avait levé quatre-vingt mille « tirailleurs sénégalais » en tant que haut-commissaire aux Effectifs coloniaux nommé par Georges Clemenceau ; icône de l'assimilé, apôtre de la tolérance raciale, il devient, en 1931, sous-secrétaire d'État aux Colonies dans le gouvernement Laval. La France est alors la seule puissance coloniale européenne à avoir fait entrer un représentant de l'empire au cœur de ses institutions républicaines.

C'est à cette époque que la Ligue maritime et coloniale fait rêver la jeunesse avec ses grands projets – construction de ports, aménagement du fleuve Sénégal, chemin de fer Méditerranée-Niger... – à réaliser sur un « continent vierge où tout est possible » pour « mettre en valeur » une France plus grande que nature. Mais la métropole est aussi l'oppresseur à l'abri de cette « mission civilisatrice », dont des témoins de plus en plus nombreux dénoncent la face cachée : André Gide dans *Voyage au Congo* (1927), puis *Retour du Tchad* (1928), Albert Londres dans *Terre d'ébène* (1929), Céline dans son roman *Voyage au bout de la nuit* (1932) et, la même année, Georges Simenon dans un recueil d'articles, *L'Heure du Nègre*, dont le dernier, intitulé « L'Afrique vous parle » – comme le film ethnico-exotique du même nom – conclut : « Oui, l'Afrique nous dit merde et c'est bien fait. » En Algérie, Messali Hadj crée l'Étoile nord-africaine dès 1926 ; en Tunisie, le Néo-Destour prend la relève, en 1935, du Destour fondé quinze ans plus tôt ; au Maroc, la sanglante « pacification » ne s'achève qu'en 1934 ; en Indochine, surtout en Annam et au Tonkin, les premières révoltes nationalistes éclatent. Et l'Afrique noire ? À l'heure du péril, elle volera au secours de la métropole.

C'est en chantant « Nous sommes venus d'Afrique pour libérer la France » que les recrues du continent noir voguent à l'été 1944 vers les plages de Provence. Le débarquement du 15 août est le « jour J » de la France libre et d'un empire colonial mobilisé pour affranchir la métropole. Ce jour de gloire confond « sujets » et colons dans une quête commune de liberté. « Je pense qu'on peut appeler cela une folie de jeunesse, estimera, soixante ans plus tard, l'octogénaire Issa Cissé, président de l'Office national des anciens combattants du Sénégal. Mais nous nous sommes dit : “Allons-y, libérons la France.” Parce que, si la France est libre, l'Afrique allait être libre. C'est pour cela qu'on s'est enrôlés dans l'armée française. » L'engagement ne fut pas toujours volontaire. « Les indigènes à la carrure d'athlète étaient ramassés et attachés par une corde autour des reins avec comme lieu de destination *ad patres* la boucherie nazie », rapporte le Camerounais Théodore Ateba Yene dans ses Mémoires[1]. Le Malien Bakari Kamian rappelle dans son livre le « drame de ces jeunes gens transplantés de la brousse et obligés d'aller se battre des années durant dans des pays et sous des climats totalement inconnus d'eux, dans des sociétés dont ils ignorent totalement la langue, la culture et l'environnement. On imagine toute la tragédie vécue par ces hommes à 98 % analphabètes, parachutés sans transition de la brousse dans la civilisation de l'écriture et jetés en pâture à un ennemi dont le savoir, l'instruction et le développement matériel en font un des peuples pilotes du monde[2] ». Tout à la fois pitoyable et grandiose, ce clash des civilisations permet à la France de « se refaire une armée et une souveraineté », comme le reconnaîtra le général de Gaulle. « Le feu couvait dans la plupart de nos colonies », note-t-il dans ses Mémoires en s'étonnant lui-même du fait que, dans « ces territoires neufs, la continuation de la guerre paraissait aller de soi »[3].

En fait, rien n'allait de soi, ce fut le monde à l'envers. Mais l'insolite configuration historique qui a vu de pauvres colonisés se porter au secours de leurs colonisateurs riches a été une réalité, aussi vraie que le ralliement à Charles de Gaulle du gouverneur du Tchad Félix Éboué dès le 26 août 1940, deux mois seulement après la signature de l'armistice par le maréchal Pétain et, jour pour jour, quatre ans avant la libération de Paris. Premier gouverneur noir de la Guadeloupe, Félix Éboué avait organisé le premier scrutin non truqué sur l'archipel antillais en 1936, sous le Front populaire. En 1938, le dernier ministre des Colonies de la IIIe République, Georges Mandel, l'avait muté au Tchad...

1. Théodore Ateba Yene, *Cameroun, mémoire d'un colonisé*, Paris, L'Harmattan, 1988.

2. Bakari Kamian, *Des tranchées de Verdun à l'église Saint-Bernard*, Paris, Karthala, 2001.

3. Charles de Gaulle, *Mémoires de guerre*, *op. cit.*

Depuis N'Djamena, Félix Éboué va provoquer le basculement de toute l'Afrique équatoriale française (AEF) du côté de la France libre : après le Cameroun, à la faveur d'un coup de main du commandant Leclerc pour s'emparer du port de Douala, l'Oubangui-Chari (Centrafrique) et le Moyen-Congo (Congo-Brazzaville), puis, en dernier, le Gabon. La suite est à l'avenant : la prise de Koufra, le 2 mars 1941, par quatre cents hommes à peine équipés dont trois cents « tirailleurs », puis le Fezzan, Bir Hakeim... Partout et en toutes circonstances, des soldats noirs – « libres jusqu'à la victoire finale », est-il précisé dans leur formulaire d'engagement dans l'armée d'Afrique – se battent pour leurs maîtres blancs défaits, pour la France occupée par les nazis ou résignée à la « Kollaboration ». Ils souffrent dans leur chair, alors que les parents qu'ils ont laissés derrière eux subissent les conséquences de l'effondrement de leur puissance tutélaire. De 1939 à 1942, le blocus imposé par les Alliés à l'empire français fait chuter les exportations de l'Afrique occidentale française (AOF) de 927 000 à 264 000 tonnes, et les importations de 635 000 à 240 000 tonnes. En mai 1941, le Conseil de défense de l'Empire, premier organe de gouvernement de la France libre, conclut des accords avec la Grande-Bretagne pour la livraison, en quantité, de matières premières africaines. Rudement mises à contribution, les colonies françaises ne lésinent pas sur leur soutien. Au contraire, des Africains astreints au régime d'indigénat et au travail forcé organisent des collectes pour la métropole passée sous la botte hitlérienne. « Donnez cinq francs CFA [Colonies françaises d'Afrique] pour libérer la France. » En Afrique, le premier appel à l'aide n'a pour bénéficiaire ni l'Éthiopie, ni le Sahel, ni la Somalie...

Devenu gouverneur général de l'AEF en novembre 1941, installé dans la « capitale de la France libre » qu'est alors Brazzaville, Félix Éboué se fixe pour programme « une nouvelle politique indigène ». Dans ce texte[1], il explique :

1. Félix Éboué, *La Nouvelle Politique indigène pour l'Afrique équatoriale française*, Paris, Office français d'édition, 1945.

« L'indigène a un comportement, il a des lois et il a une patrie, qui ne sont pas les nôtres. Nous ne pouvons faire son bonheur ni à partir des principes de la Révolution française, qui est notre révolution, ni par l'introduction du Code napoléonien, qui est notre table des lois, et pas non plus en remplaçant les chefs indigènes par nos fonctionnaires. Car nos fonctionnaires peuvent certes penser à leur place, mais pas avec leur tête à eux. Au contraire : nous ne pouvons préserver l'équilibre de l'indigène qu'en partant de ce qu'il est quand nous nous demandons comment il faut le traiter. » La première étape visée est l'autogestion communale par des « notables évolués ». Mais cet élan réformiste d'une stupéfiante lucidité ne connaîtra pas un début de réalisation. Il sera même définitivement porté en terre trois ans plus tard à la conférence de Brazzaville, tant attendue par les Africains. Or ceux-ci n'y sont représentés d'aucune manière et, en fait, n'y ont droit à la parole qu'à travers le rapport de Félix Éboué, le seul à citer leurs revendications. Pour sa part, devant les administrateurs coloniaux réunis pour la circonstance, de Gaulle tue en quelques phrases tout espoir d'indépendance, même à terme. « Les fins de l'œuvre de civilisation accomplie par la France dans les colonies écartent toute idée d'autonomie, toute possibilité d'évolution hors du bloc français de l'empire, tranche-t-il. La constitution, même lointaine, de *self-governements* dans les colonies est à écarter. »

Si nombre d'Africains n'ont pas entendu cette fin de non-recevoir pourtant explicite, si la conférence de Brazzaville a pu devenir un mythique « nouveau départ » entre la France et leur continent, c'est que Charles de Gaulle a su trouver, ce 30 janvier 1944, les mots justes pour dire la vérité d'un combat commun de libération sans en tirer les conséquences pour ses alliés africains. « Depuis un demi-siècle, rappelle-t-il à Brazzaville, [...] les Français ont pénétré, pacifié, ouvert au monde une grande partie de cette Afrique noire que son étendue, les rigueurs du climat, la puissance des obstacles naturels, la misère et la diversité de ses populations avaient maintenue, depuis l'aurore de l'Histoire, douloureuse et imperméable. [...] Mais, de même qu'un rocher lancé sur la pente roule plus vite à chaque instant, ainsi l'œuvre que nous avons entreprise ici nous impose sans cesse de plus larges tâches. Au moment où commençait la présente guerre mondiale apparaissait déjà la nécessité d'établir, sur des bases nouvelles, les conditions de mise en valeur de notre Afrique, du progrès humain de ses habitants et de l'exercice de la souveraineté française. Comme toujours, la guerre elle-même a précipité l'évolution. [...] Parce que cette guerre a pour enjeu ni plus ni moins que la condition de l'Homme et que, sous l'action des forces psychiques qu'elle a partout déclenchées, chaque individu lève la tête, regarde au-delà du jour et s'interroge sur son destin. [...] En Afrique française, comme dans tous les autres territoires où des hommes vivent sous notre drapeau, il n'y aurait aucun progrès, qui soit un progrès, si les hommes, sur leur terre natale, n'en profitaient pas moralement et matériellement, s'ils ne pouvaient s'élever peu à peu jusqu'au niveau où ils seront capables de participer chez eux à la gestion de leurs propres affaires. » De quelle façon ? C'est toute l'ambiguïté du propos. Dix mois plus tard, lors de sa première conférence de presse dans Paris libéré, le Général résumera sa doctrine en peu de mots, évoquant un « système français où chacun jouera son rôle ». Il ne s'agit pas d'indépendance mais d'une forme – ou plutôt, de formes successives – d'association, d'une communauté de destin appelée à connaître bien des avatars. Dans ce « système français », les rapports entre la France et ses possessions, voire plus tard entre l'ex-métropole et ses anciennes colonies, ne se mueront jamais vraiment en relations interétatiques mais resteront toujours des liens intra-étatiques, si forts qu'ils résisteront même à l'indépendance qui, de ce fait, sera vidée de son sens souverain.

Le gouverneur résident, puis, à sa place, l'ambassadeur, le colonel, la barbouze, le chef d'escale (d'UTA puis d'Air France), le directeur de comptoir (telles la CFAO ou la

SCOA) et celui de la « Caisse » (la Caisse centrale de coopération économique, l'aïeule de l'actuelle Agence française du développement), le banquier et, selon les cas, l'industriel, le forestier, le pétrolier ou le négociant : voilà le « système français » pendant longtemps. Au fond, malgré les apparences, il aura aussi peu changé, en un siècle, que le pacte (néo) colonial. Tout juste, vers la fin, le missionnaire perdra-t-il de son importance, les dogmes religieux n'ayant plus leur place dans le dessein africain de la France, et l'Église catholique s'étant démarquée de l'administration coloniale dans les années 50. Après l'indépendance, ce « dispositif » se met en prise directe avec la nouvelle présidence, d'ailleurs souvent installée dans la résidence de l'ex-gouverneur. De son côté, la classe dirigeante africaine, issue de l'école coloniale (et très souvent de double nationalité, « Français le jour, Africain la nuit »), vit « à la française » dans des capitales ressemblant, bien souvent, à des villes de province de l'ancienne métropole. En 1944 à Brazzaville, Charles de Gaulle parle d'un « lien définitif entre la métropole et l'empire » forgé dans l'épreuve de la Résistance. Dans les années 70, lors d'un congrès de son parti unique, le président ivoirien Félix Houphouët-Boigny invente le néologisme de la « Françafrique », le continent fusionnel dont il aura été pendant quarante ans le principal cogestionnaire, avec Jacques Foccart.

Pour la seconde fois, et avant même que la guerre froide ne fige la donne sur le continent, la France trahit en 1945 l'espoir placé en elle par les fils en armes africains. En 1917, lors d'une tournée sur le front, Georges Clemenceau, président du Conseil et futur « Père la Victoire », aperçut au loin un groupe d'hommes qu'il ne parvint pas à identifier. « Je demande ce que c'est. On me répond qu'on n'en sait rien. Alors, avec ma voiture, j'y vais. C'étaient des Noirs qui revenaient des tranchées, où on les avait laissés pendant dix-huit jours ! Vous devinez ce que ça pouvait être ? Des blocs de boue. Ils revenaient avec des fusils cassés, des vêtements en loques... Magnifiques. Et quand ils m'ont vu, ils se sont mis à jouer *La Marseillaise* avec je ne sais quoi en tapant sur des morceaux de bois, des pierres. Je leur ai parlé. J'ignore s'ils m'ont compris. Je leur ai dit qu'ils étaient en train de se libérer eux-mêmes en venant se battre avec nous ; que dans le sang nous devenons frères, fils de la même civilisation et de la même idée... Des mots qui étaient tout petits à côté d'eux, de leur courage, de leur noblesse. » L'historien malien Bakari Kamian, qui rapporte ce propos, enchaîne : « Oui, hier les soldats africains et leurs camarades européens étaient égaux devant les sacrifices, devant la mort dans les tranchées, sous les bombes, sur les mines, face aux baïonnettes, dans l'atmosphère des gaz asphyxiants, sur les navires en perdition torpillés par les sous-marins ennemis, dans la faim, la soif, le froid, la pluie, la neige. Mais la paix revenue, chacun a repris sa place dans un monde d'inégalités criardes, divisé entre riches et pauvres[1]. » À la fin de la Seconde Guerre mondiale, ce « retour à la normale » est aggravé par une impitoyable répression de toute velléité d'insubordination ou, bien pire, d'indépendance. Le 1er décembre 1944, mille deux cent quatre-vingts tirailleurs sénégalais, libérés des camps de prisonniers en France (où les nazis les avaient gardés pour qu'ils ne « souillent » pas le sol allemand) et rapatriés à Thiaroye, près de Dakar, en vue de leur démobilisation, se révoltent en raison de leur pécule de départ, jugé scandaleusement modique. Ils sont matés, au prix de sang. Officiellement, il y eut vingt-quatre morts et trente-quatre blessés, mais d'autres sources dénoncent « le massacre de Thiaroye » en citant des chiffres plus importants : trente-cinq morts et « des centaines » de blessés. Quel que soit le bilan, cette tuerie n'est exceptionnelle que par le fait qu'il s'agit d'anciens combattants. Car, parmi les partisans de l'indépendance, le nombre des victimes de l'armée française se compte par milliers, voire par dizaines de milliers. En mai-juin 1945, l'exil forcé au Gabon de l'Algérien Messali Hadj provoque des protestations de masse, sur-

1. Bakari Kamian, *Des tranchées de Verdun à l'église Saint-Bernard*, *op. cit.*

tout dans le Constantinois, qui se soldent par six mille à huit mille morts ; à Madagascar, l'insurrection déclenchée à la fin mars 1947 est noyée dans le sang de quelque quarante mille tués.

La France et son empire sortent étrillés de la Seconde Guerre mondiale, en vainqueurs apparents plus que fragiles. Le 8 mai 1945, l'Indochine est toujours occupée par le Japon et la Syrie-Liban déjà promise à l'indépendance. Pour ne pas céder sur l'essentiel dans ses colonies africaines, Paris adopte des réformes. Toutes ne sont pas de façade, comme le changement de nom du ministère des Colonies qui devient le ministère de la France d'outre-mer (à l'instar de l'École coloniale, rebaptisée dès 1934 École nationale de la France d'outre-mer). Dans la Constitution de la IVe République, adoptée le 27 octobre 1946, l'Union française remplace l'empire en assignant à la France la mission de « conduire les peuples dont elle a pris la charge à la liberté de s'administrer eux-mêmes et de gérer démocratiquement leurs propres affaires ». Dans la foulée sont votés la suppression de l'indigénat, l'abolition du travail forcé, l'octroi de la citoyenneté à tous les ressortissants d'outre-mer, la garantie de la liberté de presse et d'association dans les territoires sous tutelle, la création du Fonds d'investissement et de développement économique et social (FIDES)... Cette mise à jour de la donne coloniale fait l'objet d'un consensus national, qui inclut le Parti communiste sur la base des « intérêts inséparables de la République, de la France et de l'Union française ». Jusqu'à l'éviction de ses ministres du gouvernement Ramadier, le 5 mai 1947, le PCF ne relaie pas les revendications indépendantistes dans les colonies et ne proteste pas, du moins pas vigoureusement, contre la tuerie de Thiaroye ni contre les massacres en Algérie ou à Madagascar. C'est seulement par la suite qu'il dénoncera « la guerre de brigandage colonial », « école de pourriture pour des milliers de Français ». Mais alors, l'esprit de la Résistance vaincu, les campagnes du PCF s'inscriront dans le contexte de la guerre froide.

L'Afrique française s'organise pour un combat politique de longue haleine. Le 18 octobre 1946, le Rassemblement démocratique africain (RDA), qui regroupe de nombreuses sections nationales, est fondé à Bamako. La date ne correspond pas pour rien à l'anniversaire de Félix Houphouët-Boigny : le député de la Côte d'Ivoire, le pays le plus riche du « champ » français, domine déjà, et de loin, ses pairs africains. Repéré par la section coloniale du PCF comme un possible « Lénine de l'Afrique », c'est lui qui « apparente » les élus du RDA au Parti communiste français. Pendant la guerre, celui-ci a implanté en Afrique des Groupes d'études communistes (GEC). Sans s'y inscrire formellement, Houphouët-Boigny a fréquenté le GEC ivoirien. Puis, à Paris, il s'est rendu en limousine noire à l'école des cadres... À son instigation, le RDA se place dans le sillage du PCF tant que celui-ci reste fidèle au « gaullo-communisme » qu'il a pratiqué dans la Résistance. Mais une fois sorti du gouvernement et entièrement rallié à la cause de Moscou, le PCF n'est plus à ses yeux le meilleur vecteur de la cause africaine. N'étant pas communiste, Houphouët-Boigny ne veut pas obérer son « combat pour l'Afrique » du fardeau d'un anticommunisme de plus en plus virulent. « L'immense majorité du peuple français, en dehors de la minorité de réactionnaires égoïstes et bornés, n'étant nullement irréductiblement opposée à l'émancipation de l'Afrique, avons-nous le droit de faciliter la tâche des réactionnaires dans leurs menées contre le RDA, qu'ils font passer pour communiste et antifrançais afin d'entraîner avec eux, dans la lutte contre nous, une large fraction du peuple français ? » Ainsi justifie-t-il sa décision de « faire la politique du possible, rien que la politique du possible »[1]. Toujours aussi superstitieux, c'est le 18 octobre 1950 qu'il annonce le « désapparentement » des députés RDA du PCF. Il lui faudra tout son charisme – immense depuis qu'il a donné son nom

1. Frédéric Grah Mel, *Félix Houphouët-Boigny, le fulgurant destin d'une jeune proie*, t. I, Abidjan/Paris, Éditions du CERAP/Maisonneuve et Larose, 2003.

à la loi abolissant le travail forcé en Afrique – pour imposer cette rupture, d'autant que la répression coloniale s'abat aussitôt sur l'Union des populations du Cameroun (UPC). Restant seule arrimée au PCF, l'UPC s'adresse directement aux Nations unies pour réclamer l'indépendance du Cameroun sous tutelle française, en vertu du mandat que la défunte Société des nations (SDN) avait confié à la France. Alors que des nationalistes camerounais sont pourchassés et que leur chef, Ruben Um Nyobé, entre dans la clandestinité pour engager une lutte armée qu'il payera de sa vie, Houphouët-Boigny doit laisser passer plus d'une année avant de pouvoir « apparenter » le RDA, le 6 février 1952, au petit parti de René Pleven et de François Mitterrand, l'Union démocratique et socialiste de la Résistance (UDSR). « Houphouët-Boigny appréciait énormément René Pleven. C'est lui qui l'avait aidé à sortir de l'alliance tactique avec le PCF », témoigne, en janvier 2005, l'ancien président du Sénégal, Abdou Diouf, à qui le défunt chef de l'État ivoirien avait fait cette confidence. « En revanche, remontant à cette époque, il nourrissait une vieille rancune contre François Mitterrand. »

C'est là la petite histoire franco-africaine. La grande s'engage en septembre 1957, au IIIe Congrès interterritorial du RDA à Bamako. La guerre d'Algérie perdure alors déjà depuis trois ans ; le mouvement des pays « non alignés » est né en 1955 à Bandoeng, et en 1956 l'expédition de Suez a révélé au grand jour la faiblesse géopolitique des puissances coloniales française et britannique. Sur cette toile de fond, Félix Houphouët-Boigny monte à la tribune du congrès du RDA et déclare solennellement : « Pour la première fois dans l'Histoire, des peuples anciennement colonisés ont choisi de renoncer volontairement à l'indépendance totale et d'opter pour la Communauté franco-africaine. Édifier la Communauté franco-africaine, ce sera gagner le pari du siècle. » En fait, l'élu de Côte d'Ivoire a engagé ce pari dès le 6 avril 1957. Ce jour-là, dans les salons flambant neufs de l'Assemblée territoriale à Abidjan, il avait donné une fastueuse réception pour Kwame Nkrumah, la fierté incarnée de l'Afrique, le père du « panafricanisme », l'homme qui venait d'arracher, un mois plus tôt, l'indépendance du Ghana voisin. « Votre expérience, nous le reconnaissons volontiers, est fort séduisante, lui avait dit Houphouët-Boigny. Mais à la volonté et au comportement humain de la France, nous avons estimé devoir répondre par un geste identique, persuadés, comme vous l'êtes de la vôtre, que notre expérience sera fructueuse, non seulement pour l'Afrique, mais aussi pour le monde. Hier soir, au cours de la longue et si intéressante conversation que nous avons eue chez moi, je ne vous ai pas dissimulé les difficultés qui nous attendent sur notre chemin. Mais, Français et Africains, nous sommes décidés à les vaincre par un effort incessant de sincérité et de franchise de part et d'autre. C'est pour nous non seulement un acte de foi, mais aussi un acte de solidarité humaine. Les dés sont jetés. Laissons maintenant Dieu, la Providence et le travail des hommes déterminer l'avenir de chacune de nos expériences. » Kwame Nkrumah, très sûr de lui, n'avait pas voulu en rester là. Il avait improvisé une réplique cinglante : « Mon ami, vous choisissez l'illusion. La liberté et l'indépendance viennent d'abord, l'équité et la fraternité après », provoquant un tonnerre d'applaudissements parmi les invités. L'un d'eux, le Guinéen Ahmed Sékou Touré, fut subjugué au point d'être littéralement incapable de détacher ses yeux du leader ghanéen drapé dans un pagne *achanti* haut en couleur. Faisant fi du protocole, Houphouët-Boigny avait alors repris la parole pour s'adresser directement à la salle. « Vous êtes témoins aujourd'hui du commencement de deux expériences, avait-il dit à ses hôtes. Un pari vient d'être lancé entre deux territoires, l'un ayant choisi l'indépendance, l'autre préférant le chemin difficile de la construction, avec la métropole, d'une communauté d'hommes égaux en droits et en devoirs. [...] Que chacun de nous fasse son expérience, dans le respect absolu de l'expérience de son voisin et, dans dix ans, nous comparerons les résultats[1]. » Dix ans plus tard,

1. *Ibid.*

victime d'un putsch qui n'allait être que le premier d'une série dans son pays, Kwame Nkrumah ruminait son amertume, exilé dans la Guinée de Sékou Touré. Le Ghana, ruiné, était las des rêves démiurgiques du « Rédempteur » (*Osaguefo*), son titre préféré. Houphouët-Boigny avait gagné son pari. Mais aujourd'hui, comparée au Ghana, la Côte d'Ivoire n'a-t-elle pas perdu le « pari du siècle » de son président fondateur ?

2

L'INDÉPENDANCE DANS L'INTERDÉPENDANCE

Grandeur et misère du journalisme : en août et septembre 1956, Raymond Cartier publie dans *Paris Match* une série de reportages dont le retentissement se condensera en une formule – « la Corrèze avant le Zambèze » – qui fera date. Mais qu'est, au juste, le « cartiérisme » ? La postérité n'en retiendra qu'une sorte de ladrerie franchouillarde, la préférence nationale du bas de laine. Or, il s'agit d'abord de la description implacable d'une réalité : le gaspillage des fonds d'aide que l'Afrique engloutit sans en profiter. Avec un demi-siècle de distance, et alors que plus de mille cinq cents milliards de dollars ont été déversés sur le continent (dont plus de deux cents milliards par la France) sans y laisser de traces dignes d'un tel investissement, voici un récit qui n'a cessé de gagner en actualité au fil des ans, au point de devenir tristement banal : « Le pont est là. Mais la route manque. La route ne verra jamais le jour, sa construction ayant été abandonnée quand on eut pris conscience de l'énormité de son coût et de sa faible valeur économique. Le pont avait devancé la route, si bien qu'il reste là, sans voie d'accès, sans véhicules et sans passants, comme l'arc de triomphe de la mégalomanie et de la légèreté qui se sont emparées de l'Afrique noire après la Libération. » Des infrastructures jamais achevées ou envahies par la brousse faute d'entretien aux « éléphants blancs », ces projets industriels surdimensionnés et jamais entrés en production qui n'ont rapporté que des commissions aux intermédiaires véreux, l'Afrique est constellée de monuments à l'échec de l'aide comprise comme simple transfert de fonds.

« Le véritable problème est de savoir si les ressources de la France seule sont suffisantes pour transformer son immense portion de la partie la plus pauvre d'un continent ingrat », écrit Raymond Cartier en 1956. Il pose ainsi un vrai problème – l'argent fait-il le développement ? – mais en des termes étriqués, dans une perspective purement hexagonale qui débouche sur une formule choc opposant un département français rural à un fleuve d'Afrique australe... « Le Cantal plutôt que le Sénégal » eût été plus juste, quoique moins exotique. Cependant, l'essentiel est ailleurs : le journaliste de *Paris Match* est loin d'être le seul à se demander si le coût du maintien de la tutelle française en Afrique n'est pas exorbitant pour la métropole. Dans deux livres publiés en 1957 et 1958, *La Tragédie algérienne*[1] et *L'Algérie et la République*[2], le philosophe Raymond Aron ne fait rien d'autre en soutenant : « Ni la richesse, ni la grandeur, ni l'avenir de la France ne dépendent de l'Afrique », parce que « refaire la force de la France, c'est construire des logements, des laboratoires, des usines, subsidiairement, si l'on veut, une bombe atomique ». En ce sens, Charles de Gaulle lui-même est « cartiériste », comme l'atteste ce propos tenu le 20 octobre 1959 et rapporté par Alain Peyrefitte : « La colonisation a toujours entraîné des dépenses de souveraineté. Mais aujourd'hui, en plus, elle entraîne de gigantesques dépenses de mise à niveau économique et social. C'est devenu, pour la métropole, non plus une source de richesse mais une cause d'appauvrissement et de ralentissement[3]. » Relevant qu'au

1. Raymond Aron, *La Tragédie algérienne*, Paris, Plon, « Tribune libre ».

2. Raymond Aron, *L'Algérie et la République*, Paris, Plon, « Tribune libre ».

3. Alain Peyrefitte, *C'était de Gaulle*, t. II, Paris, De Fallois/Fayard, 1977.

début de la colonisation, « nous pouvions espérer un rapport très supérieur au coût d'installation », il poursuit : « À cette époque-là, l'appât du gain était masqué par la proclamation d'un rôle qu'on nous présentait comme un noble devoir. Nous apportions la civilisation. Mais, depuis la Première Guerre [mondiale] et surtout depuis la Seconde, les coûts d'administration se sont aggravés. Les exigences des indigènes pour leur progrès social se sont élevées ; et c'est parfaitement naturel. Le profit a cessé de compenser les coûts. La mission civilisatrice, qui n'était au début qu'un prétexte, est devenue la seule justification de la poursuite de la colonisation. Mais puisqu'elle coûte si cher, pourquoi la maintenir, si la majorité de la population n'en veut pas ? » De Gaulle finira ainsi par consentir à l'indépendance de l'Algérie, bien plus qu'il ne s'y résignera. Mais il mettra également en place « un système français où chacun jouera son rôle » en Afrique noire, qui hésite à franchir le pas d'une vraie rupture avec la France – et qui, peut-être, n'en a réellement pas les moyens à la fin des années 50. Le fait est que, derrière Félix Houphouët-Boigny, tous ses leaders, sauf le Guinéen Ahmed Sékou Touré, renoncent à des pans entiers de leur souveraineté – en matière de politique étrangère, de défense et de commerce extérieur – pour maintenir la puissance tutélaire « engagée » dans leurs pays. De son côté, tout en versant un loyer sous forme d'aide au développement, la France tire profit de sa « présence » en Afrique francophone pour son « rang » international, son rayonnement diplomatique et son économie. Il ne s'agit pas là d'un choix « anticartiériste » désintéressé. Car, outre sa rentabilité pour les bénéficiaires de la transformation de fonds publics en profits privés, qui est l'œuvre au noir de la coopération, le gaspillage de l'aide à travers le « système français » a eu une rentabilité *géopolitique* pendant la guerre froide, pour la France et pour les États africains nouvellement indépendants. Seulement, quand le mur de Berlin est tombé en novembre 1989 et quand les masses africaines nées après « l'indépendance du drapeau » ont revendiqué une souveraineté pleine et entière, les successeurs du général de Gaulle n'ont plus décelé, sous l'épaisse couche nourricière de quarante ans de coopération, la realpolitik qui fut le fondement d'un système de connivence – « l'indépendance dans l'interdépendance » (Edgar Faure) – dès lors condamné à disparaître.

La Ve République naît d'un conflit de décolonisation, la guerre d'Algérie. Dans la foulée de la révolte du 13 mai 1958 à Alger, le général de Gaulle cherche à faire adhérer les colonies, qui disposent déjà d'une certaine autonomie grâce à la loi-cadre Deferre, à la « communauté franco-africaine ». De quoi s'agit-il ? Le député sénégalais Sédar Senghor ayant publiquement posé le problème de l'indépendance, le Général s'en explique, le 8 août 1945, devant le Conseil constitutionnel : « Le référendum a pour objet de vérifier si partout, en particulier en Afrique, l'idée de sécession l'emporte ou non. Dans le cas où serait refusée l'association proposée, il est évident que ce sera l'indépendance, mais l'indépendance avec tout ce qu'elle comporte de charges, de responsabilités et de dangers. Il serait inimaginable que certains voulussent marcher de leur côté pendant que les autres leur fourniraient ce qui leur manquerait. » Tout est déjà dit ici. Deux semaines plus tard, le 21 août 1958, de Gaulle embarque pour une tournée africaine qui le mènera en cinq jours de Fort Lamy (N'Djamena) à Dakar *via* Tananarive, Brazzaville, Abidjan et Conakry. Contrairement à ce que font accroire les manuels scolaires en France, qui jugent ce périple à la lumière du résultat du vote référendaire du 28 septembre 1958 (7 471 000 « oui » contre 1 120 000 « non »), l'adhésion massive des anciens colonisés à la communauté franco-africaine n'était pas acquise d'avance. À l'époque sous-lieutenant de vingt-deux ans dans l'armée de l'air française, le président du Gabon, Omar Bongo, se souvient de la nuit fiévreuse précédant la venue du général de Gaulle à Brazzaville. Avec d'autres jeunes nationalistes, il l'a passée aux côtés de Barthélemy Boganda, alors président du Grand Conseil de l'Afrique équatoriale française. « On le pressait de dire non à la communauté, témoigne-t-il. On était autour de lui quand il a appelé au téléphone Sékou Touré. “Je dis oui à la communauté, puis je prends l'indépendance”, lui a-t-il expliqué. Mais Sékou Touré lui a répondu : “Tu prends l'indépendance tout de suite ou tu ne l'auras jamais.” C'est ce que nous lui disions tous, nous aussi. » Sur ces entrefaites, le directeur de cabinet du gouverneur de l'AEF, Yvon Bourges, est arrivé pour réclamer le discours que Boganda devait prononcer en présence du général de Gaulle. « Je ne l'ai pas écrit, je compte l'improviser... », a tenté de ruser l'homme politique centrafricain. « Yvon Bourges est alors venu lui-même ramasser la copie du discours préparé, qui était favorable au “oui” et que Boganda a effectivement lu le lendemain », conclut Omar Bongo. Pour sa part, Abdou Diouf, l'ancien président du Sénégal, se souvient des pancartes hostiles à la communauté franco-africaine qui ont accueilli de Gaulle à Dakar, en l'absence de Senghor et de Lamine Gueye, qui s'étaient tous les deux arrangés pour ne pas être là. « Ça a été très serré, témoigne Abdou Diouf. Si le “oui” l'a largement emporté à la fin, ce n'est qu'à la suite de fortes pressions françaises sur les “grands électeurs” qu'étaient les chefs religieux, et parce que les dirigeants sénégalais ne voulaient pas subir le même sort que Djibo Bakari. » Opposé jusqu'au bout à l'adhésion, le leader nigérien fut évincé par la France, qui remit en selle son concurrent, Hamani Diori, le futur président...

« Nous préférons la pauvreté dans la liberté à la richesse dans l'esclavage. » « Si vous voulez l'indépendance, prenez-la ! » Le célèbre échange entre Sékou Touré et de Gaulle n'a pas été que le choc de deux orgueils auquel il est souvent réduit. Dans ses *Mémoires d'espoir*, le Général livre, *a posteriori*, une analyse plus froide et lucide : « Une grande partie des éléments évolués, qu'endoctrinaient plus ou moins les surenchères totalitaires, rêvaient que l'affranchissement fût non pas le terme d'une évolution, mais une défaite infligée par les colonisés à leurs colonisateurs. D'indépendance, ils ne voulaient que celle-là. Malgré tout, on pouvait penser que, mis au pied du mur, la plupart des dirigeants souhaiteraient, par raison ou par sentiment, garder de solides liens avec la France. C'est à quoi répondrait, au début, la Communauté, quitte à se transformer ensuite en série d'engagements contractuels[1]. » En effet, « mis au pied du mur », la plupart des dirigeants africains se sont ralliés à la communauté franco-africaine, quitte à transformer celle-ci rapidement en des engagements entre des États censément égaux, « partenaires ». Moins de deux ans séparent le référendum et la vague des indépendances de l'été 1960. Une à une, les anciennes colonies françaises accèdent alors à une souveraineté octroyée par la métropole, sous la houlette de la « coopération ». C'est là le nom du modèle – le « système français où chacun jouera son rôle » – qui s'oppose à la rupture sanglante entre la France et l'Algérie, mais aussi au sort du Congo belge, dont l'indépendance ressemble à une spirale du chaos depuis les émeutes de janvier 1959, ou à la lutte armée dans les colonies portugaises d'Afrique où quelque quatre cent mille colons blancs résistent à l'insurrection. Dans l'Afrique française, le « pari du siècle » de Félix Houphouët-Boigny s'impose à tous. Seul à braver la France, Sékou Touré sera puni.

« En ce temps où une liberté incertaine a si souvent la couleur du sang, je salue la jeune République tchadienne dont l'espoir est le nôtre, dans l'exaltation de cette nuit historique », s'écrie André Malraux, le 10 août 1958 à Fort Lamy, le futur N'Djamena (qui signifie « qu'on nous laisse en paix » en sara, la langue maternelle de son premier président, François Tombalbaye). Cent un coups de canon saluent l'avènement du nouvel État indépendant. Dès le lendemain sont signés les accords de coopération entre la France et le Tchad. Comme partout ailleurs dans l'ex-Afrique française, ils portent sur une assistance civile et militaire qui « double » l'appareil de l'État naissant, ainsi que sur l'appartenance à la zone franc, l'espace monétaire

1. Charles de Gaulle, *Mémoires d'espoir*, Paris, Plon, 1999 (1re éd. 1970).

garanti par Paris. « Sous le porche de l'Église de la coopération, la France reste africaine et l'Afrique française [1] », raillera, en 1969, l'écrivain et pamphlétaire malien Yambo Ouologuem. En fait, il s'agit d'un simple constat : alors que le nombre des administrateurs coloniaux au sud du Sahara était inférieur à 7 000 en 1956, il y a, en 1964, 8 553 coopérants civils et 2 577 assistants militaires français dans les États « indépendants ». Ces derniers, la plupart du temps, assurent à leurs frais logement et véhicule de fonction, prime d'expatriation et billets d'avions annuels pour toute la famille à leurs cadres administratifs blancs. Entre 1960 et 1990, près d'un demi-million de Français auront, à un titre ou à un autre, séjourné en Afrique pour la « mission » de coopération. Parallèlement, le nombre des expatriés vivant en Afrique francophone sera passé de moins de 120 000 à la veille des indépendances à plus de 250 000, dont 50 000 en Côte d'Ivoire (cinq fois plus qu'avant 1960), 25 000 au Gabon, 12 000 à Djibouti... Au plus fort de la coopération de substitution, au milieu des années 80, 28 000 instituteurs et professeurs français – un huitième du corps enseignant hexagonal – travaillent en Afrique francophone. Sans que cela n'exclût de leur part un engagement réel, beaucoup de Français viennent dans les anciennes colonies « faire du CFA », la monnaie africaine librement convertible, arrimée par une parité fixe au franc français. Sans que cela n'exclût chez leurs hôtes de simples jalousies, leur forte présence suscite chez les Africains une perplexité qu'avait déjà ressentie, au XIXe siècle, l'explorateur Pierre Savorgnan de Brazza : « Et quand je leur disais que les Blancs ont un pays où rien ne manque, ils ne pouvaient s'expliquer pourquoi nous l'avions quitté »... Quelque mille huit cents entreprises françaises disposent en Afrique francophone de filiales dirigées par des cadres blancs jouissant, eux aussi, du lucratif statut d'expatrié. À partir de 1971, pour conjurer tout « risque pays », le gouvernement français garantit les

1. Yambo Ouologuem, *Lettre à la France nègre*, Paris, Le Serpent à plumes, 2003 (1re éd. E. Nalis, 1969).

investissements dans son « pré carré » africain par le biais de la Compagnie française d'assurances pour le commerce extérieur (COFACE), ce qui assure au secteur privé des « surprofits » en Afrique en plus du taux de retour de l'aide publique dite « liée » : jusqu'en 2000, sur 100 francs français « donnés » à un pays africain, 61 reviennent dans l'Hexagone sous forme de commandes. Ainsi, le « privilège du pavillon national », pourtant officiellement aboli par la loi du 31 juillet 1861 qui prétendait rendre aux colonies françaises la liberté de commercer avec toutes les nations, est *de facto* rétabli. Mais, dans une belle continuité mercantiliste, le « pacte colonial » se perpétue derrière le paravent altruiste de la coopération.

Pendant la guerre froide, la France réalise en Afrique ses excédents commerciaux les plus importants, de l'ordre de 10 à 20 milliards de francs français (1,5 à 3 milliards d'euros) par an, avec 70 à 80 milliards de francs (10,7 à 12,2 milliards d'euros) d'exportations françaises pour 60 milliards de francs (9,2 milliards d'euros) environ d'importations. À titre de comparaison, la France exporte, à la fin des années 90, seulement pour 25 milliards de francs (3,8 milliards d'euros) de biens vers l'Amérique latine, et 30 milliards de francs (4,6 milliards d'euros) vers la Chine ! Les cents grands groupes français présents en Afrique contrôlent à plus de 50 % les marchés au Gabon, en Côte d'Ivoire, au Cameroun, au Sénégal... Grâce à l'aide liée qui impose aux États africains, jusqu'au début des années 2000, de confier aux seules entreprises françaises des projets financés par la Caisse centrale de la coopération économique (l'actuelle Agence française de développement), tous les grands projets d'infrastructures (routes, barrages, bâtiments et travaux publics) sont « réservés » aux entreprises françaises, au détriment des concurrents européens, américains et asiatiques.

Est-ce une exception française ? Pas dans la mesure où la lutte contre le « sous-développement » – un terme employé pour la première fois, le 20 janvier 1949, par le président Harry Truman dans un discours au Congrès américain – fait partie de la panoplie idéologique de la guerre froide. Tant que dure la rivalité Est-Ouest, l'aide publique constitue – par-delà toute considération humanitaire – une prime versée aux pays pauvres en échange de leur allégeance. Pendant toute cette période, l'Afrique est la partie la plus assistée du monde. Dans les années 80, le continent reçoit, en moyenne, 15 milliards de dollars par an, soit 31 dollars par habitant, presque le triple de la moyenne – 11 dollars – pour l'ensemble du tiers-monde. L'importance de ces subsides ne s'explique pas seulement par le retard de développement qu'accuse le continent noir, ni *a fortiori* par ses efforts d'assurer une « bonne gouvernance », cet antonyme de la corruption qui ne sera popularisé qu'*après* la chute du mur de Berlin par la Banque mondiale. Celle-ci jugera sévèrement le clientélisme des budgets de coopération... en 1998, dix ans après la chute du mur de Berlin. « L'aide de la guerre froide, dominée par des considérations stratégiques, a peut-être réalisé ses objectifs politiques, mais celle qui est allée à des pays à médiocre gestion n'a fait que peu de chose pour réduire la pauvreté », lit-on alors dans une vaste étude d'évaluation. Mais pourquoi les flux d'aide ont-ils été maintenus à destination d'États mal gérés ? Parce que le développement n'était que l'effet secondaire, certes bienvenu, d'un loyer géopolitique qui était versé aux « régimes amis » quel que fût le gaspillage de l'aide par leurs dirigeants. Parmi beaucoup d'autres exemples sur le continent (Maroc, Égypte, Somalie, Côte d'Ivoire, Liberia, Gabon, Kenya...), le Zaïre de feu le maréchal Mobutu illustre cette réalité d'une façon saisissante : du début de la grande crise économique en 1975 à la chute du dictateur en mai 1997, le Congo-Kinshasa a reçu 9,3 milliards de dollars d'aide par l'Occident et, paradoxalement, davantage de fonds – 524 millions de dollars par an, par rapport à 331 millions – *après* la révélation par le banquier allemand Erwin Blumenthal en 1982 du détournement du budget de l'État par le président Mobutu de 5 milliards de dollars, soit alors l'équivalent de la dette extérieure du pays.

La coopération française n'est qu'un guichet parmi d'autres de l'aide internationale. Ce qui lui confère sa particularité, et qui fonde « l'exception française » sur le continent africain, est son insertion dans un cadre institutionnel sans équivalent ailleurs dans le monde : « l'État franco-africain, simultanément un et multiple », dont parle l'anthropologue Jean-Pierre Dozon dans son livre *Frères et sujets. La France et l'Afrique en perspective.* « Quelque chose, finalement, se joua là, autour de la France libre et du général de Gaulle, qui fut moins de l'ordre d'une promesse d'émancipation que d'une reconquête de l'Afrique et d'une reconstruction de l'État français doublé de son monde africain », écrit l'auteur, pour qui l'Afrique est l'une des « fonctions régaliennes » de la Ve République, « à peu près au même titre que le domaine nucléaire ». D'ailleurs, la bombe atomique et l'Afrique relèvent d'une « raison d'État supérieure »[1] qu'incarne seul le chef de l'État, en dehors de tout contrôle parlementaire, et dont la part d'ombre apparaît singulièrement importante.

Sans qu'elle ne se résume à lui, la part d'ombre de la politique africaine de la France est intrinsèquement liée au nom de Jacques Foccart. Qui est cet homme ? L'édition 2003 du *Petit Robert* est muette à son sujet. D'autres dictionnaires consacrent quelques lignes laconiques à ce « résistant de la première heure, secrétaire général de la Communauté franco-africaine, puis secrétaire général de l'Élysée jusqu'au départ du pouvoir du général de Gaulle, conseiller pour l'Afrique du président Georges Pompidou et, de nouveau, de Jacques Chirac à Matignon, de 1986 à 1988, pendant la première cohabitation sous François Mitterrand ». Né en 1913, issu d'une famille aisée installée en Guadeloupe, décédé en mai 1997, Jacques Foccart fut, selon son biographe non autorisé Pierre Péan, « l'homme le plus puissant et le moins connu de la Ve République, un homme qui a contribué à façonner notre histoire, même si ce ne fut

1. Jean-Pierre Dozon, *Frères et sujets. La France et l'Afrique en perspective*, Paris, Flammarion, 2003.

que dans l'ombre d'un autre ». L'obscurité semblait si épaisse à Pierre Péan qu'il a intitulé son enquête biographique *L'Homme de l'ombre*[1]. Or, par la suite, Jacques Foccart s'est approché de la lumière en publiant, avant sa mort, son *Journal de l'Élysée*[2], en cinq tomes, et en se confessant dans deux livres d'entretiens au journaliste Philippe Gaillard[3]. À travers ces ouvrages, on comprend que les principaux atouts de cette figure du gaullisme étaient, outre sa légendaire discrétion, sa disponibilité de tous les instants (il était marié sans enfants), ses liens éprouvés avec les « réseaux » de la Résistance puis les services secrets de la République et, fait curieux et rarement relevé, son... ignorance de l'Afrique au lendemain de la Libération, qui devait tant au continent noir. « Le point de départ se situe à la fin de 1947, après les élections municipales », précise Jacques Foccart à Philippe Gaillard. « Sachant les bons rapports que j'entretenais avec Mme Éboué, la veuve du gouverneur général de l'Afrique équatoriale française, et avec d'autres gens de couleur aux Antilles, le Général m'a dit : "Occupez-vous de cela." Il m'a nommé délégué aux DOM-TOM du Rassemblement. C'est lui qui m'a révélé, si vous voulez, ma vocation. Ma petite enfance avait dû me laisser une marque tropicale. J'étais intéressé par des problèmes de la Guadeloupe et de la Martinique, dont j'entendais parler dans ma famille et dont je m'occupais pour mes affaires. Mais l'Afrique m'était inconnue. C'est donc le Général qui m'a poussé dans cette direction. C'est lui qui m'a fait élire à l'Assemblée de l'Union française. Il y tenait beaucoup. » De Gaulle n'a pas dû regretter d'avoir confié les affaires africaines à un homme sans prévention, libre d'attaches au « parti colonial ». Mais au lendemain de la Seconde Guerre mondiale, dans un pays pétri d'une profonde culture impériale, son choix était tout sauf évident.

1. Pierre Péan, *L'Homme de l'ombre*, Paris, Librairie Arthème Fayard, 1990.
2. Jacques Foccart, *Journal de l'Élysée*, Paris, Librairie Arthème Fayard, 1998.
3. Jacques Foccart, *Foccart parle*, *op. cit.*

Il s'explique, cependant. En mai 1958, lorsque l'insurrection éclate à Alger, Jacques Foccart est l'un des principaux chefs d'orchestre de l'opération, soutenue sinon mise en œuvre par les membres du service action du SDECE (Service de documentation extérieure et de contre-espionnage), qui permet à Charles de Gaulle de revenir au pouvoir. Une fois le Général élu président de la République, le 21 décembre 1958, Jacques Foccart conserve auprès de lui, en tant que conseiller technique, sa mission de liaison avec les services de sécurité. À partir du 20 mars 1960, il cumule cette fonction, toujours à l'Élysée, avec celle de secrétaire général pour la Communauté franco-africaine. « La France a perdu l'Indochine, et il n'y a plus à revenir là-dessus, lui explique de Gaulle. Nos positions en Algérie ont été gâchées par tant d'erreurs, de sang et de souffrances. Il reste l'Afrique noire, où la décolonisation en cours doit être une réussite dans l'amitié, en accompagnant les populations de ces pays. C'est de cela que je vous charge. » À la mi-avril 1961, au moment du coup de force à Alger, Jacques Foccart assure, avec ses amis du SDECE, la sécurité du Général, et maintient en permanence un avion prêt à évacuer le chef de l'État vers une destination tenue secrète sur le continent noir. En cette circonstance comme en tant d'autres jusqu'au départ du pouvoir de Charles de Gaulle en 1969, Jacques Foccart, au demeurant aussi commis au découpage électoral en France, sert de fidèle estafier au Général, avec d'autant plus d'efficacité qu'il ne se met jamais en avant. Ce n'est qu'à la fin de sa vie qu'il lèvera le voile sur ses attributs de pouvoir à l'Élysée. « Je ne m'occupais pas seulement de l'Afrique, mais aussi des relations avec les gaullistes, confie-t-il à Philippe Gaillard. Et aussi – tout le monde le pense, beaucoup l'ont écrit, je le confirme aujourd'hui – des relations avec le SDECE et avec le ministère de l'Intérieur pour la sécurité. » À la tête d'une centaine de collaborateurs (« C'est à la mesure de l'intérêt que le président de la République porte à l'Afrique »), il veille sous de Gaulle puis sous Pompidou, seize années durant, à préserver les « rapports personnels » entre le chef de l'État et les présidents africains. « Foccart a été un trait d'union. Avec lui, on savait que notre message n'allait pas prendre la pirogue pour arriver chez de Gaulle », résume le président gabonais Omar Bongo, au pouvoir depuis 1967. Ce « circuit court », comme Jacques Foccart l'a appelé lui-même, a longtemps fait de l'ex-Afrique française une chasse gardée présidentielle, au cœur du « domaine réservé » qu'est déjà la politique étrangère sous la Ve République.

Concoctée dans « l'arrière-cuisine du gaullisme[1] », la politique africaine de la France rime-t-elle inexorablement avec « barbouzeries », coups tordus et « magouilles » ? À moins de lire l'histoire à rebours, en la réinterprétant à partir de son délitement final, il faut être prudent en répondant à la question. Dès le début, il y eut beaucoup de coups bas et de « barbouzeries » – et nous y reviendrons longuement. Cependant, Jacques Foccart a été le contraire d'un affairiste, d'un de ces profiteurs du système dont les turpitudes finiront par réduire la « Françafrique » à un jeu de mots facile. L'historique « monsieur Afrique » du gaullisme ne fut jamais éclaboussé par un scandale financier, il n'était même pas rémunéré par la fonction publique, ayant refusé l'offre du Général de se faire intégrer dans les services de l'État « par le tour extérieur du Conseil d'État ». Jaloux de son indépendance, y compris financière, patron d'une société de négoce avec les Antilles, Jacques Foccart n'a pas eu besoin de solliciter pour une promotion ni de Gaulle ni l'un de ses successeurs. « C'est l'une des raisons de la durée exceptionnelle de mes fonctions », estimait-il lui-même. Quoi qu'il en soit, l'image caricaturale de « la Foque » nourrissant dans un cabinet noir de la présidence de la République d'inavouables desseins pour l'Afrique gagnerait également à être nuancée. L'homme qui, pendant plus de quarante ans, appelait tous les mercredis le président Houphouët-Boigny à Abidjan avait de quoi relever le « pari du siècle » entre la France et ses anciennes colonies. En

1. Pierre Péan, *L'Homme de l'ombre*, *op. cit.*

témoigne ce passage, extrait de sa préface d'un ouvrage publié en 1964, *Les Accords de coopération entre la France et les États africains et malgache d'expression française.* On y lit : « Si l'on venait à abandonner maintenant la tâche entreprise au temps de la colonisation, parce que nous serions persuadés qu'elle n'est plus rentable sur le plan du profit, de la force et de la puissance, nous trahirions notre civilisation comme semblent se préparer à le faire les États qui sont sur le point de réduire leur effort d'aide, pourtant très faible. Quant à eux, les peuples de couleur seraient fondés à manifester leur hostilité, leur crainte, leur rancune et leur mépris à notre égard. [...] En Afrique, la France mène une entreprise parallèle à celle qu'elle a réussie en Europe : la liquidation d'un passé qui avait engendré ou qui pouvait engendrer des antagonismes destructeurs. De même que nous avons su dépasser la vieille haine franco-allemande, nous dépassons en Afrique le colonialisme par la volonté des deux parties de ne pas insister sur l'ombre qu'il comportait pour mettre en valeur sa lumière[1]. » On peut être d'accord ou non, on peut adhérer à ce propos ou s'en méfier, mais on est bien obligé d'admettre que c'est une vision des relations franco-africaines.

1. *Ibid.*

3

LES RÉSEAUX FOCCART

Prononcer le nom de Jacques Foccart, c'est parler des « réseaux » franco-africains. De son vivant, la métonymie était si puissante que, même octogénaire claquemuré dans sa *Villa Charlotte* à Luzarches, au nord de Paris, de moins en moins souvent de passage dans la capitale où il disposait d'un appartement dans le XVIIe arrondissement, rue de Prony, Jacques Foccart fut soupçonné d'interférer encore et toujours dans le destin de l'Afrique grâce à son réseau... téléphonique. À défaut de correspondre à la réalité, cet hommage craintif en disait long sur son influence qui, à un demi-siècle de distance, s'enracinait dans la Résistance. Car, de la même façon que Lénine put définir le communisme en Russie comme « les soviets plus l'électricité », le pouvoir de Jacques Foccart fut l'addition personnelle du gaullisme de la Libération, des services secrets et d'« Elf-Africaine ».

Le gaullisme de la Libération s'incarne, par exemple, en Pierre Guillaumat. Fils du général Adolphe Guillaumat, un saint-cyrien de l'infanterie de marine et ancien ministre de la Guerre, ce jeune ingénieur du corps des mines – « service colonial » – entame sa carrière dans la recherche pétrolière en Indochine, puis au Maghreb. Son entrée dans la Résistance est presque une affaire de famille : la sienne et celle de Charles de Gaulle se fréquentent depuis de longues années. Homme de confiance du Général, le lieutenant

Guillaumat sert en 1944 d'agent de liaison entre l'état-major du général de Lattre et celui de Jacques Soustelle, le patron de la Direction générale des services spéciaux (DGSS), au cœur de la Résistance. C'est au sein de la DGSS que Pierre Guillaumat fait la connaissance de Jacques Foccart, qui est alors l'un des responsables du Bureau central de renseignement et d'action (BCRA), la branche opérationnelle de la DGSS dirigée par le colonel Passy. Après la guerre, en octobre 1945, Guillaumat devient directeur des carburants au ministère de l'Industrie et de l'Énergie. Pendant la traversée du désert du Général, ce compagnon de la Libération est à la tête, en tant qu'administrateur général, du Commissariat à l'énergie atomique (CEA), qu'il fait passer du rang d'un laboratoire de recherche à celui d'une entreprise industrielle. Ayant été à l'origine de la construction du centre de Marcoule, il est considéré comme le « père » du nucléaire français, voire de la force de frappe. À partir de 1954, Pierre Guillaumat préside parallèlement le Bureau de recherche de pétrole (BRP), où il initie notamment la prospection dans le Sahara algérien. Aux heures décisives de l'été 1958, il est parmi les fidèles de Charles de Gaulle – avec, bien sûr, Jacques Foccart – qui se retrouvent dans le feu de l'action. Il occupe même la place brûlante de la défense comme ministre des Armées, pour « border » le retour au pouvoir du Général. En février 1960, ne pouvant conserver à la France le pétrole saharien, Pierre Guillaumat quitte la défense et se voit confier le ministère de la Recherche, toujours au sein du gouvernement de Michel Debré. Le régime gaulliste consolidé, il préside EDF en 1964-1965, avant de se consacrer entièrement à la « souveraineté énergétique » de la France dans le domaine pétrolier. Déjà dirigeant de l'Union générale des pétroles (UGP) depuis 1960, il regroupe, en 1966, diverses émanations de l'État français dans l'Entreprise de recherche et d'activité pétrolière (ERAP), qui débouche un an plus tard sur la création d'Elf-Aquitaine.

Le Gabon est la principale source d'approvisionnement

de la nouvelle compagnie, vite surnommée « Elf-Africaine » : au plus fort de sa production, au milieu des années 80, ce pays représentera un tiers de la marge brute d'autofinancement du groupe et près de la moitié de ses réserves prouvées. Tout naturellement, Guy Ponsaillé et ses hommes de la « cellule » Protection et sécurité administrative (PSA) au sein d'Elf – le service de renseignements de la maison – focalisent leur attention sur le Gabon. Au nom de l'intérêt supérieur de la France, ils établissent des contacts avec le « service VII », la section opérationnelle du SDECE pour cette région. Très vite les échanges s'intensifient et, pour finir, l'osmose est parfaite : des notes, voire des agents passent d'un service à l'autre. Des hommes du SDECE agissent « sous couvert » d'Elf qui, de son côté, finance certaines de leurs opérations. Au grand jour, des passerelles sont également installées entre Elf et le Quai d'Orsay. Des diplomates, notamment de la direction Afrique, poursuivent leur carrière au département international de la compagnie pétrolière avant de revenir au ministère des Affaires étrangères, qui organise des séminaires pour ses ambassadeurs dans les pays africains producteurs de pétrole. L'objectif : coordonner les instruments d'une diplomatie de puissance. Rétrospectivement, dans son livre *Affaire Elf, affaire d'État*[1], celui par qui le scandale sera arrivé, Loïk Le Floch-Prigent, PDG d'Elf de 1989 à 1993, résume en peu de mots la singularité d'une compagnie d'État qui fusionne, sous haute pression politique, or noir et patriotisme tricolore : « L'État détient 33 % de Total. Mais de Gaulle veut une société complètement contrôlée par l'État, qui soit son bras séculier dans le pétrole et pour affirmer sa politique africaine, rappelle-t-il. Elf n'est pas seulement une société pétrolière, c'est une diplomatie parallèle destinée à garder le contrôle sur un certain nombre d'États africains, surtout au moment clé de la décolonisation. Elf est mise en œuvre pour fonctionner comme une compagnie pétrolière, ce qui

1. Loïk Le Floch-Prigent, *Affaire Elf, affaire d'État*, entretiens avec Éric Decouty, Paris, Le Cherche Midi, 2001.

a d'ailleurs parfaitement réussi, mais il s'agit également d'un prolongement de l'État, afin que la politique africaine soit bien conforme aux intérêts du pays. Disons que le président d'Elf est à la fois président d'une société pétrolière et ministre bis de la Coopération. Et c'est justement parce que cette société avait un objet politique et diplomatique en Afrique qu'elle a de tout temps financé les services secrets. »

Et Jacques Foccart ? Il tient sa place au centre de la toile. En 1947, à l'occasion d'une tournée pour encarter des militants au tout nouveau Rassemblement du peuple français (RPF), il croise à Port-Étienne, l'actuel Nouadhibou en Mauritanie, un jeune Bordelais marié à une Corse, Maurice Robert. Les deux hommes sympathisent et restent en contact. En juin 1951, Maurice Robert part pour l'Indochine où il intègre l'une des divisions navales d'assaut sur le Mékong, les célèbres « Dinassaut ». Trente mois plus tard, avec sept citations et la nomination, à trente-quatre ans, au grade de chevalier de l'Ordre national de la Légion d'honneur, le chef du « commando Robert », qui a pour emblème un chien-loup tous crocs dehors et pour devise « Oser et vaincre », est un héros de guerre. En décembre 1953, il quitte « l'Indo » et, de retour en France, rejoint le SDECE. À l'instigation de Foccart ? En tout cas, l'entrée dans les services secrets est le moyen le plus sûr de retrouver « l'homme de l'ombre » du général de Gaulle.

Inséparables pendant plus de quarante ans, Jacques Foccart et Maurice Robert vont quadriller ensemble l'Afrique de leurs « réseaux ». Rien ne s'y mélange, mais tout se superpose et se complète entre les mains du grand maître du système : l'inamovible secrétaire général de l'Élysée. Il y a là, d'abord, les « sources amicales », telles que Mahmoud Bourgi à Dakar, un commerçant franco-libanais installé de longue date dans la capitale sénégalaise (et père de Me Robert Bourgi, le *missi dominici* de Jacques Foccart jusqu'à la mort de ce dernier, en 1997, puis l'émissaire officieux de proches de Jacques Chirac comme Jacques Toubon puis Dominique de Villepin). Il y a là, ensuite, le réseau des

« honorables correspondants », des informateurs recrutés, en France comme en Afrique, aux points de passage sensibles que sont les hôtels, les aéroports ou les salles de rédaction. Dans ses Mémoires[1], Maurice Robert affirme avoir disposé de « HC » dans les revues africaines *Afrique-Asie* et *Jeune Afrique*, mais aussi au *Canard enchaîné*. La compagnie aérienne UTA était également un bon vivier de recrutement. Ancien de la 2e DB/1er RTM (Division blindée/Régiment des tirailleurs marocains), Daniel Richon, qui avait quatorze mille heures de vol à son actif quand il s'est assis dans le fauteuil de directeur des relations extérieures d'UTA, a accompli de nombreuses missions délicates, comme par exemple celle consistant à « accompagner » dans son exil américain le premier président du Congo-Brazzaville, Fulbert Youlou, renversé en 1963. Trente et un ans plus tard, Daniel Richon a couronné sa carrière en entrant, en 1994, au cabinet du ministre de la Coopération Bernard Debré comme chargé de mission pour les questions politiques, de sécurité et de défense... Enfin, *le* réseau est évidemment celui des agents attitrés du SDECE. Il fut authentiquement franco-africain, dans le mélange des souverainetés nationales qui est la marque de fabrique de la « Françafrique » . à son propre réseau d'agents secrets implantés en Afrique, Paris ajoutait, dans les quatorze pays de son ancien domaine colonial, des Postes de liaison et de renseignement (PLR), cellules souches des services de renseignement des nouveaux États « indépendants ». Conseillés et souvent commandés par des Français, ces PLR n'étaient guère que des écoles de contre-espionnage pour endiguer l'influence persistante de l'ancienne métropole... « Il faut bien le reconnaître, concède Maurice Robert dans ses Mémoires, la marge de manœuvre des responsables africains dans leurs relations avec la France était limitée. » Elle l'était d'autant plus que le service Afrique du SDECE était directement rattaché au DG de la centrale de renseignement et que son titulaire – jusqu'en 1973 Maurice Robert –

1. Maurice Robert, *Maurice Robert, « Ministre » de l'Afrique*, *op. cit.*

était « en prise directe » avec Jacques Foccart à l'Élysée, à qui il rendait compte et dont il recevait ses ordres. « Contrairement à ce qui a pu être dit ou écrit, durant toute la période où j'ai appartenu aux services, je n'ai jamais mené aucune action hors cadre de la politique officielle, pas plus que je n'ai constitué de réseaux parallèles à ceux du SDECE, monté des coups plus ou moins tordus pour mon propre compte ou le compte de qui que ce soit[1] », insiste Maurice Robert. C'est une précision importante dans la mesure où, à la fin, le système se déchire en lambeaux de réseaux, sans liens entre eux ou rivaux, quand il ne s'atomise pas en électrons libres se prévalant volontiers d'un « feu orange » au plus haut niveau de l'État pour sanctifier leur action. Mais c'est aussi une précision trompeuse sur l'essentiel, dans la mesure où la caractéristique des réseaux Foccart est justement de fonctionner en circuit fermé, parfaitement intégré *à l'intérieur* de l'État. Du temps de Foccart, il ne se passe rien en Afrique qui n'engage pas la France, de la traite des arachides aux forages pétroliers en passant par les « aventures » de mercenaires tels que Bob Denard, qui a raison de se présenter comme le *Corsaire de la République*[2], le titre de ses Mémoires.

Déjà en contact suivi avec Foccart depuis qu'il a fait le coup de feu dans l'ex-Congo belge aux côtés du sécessionniste katangais Moïse Tshombé, Robert Denard est recruté en 1962 par Maurice Robert comme « HC » du SDECE. L'époque est dure. Au Cameroun, après avoir tué en 1958 l'âme du maquis nationaliste, Ruben Um Nyobé, et empoisonné au thallium son successeur, Félix Moumié, en novembre 1960, la France pacifie au lance-flammes le pays bamiléké. Elle n'y parviendra qu'au milieu des années 60, et de façon définitive seulement après l'arrestation en 1970 puis l'exécution l'année suivante d'Ernest Ouandié, le leader qui avait pris le relais pour inspirer la lutte armée. En Afrique

1. *Ibid.*
2. Bob Denard, Georges Fleury, *Corsaire de la République*, Paris, Fixot, 1999.

du Nord, La Main rouge achève la terreur qu'elle avait fait régner dans les années précédant l'indépendance des États maghrébins par une dernière série d'attentats ciblés. À l'opinion publique, les autorités françaises font croire qu'il s'agit de colons d'extrême droite, nostalgiques du passé révolu et regroupés dans une organisation clandestine, criminelle. « La Main rouge, c'était le Service », une « filiale » spécialement créée par le SDECE, reconnaîtra, quarante ans plus tard, Maurice Robert. Dans ce contexte trouble, Bob Denard représente le même avantage : il bataille lui aussi pour la France, sans la compromettre officiellement. C'est notamment le cas au Biafra, le sud-est du Nigeria regorgeant de pétrole qui, en 1967, fait sécession. Paris soutient cette tentative, dans un premier temps discrètement. Depuis Abidjan et, surtout, Libreville, Bob Denard et les siens assurent d'importantes livraisons d'armes. Ils cohabitent parfaitement avec l'humanitaire « sans frontières » qui approvisionne le maquis biafrais en nourriture grâce aux mêmes avions transportant les moyens de s'entre-tuer... Le bon ménage militaro-humanitaire va même plus loin. « Ce que tout le monde ne sait pas, c'est que le terme "génocide" appliqué à cette affaire du Biafra a été lancé par les services, confie Maurice Robert à son confesseur, André Renault. Nous voulions un mot choc pour sensibiliser l'opinion. Nous aurions pu retenir celui de massacre, ou d'écrasement, mais génocide nous a paru plus "parlant". Nous avons communiqué à la presse des renseignements précis sur les pertes biafraises et avons fait en sorte qu'elle reprenne rapidement l'expression "génocide". *Le Monde* a été le premier, les autres ont suivi[1]. » Après ce « succès », plusieurs opérations manquées émailleront le parcours de « Gilbert Burgeaud », le nom qui figure sur le vrai-faux passeport délivré par le SDECE à Bob Denard : du débarquement au Bénin le 16 janvier 1977, qui tourne au fiasco, jusqu'au huis clos tragique à la villa présidentielle aux Comores, le 26 novembre 1989 à vingt-deux heures trente, quand le chef de l'État,

1. *Ibid.*

Ahmed Abdallah, s'écroule, atteint de cinq balles, en présence de Bob Denard et de ses fidèles lieutenants, Dominique Malacrino alias « commandant Marquès » et Jean-Paul Guerrier alias « capitaine Siam ». Évidemment, nul d'entre eux n'a tiré un coup de feu... Quand, dix ans plus tard, la cour d'assises de Paris jugera ce crime, l'assassinat d'un chef d'État, on verra défiler à la barre d'éminents représentants de la France, dont Maurice Robert et le général Jeannou Lacaze, ancien chef du service action du SDECE, qui rivalisent de témoignages de bonne moralité – plus élogieux les uns que les autres – à la décharge de l'accusé. « Bob Denard, il se fait tard dans votre vie, pérore Me Jean-Marc Varaut, l'avocat du mercenaire. Il est temps de poser votre sac dans votre Médoc natal, auprès des vôtres. Le port de Bordeaux ne s'ouvre plus sur l'empire. Il n'y a plus de politique africaine de la France. [...] La beauté de vos filles vous rappellera que vous avez aimé sur d'autres continents, d'autres océans, sous des cieux plus bleus. » Mais pas forcément aussi cléments. Car c'est à Paris que Bob Denard est acquitté « au bénéfice du doute » et part en homme libre, à soixante-dix-sept ans, à la retraite d'une République qui n'a peut-être plus de grande ambition africaine, mais qui reste quand même bonne fille avec ses serviteurs.

Du temps où la France savait ce qu'elle voulait en Afrique, elle y défendait ses intérêts sans scrupule, comme, en 1964 au Gabon. « Négocier quoi, pourquoi ? » répond Maurice Robert quand on lui demande pourquoi la France y est intervenue militairement pour remettre en selle un « président ami », Léon M'ba. Le 19 février 1964, la question ne se pose pas. Dans la nuit, une bonne centaine de soldats de l'armée gabonaise sous la conduite de deux jeunes officiers, les lieutenants Mombo et Essonne, ont investi le palais présidentiel à Libreville. Ils se sont emparés du chef de l'État et l'ont traîné à la radio nationale, déjà prise par d'autres conjurés, pour qu'il annonce lui-même sa destitution. Ensuite, Léon M'ba est séquestré loin de la capitale, à Lambaréné, à l'intérieur du pays. Dans la capitale, pour fêter l'avènement d'un nouveau régime, des centaines de prisonniers de droit commun sont libérés des prisons qu'ils quittent pour piller aussitôt les boutiques alentour. Entretemps, un gouvernement provisoire se met en place, dont l'adversaire politique de toujours du président déchu, Jean-Hilaire Aubame, prend la tête. L'homme n'a rien d'un révolutionnaire antifrançais : il a représenté le Gabon pendant plusieurs législatures au Palais-Bourbon. Pour autant, « négocier quoi, pourquoi ? ». Dans l'après-midi, des parachutistes français venus de Brazzaville – à l'époque, il n'y a pas de base militaire à Libreville, un « manque » qui sera réparé à la suite des événements... – sautent sur l'aéroport. Puis des renforts partis de Dakar et de Bouar, en Centrafrique, arrivent (dans le premier DC 8 venant du Sénégal, avec à son bord des paras du 7e Régiment parachutiste d'infanterie de marine (RPIMa), se trouvent Guy Ponsaillé d'Elf et Maurice Robert). Sous les ordres du général Kergaravat, les militaires français encerclent le palais présidentiel. Les mutins se rendent. De la même façon, il suffit d'envoyer quelques soldats dans un camp militaire de la ville pour obtenir, sans coup férir, la libération du directeur de cabinet présidentiel, Albert-Bernard Bongo. Autre temps, autres mœurs : l'idée d'ouvrir le feu sur des militaires français ne serait venue à personne, à l'époque. Il y aura tout de même des morts, côté gabonais, dont le lieutenant Edou N'Do. Que Maurice Robert se souvienne de son nom quarante ans plus tard témoigne également d'une autre époque, côté français... Le soir du 19 février 1964, le président Léon M'ba, libéré par un commando parachutiste, rentre dans son palais, « quitte pour la peur et l'humiliation », selon la formule du journaliste Pierre Biarnès, correspondant du *Monde* en Afrique.

Pour conférer un semblant de légalité à son expédition, Paris invoque l'accord de défense conclu en 1960 avec le Gabon et une demande d'intervention que le vice-président gabonais Paul-Marie Yembit, une fois retrouvé dans Libreville, a eu la bonté d'antidater. Cet habillage juridique ne trompe personne, mais servira de leçon aux autres présidents d'Afrique francophone : nombre d'entre eux vont alors signer des requêtes d'intervention – non datées – et les envoyer à l'Élysée, qui pourra s'en servir « au cas où ». Cependant, la vraie question n'est pas pourquoi la France intervient en février 1964 au Gabon mais plutôt, pourquoi elle ne l'a pas fait l'année précédente au Congo, autre pays pétrolier. D'autant qu'elle y dispose de forces « prépositionnées » et qu'elle aurait pu faire pencher la balance aussi discrètement que son armée l'avait fait en décembre 1962 au Sénégal, en condamnant à l'échec le coup de force du Premier ministre Mamadou Dia contre le président Senghor. Mais le 15 août 1963, au troisième jour d'une grève générale ayant tourné à l'émeute populaire, les blindés français postés aux abords du palais présidentiel à Brazzaville ne bougent pas, en l'absence d'instructions de Paris. La réponse à la question : le bon vouloir de Paris dépend de Jacques Foccart. En 1962, à Dakar, il fait le nécessaire pour sauver le « président poète » ; en 1963, l'abbé Fulbert Youlou tombe parce que Foccart est « en mer, à la pêche », injoignable même pour de Gaulle qui ne veut pas, seul, prendre une décision (Foccart organisera, deux ans plus tard, l'évasion de Youlou, menacé d'empoisonnement) ; en février 1964, au Gabon, Foccart prend sur lui de déclencher l'intervention : « C'était tôt dans la nuit, et je n'ai pas voulu déranger le Général[1]. » L'insolente toute-puissance du secrétaire général de l'Élysée se fonde sur un pacte tacite qui le lie à l'homme du 18-Juin. Comme il l'explique peu après le rétablissement de Léon M'ba dans un propos rapporté par Alain Peyrefitte : « Il ne faut jamais que le Général soit en première ligne pour ce genre de coups durs. Il faut les régler sans lui en parler. On parle en son nom. On le met au courant quand c'est fini. Il peut toujours nous désavouer, si ça rate[2]. » En fait, dans le pire des cas, comme après une tentative de déstabilisation de Sékou Touré en

1. Jacques Foccart, *Foccart parle*, *op. cit.*
2. Alain Peyrefitte, *C'était de Gaulle*, t. II, *op. cit.*

avril 1960 qui s'est éventée et a provoqué un tintamarre diplomatique, le Général grommelle : « Dommage que vous n'ayez pas réussi. »

À Libreville, le reste n'est que service après-vente, mais celui-ci est soigné. Remis dans le fauteuil présidentiel, Léon M'ba est entouré et rassuré par les Français, pour ne pas dire « regonflé » tant il paraît à plat après cette fâcheuse expérience qui lui coupe même l'envie, du moins pour un temps, de ses légendaires « rallyes beaujolais »... Jacques Foccart consolide le régime gabonais en plaçant ses hommes à tous les postes stratégiques, en particulier à l'Union générale des pétroles (UGP), qui deviendra bientôt Elf. Huit ans après le début de l'exploitation industrielle des premiers gisements au Gabon, à Ozouri et Pointe-Clairette, l'avenir mérite ces précautions. Paris fait aussi son choix pour la succession à Libreville et l'impose au président M'ba quand celui-ci marque quelques hésitations, en 1967, à l'heure où sa maladie précipite l'échéance : Albert-Bernard Bongo, bien que seulement âgé de trente-deux ans, régnera sur le Gabon. Le futur Omar Bongo Ondimba (il se convertit à l'islam en 1973 et revendique sur le tard, en 2002, le nom de son père, d'ethnie obamba) veillera aux intérêts français et, plus encore, aux siens. Les deux ne coïncident pas toujours. Mais quand il faut les réconcilier, comme par exemple à la fin des années 70, après l'assassinat d'un couple français résidant à Libreville qui périt dans l'explosion de sa voiture dans la nuit du 20 au 21 juin 1979, et le meurtre, quatre mois plus tard, sur le sol français, d'un peintre décorateur, Robert Luong Nhu Truat, amant présumé de la première épouse du président Bongo, Paris ne manque jamais de faire ce qu'il faut pour préserver l'essentiel : les crimes restent impunis et les relations franco-gabonaises sont remises sur une orbite sûre par l'envoi d'un ambassadeur hors pair, Maurice Robert. L'ancien chef Afrique du SDECE, qui a quitté les services en 1973 quand ceux-ci ont été repris en main par un nouveau patron, Alexandre de Marenches, vient alors de passer six ans chez Elf, où il a été récupéré par Pierre Guillaumat. Au sein de la compagnie pétrolière, il a été le premier d'une longue lignée d'anciens responsables des services secrets de la République – la tradition sera respectée jusqu'à l'absorption d'Elf par Total, en 1999 – qui viendront coiffer le « service maison ». En 1979, en nommant Maurice Robert représentant de la France à Libreville, Valéry Giscard d'Estaing brave une levée de boucliers jusque dans son propre camp. Omar Bongo, lui, est ravi. Mais le président gabonais perdra « son » ambassadeur deux ans plus tard, quand la gauche arrivée au pouvoir à Paris donnera le signal d'une alternance qui restera sans suite dans les relations franco-africaines. Maurice Robert est rappelé. Il se venge dans une interview choc, publiée en octobre 1981 par *Paris Match*. « Nos dirigeants socialistes se sont enfermés dans un laboratoire où ils ont mis dans des éprouvettes de grands principes démocratiques, de grandes idées généreuses, un peu de rancœur, un peu d'amertume, y tonne-t-il. Ils ont agité le tout et, aujourd'hui, ils sont persuadés d'avoir préparé une potion magique qu'ils veulent appliquer à l'Afrique. » C'était faire beaucoup d'honneur à la volonté de changement des socialistes, et surtout du premier d'entre eux, François Mitterrand. Alors que Maurice Robert retourne jusqu'à sa retraite chez Elf, où il sera rémunéré pendant trois ans « à ne rien faire », selon ses propres dires, le premier président socialiste de la Ve République installe dans l'ancien bureau de Jacques Foccart, au 2, rue de l'Élysée, d'abord un chirurgien-dentiste franc-maçon, Guy Penne, et, pour finir, son fils aîné, Jean-Christophe Mitterrand.

Ce n'est pas la fin des « réseaux Foccart », mais leur parodie au pouvoir.

4

LE GENDARME DE L'AFRIQUE

Le 20 septembre 1979, à huit heures du matin, l'ancien président centrafricain David Dacko quitte le petit appartement de la rue de Berri, dans le VIIIe arrondissement de Paris, où un agent du SDECE l'a installé quelques jours plus tôt. Accompagné de deux officiers du service action (SA) du renseignement français, il se rend à l'aéroport du Bourget, une mallette remplie de billets de banque sur les genoux et, dans une sacoche à ses pieds, la cassette préenregistrée du discours qu'il est censé faire diffuser sur les ondes dès son retour à Bangui. Renversé dans la nuit de la Saint-Sylvestre 1965 par le colonel Jean-Bedel Bokassa, alors chef d'état-major de l'armée, David Dacko a passé neuf années au cachot et cinq années en résidence surveillée avant d'être enfin autorisé, en juillet 1979, à quitter le pays pour soigner son diabète à Paris.

Au Bourget, au moment de monter dans le DC-8 militaire, il recule, refuse de gravir l'échelle de coupée. L'officier qui l'accompagne peine à le convaincre qu'il ne risque rien, qu'il est bien trop tard pour renoncer. À bord, à plusieurs reprises, le scénario se répète. Lorsque l'avion atterrit à N'Djamena, c'est un Dacko décomposé qui en descend. La présence sur le tarmac du chef opérationnel du commando, le colonel Briançon-Rouge, le rassure quelque peu. Les deux hommes grimpent dans l'un des trois Transall en alerte sur le parking de l'aéroport, où ils s'installent à l'arrière d'une Jeep arrimée dans la soute. Des troupes du 1er RPIMa, qui fait partie de la 11e Division parachutiste dans laquelle les services secrets puisent alors leur main-d'œuvre, et des civils des forces spéciales du SDECE s'entassent dans les deux autres Transall. Les pilotes appartiennent au Gam 56, une unité d'élite où l'on enseigne aux aviateurs la technique du « posé clandestin », la nuit et sans éclairage autre que celui de lampes de poche. À vingt et une heures trente, le premier Transall touche la piste de Bangui, guidé par les torches d'une dizaine d'hommes du SA qui sont arrivés dans la capitale centrafricaine dix jours auparavant, déguisés en techniciens de la compagnie pétrolière Shell. La première mission des soldats débarqués consiste à prendre le contrôle de l'aéroport. Il est désert et maîtrisé en un quart d'heure, la « compagnie de l'escadrille » sous les ordres du capitaine François Bozizé, de garde ce soir-là, n'offrant aucune résistance aux commandos suréquipés qui l'encerclent. Tous feux éteints pour ne pas être vus depuis la ville, les deux autres Transall atterrissent sur la piste éclairée. David Dacko, terriblement anxieux, est prié de patienter, le temps pour les parachutistes de sécuriser le tronçon routier menant de l'aéroport au centre-ville puis de prendre la radio nationale.

À 23 h 27, un curieux flash interrompt les programmes de Radio France internationale (RFI) : « On apprend de source bien informée à Paris que des événements importants se déroulent en ce moment en Centrafrique... » Bien informée, la source citée l'est assurément puisqu'il s'agit de René Journiac, le conseiller Afrique du président Giscard d'Estaing. Il a prévenu le directeur de RFI, Albert Aycard, qu'un coup d'État allait avoir lieu à Bangui. Mais les programmes de RFI se terminant à l'époque à 23 h 30, le « scoop » est diffusé avant même que Dacko n'annonce officiellement son putsch. C'est à 23 h 55 que l'ex-nouveau chef de l'État, un peu enhardi, prononce sur La Voix de l'Empire centrafricain, en français et en sango, la langue nationale, le bref discours concocté à Paris, sans recourir à la cassette préenregistrée. « Je proclame solennellement la déchéance de l'empereur Bokassa Ier, indigne d'occuper les fonctions de chef de l'État, déclare-t-il. Je m'engage, moi, David Dacko, au nom du gouvernement de salut public et en mon nom propre, à rétablir les libertés démocratiques, à rendre très rapidement la parole au peuple souverain et à assurer sa sécurité. » À peine David Dacko a-t-il parlé que l'Agence transcontinentale de presse (ATP) répercute l'information sur les téléscripteurs des sièges parisiens de l'AFP et de Reuters. « Flash exclusif, urgent : coup d'État en Empire centrafricain. Notre envoyé spécial dans la capitale centrafricaine nous câble : David Dacko, l'ancien président de la République centrafricaine, vient de proclamer la déchéance de l'empereur Bokassa. Il demande instamment l'aide et la protection de la France. » Le journaliste de veille chez Reuters, sur la foi du sigle, croit avoir affaire à une dépêche de l'Agence tchadienne de presse. Il reprend l'information et la diffuse, à 23 h 56, dans le monde entier. À l'AFP, il faudra six heures de vérification avant que le coup d'État ne soit annoncé. Personne n'y connaît l'ATP. Et pour cause. Cette petite agence, installée rue Navarin à Paris, n'émet d'ordinaire que des dépêches à destination des journaux de province. Mais son propriétaire, René Gardes, est un fanatique du parachutisme, proche des militaires et « un correspondant actif des services », comme le révélera Maurice Robert. Il a « prêté » le sigle de son agence aux stratèges du SDECE, qui ont mis en scène le coup d'État d'un David Dacko prenant ses responsabilités avant d'appeler la France à l'aide. Ils tiennent à annoncer au plus vite le succès du changement de régime à Bangui pour dissuader Bokassa – parti en quête de fonds en Libye, chez le colonel Kadhafi – de rentrer au pays pour défendre son empire. Les deux objectifs ne seront que partiellement atteints : certes, Bokassa ne se lancera pas à la reconquête de son pouvoir, mais son avion atterrira, le 21 septembre en début de soirée, sur la base militaire d'Évreux, près de Paris ; à cet embarras majeur s'ajoute que la presse, une fois sur place, ne tardera pas à révéler que la France était derrière le coup d'État. Toutefois, elle ne percera pas tous les secrets de la manipulation. L'éviction de Jean-Bedel Bokassa entre dans l'histoire comme le résultat d'une opération dénommée Barracuda, exécutée par les soldats du 3e et du 8e RPIMa qui, en effet, quadrillent Bangui dès l'aube du 21 septembre. Mais ceux-ci ne sont arrivés en Centrafrique qu'*après* le discours de David Dacko, et ont alors déclenché Barracuda, seconde phase d'un plan dont la première étape, l'opération Caban (contraction de Centrafrique et Bangui), s'achevait par le retrait, quatre heures seulement après leur arrivée clandestine, des commandos du 1er RPIMa.

Voilà dans toute sa splendeur opérationnelle, avec ses « manip » de désinformation et un président de rechange amené dans la soute d'un Transall, la « dernière expédition coloniale » de la France en Afrique, ainsi qualifiée par Jacques Foccart, expert en la matière. Or, quand s'allumera la controverse sur cette intervention, elle ne portera pas sur la violation *in flagranti* de la souveraineté centrafricaine, mais sur les seuls mobiles français. Trois écoles de pensée s'affrontent : ceux qui pensent que le massacre des écoliers centrafricains, en janvier 1979, et, plus généralement, les crimes de « l'ogre de Bérengo », accusé – à tort – d'anthropophagie ont décidé Paris à mettre fin au règne de Bokassa ; ceux qui soupçonnent Valéry Giscard d'Estaing d'avoir voulu régler le sort de son « cher parent » avant l'élection présidentielle en France, par peur d'être compromis par lui, notamment en raison de diamants qu'il a reçus comme présent de l'empereur ; enfin, les moins audibles, ceux qui invoquent le contexte géopolitique du changement de régime à Bangui, les agissements du colonel Kadhafi pour prendre en étau le Tchad où une vive rivalité oppose la Libye à la France. Les premiers n'ont pas tort mais exagèrent le volet compassionnel de la politique africaine de la France. Paris a assisté à d'autres crimes sous les tropiques sans intervenir... Les seconds tiennent le haut du pavé : dès le 27 septembre, l'envoyé spécial du *Monde* à Bangui, Pierre Georges, accrédite l'idée du « casse de Bérengo », du nettoyage du palais impérial, non loin de la capitale, par des parachutistes au service de VGE. La thèse est reprise et amplifiée, le 10 octobre, par *Le Canard enchaîné*, qui titre sur une pleine page : « Pourquoi Giscard a organisé le casse des archives de Bokassa. » Dans l'article, il est affirmé qu'en avril 1973, VGE, alors ministre des Finances, aurait reçu de son « cher parent » à Bangui une plaquette de diamants. Ce qui est exact. Mais l'information, attestée par une lettre que l'hebdomadaire satirique reproduit en fac-similé, provient d'un ancien conseiller français à la présidence centrafricaine, Maurice Espinasse, et non pas d'un lot de documents – guère compromettants – récupérés à Bérengo par... trois journalistes, dont Pierre Georges. N'ayant osé publier leur trouvaille dans leurs propres journaux, les trois confrères avaient vendu ce lot au *Canard enchaîné*, qui s'en sert pour protéger sa source – Maurice Espinasse – et pour embraser le scandale politique. « Il fallait donc les faire disparaître, ces archives trop bavardes, et les paras s'en sont chargés », écrit le rédacteur en chef de l'hebdomadaire, Claude Angeli, dans l'article flanquant la lettre fournie par l'ex-conseiller à Bangui. Avant de dénoncer « un hold-up réalisé, naturellement, à la demande de l'Élysée, qui ne laisse à personne le soin de veiller sur l'opération Centrafrique ». En fait, il n'y a pas eu d'autre « casse » à Bérengo que celui des trois journalistes. L'opération Caban, préparée par le chef du service action du SDECE, le colonel de Gaigneron de Marolles, visait à neutraliser la menace libyenne pesant sur la Centrafrique. Elle se fondait sur une analyse du SDECE que le chef du SA devait, bien des années plus tard, résumer ainsi : « Les Cubains sont en Angola et ont tenté deux interventions au Zaïre, en 1977 et 1978 [en mettant en avant les "gendarmes katangais", NDLR]. Une forte présence cubaine et est-allemande est constatée à Brazzaville. L'Éthiopie et la Corne orientale sont tombées sous l'influence soviétique. Or, à cette période, les États-Unis sont neutralisés après la chute de Saigon et le Watergate, auxquels s'ajouteront la chute du shah et l'affaire des otages de Téhéran. La France prend donc la relève des Américains en Afrique dans le cadre du conflit Est-Ouest. En 1977 et 1978, elle met en échec les tentatives soviétiques contre le Zaïre, dont le but était d'établir un axe Luanda-Addis Abeba en coupant le continent en deux, pour lui permettre d'investir l'Afrique du Sud. En 1979, profitant de la fragilité de la situation à Bangui et de l'appel de Bokassa aux Libyens et aux Cubains, les Soviétiques veulent lancer une opération contre la Centrafrique pour reprendre leur action contre le Zaïre. C'est dans ce contexte particulier et pour contrecarrer l'arrivée des forces libyennes et cubaines qu'a été décidée et déclenchée l'opération Caban[1]. » Cette analyse était-elle pertinente ? Un quart de siècle plus tard, ce n'est plus la question. En revanche, il importe toujours que le « gendarme de l'Afrique » soit intervenu pour le compte de l'Occident, à partir d'une grille de lecture *géopolitique*.

En 1979, le souci d'écarter un « bouffon » de plus en plus fantasque et cruel a dû aussi entrer dans le calcul des autorités françaises. Nul ne prétendrait connaître les (arrière-) pensées de Valéry Giscard d'Estaing quand il a donné le feu vert à l'opération Caban. Du reste, ce qui vaut pour une opération en Afrique ne vaut pas nécessairement pour une autre. Quand, peu après sa libération en février 1990, Nelson Mandela a été pressé par des journalistes de donner son sentiment sur « les interventions françaises à répétition en Afrique pendant la guerre froide », il a hésité un moment avant de donner à cette question apparemment simple une réponse très nuancée qui avait surpris : « Je ne pense pas qu'on puisse juger en bloc les interventions de la France en Afrique pendant la guerre froide. Beaucoup de choses s'y sont mélangées. Pour cette raison, il faut les juger au cas par cas, une par une. » Sa prudence paraît bonne conseillère : en effet, quoi de commun entre le rétablissement au pouvoir de Léon M'ba, les multiples interventions au Tchad face au

1. Témoignage du chef du SA recueilli en 1999.

colonel Kadhafi et le largage des « paras » sur Kolwezi ? Leur dénominateur commun est-il qu'à chaque fois le « gendarme de l'Afrique » s'est porté au secours d'un satrape, « ami de la France » ? Ce n'est pas si simple. En 1962, la toute première intervention – discrète – de l'armée française en Afrique, qui consistait à retarder l'arrivée à Dakar de la garde républicaine de Thiès obéissant aux ordres du chef du gouvernement Mamadou Dia et à prévenir le président Senghor, n'a pas sauvé un dictateur. Était-elle justifiée pour autant, dans un pays indépendant dont la souveraineté inclut aussi le droit de commettre ses propres erreurs, de déterminer seul son destin ? En 1986, en donnant suite à l'appel à l'aide de feu le général président Eyadema, qui se déclarait victime d'une « agression extérieure » partie du Ghana voisin, la France a-t-elle prolongé un règne sans issue ou a-t-elle honoré l'accord de défense signé avec le Togo ? Quelles que soient les réponses à ces questions, elles ne sont pas évidentes. D'autant moins qu'un bilan – militaire – de la guerre froide en Afrique reste à établir. Schématiquement, deux thèses s'opposent : l'une soutient qu'un « continent chaotique, à la violence atavique, a été maintenu "sous cloche" pendant la guerre froide » ; l'autre que « l'Afrique a été le théâtre de guerres de substitution qui ont fait couler le sang des Africains parce que les superpuissances ne voulaient pas s'affronter directement entre elles ».

Entre 1960 et 1990, soixante-dix-neuf coups de force ont réussi en Afrique, les tentatives de putsch – vraies ou fausses – y ont été si nombreuses que personne ne les a recensées ; la prise de la radio-télévision nationale au petit matin et l'apparition des blindés aux points stratégiques de la capitale ont été les signes banals du changement brutal de régimes tout aussi rituellement dénoncés comme « corrompus » et « tribalistes » par les nouveaux arrivants ; au cours des trois premières décennies de l'indépendance, quatre-vingt-deux dirigeants ont été renversés ou assassinés, huit seulement se sont retirés en paix ; jusqu'à la chute du mur de Berlin, un seul dirigeant – le Premier ministre mauricien

Seewoosagur Ramgoolam, en 1982 – a quitté le pouvoir à la suite d'une défaite électorale... Voilà l'Afrique de la guerre froide. Quelles étaient les causes de son instabilité violente et de l'absence de démocratie, régime qui aurait pu permettre des alternances au pouvoir sans effusion de sang ? Nul ne contestera que l'ingérence extérieure a joué un rôle. D'ailleurs, le bilan intérimaire de l'après-guerre froide plaide en ce sens : entre 1990 et la fin 2003, trente chefs d'exécutif ont, certes, été renversés ou assassinés en Afrique, mais onze se sont retirés en paix et, surtout, dix-huit ont quitté le pouvoir défaits par les urnes. Tous les pays sauf la – mal nommée – République démocratique du Congo ont connu au moins une élection pluraliste. Bien sûr, des chefs d'État battus aux élections sont revenus par la force des armes et de nombreux scrutins ont été frauduleux, simples voiles de légitimité jetés sur des restaurations autoritaires. Cependant, en attendant d'en juger sur une plus longue période et de mesurer les conséquences du nouvel ordre mondial « antiterroriste » issu du 11 septembre 2001, une tendance nette se dessine.

Quel a donc été l'impact de la guerre froide en Afrique ? Même si « le continent convoité » n'était qu'une vue de l'esprit, l'Afrique a été un enjeu de la rivalité Est-Ouest, une priorité stratégique égale à son – modeste – poids international. Les guerres de substitution menées par des acteurs locaux pour le compte des États-Unis ou de l'Union soviétique y ont été peu nombreuses, bien que tous les conflits armés en Afrique fussent « surdéterminés » par la rivalité entre les deux superpuissances. En fait, seulement trois conflits africains ont réellement mobilisé les protagonistes de la guerre froide : entre 1960 et 1965, l'URSS espérait, et les États-Unis redoutaient, le basculement de l'ex-Congo belge dans le camp socialiste, voire la « congolisation » de toute l'Afrique centrale par la multiplication de foyers de guérilla ; à partir de 1975, Moscou et Washington se sont affrontés en Angola, sur la « ligne de front » des États hostiles au pays de l'apartheid qu'était alors l'Afrique du Sud, Moscou sous-traitant l'intervention à ses auxiliaires cubains – jusqu'à cinquante mille – tandis que Washington soutenait l'Union nationale pour l'indépendance totale de l'Angola (UNITA), le mouvement rebelle de Jonas Savimbi ; enfin, en 1977-1978, à la faveur de la guerre d'Ogaden entre la Somalie et l'Éthiopie, les deux superpuissances ont renversé leurs alliances dans la Corne de l'Afrique, région stratégique pour les champs pétroliers de la péninsule arabique ; des milliers de conseillers soviétiques et de soldats cubains ont alors déménagé de Mogadiscio à Addis-Abeba.

Cependant, dans l'ensemble, les États africains n'ont pas été des « pions » de Moscou ou de Washington et, ceci étant lié à cela, ne sont pas parvenus à maximiser à leur profit le soutien des deux chefs de file de la guerre froide. Sauf exception, la valeur géopolitique de l'Afrique a été faible, en particulier celle de l'Afrique francophone, ce qui a permis à la France de s'affirmer dans ses anciennes colonies à travers une politique de présence tutélaire. Sans que les indépendances y eussent changé quoi que ce soit, la *pax franca* a continué de régner dans une grande partie de l'Afrique. En 1960, Paris signe trois accords de défense – avec la Centrafrique, la Côte d'Ivoire et le Gabon – auxquels s'ajoutent, respectivement en 1963, 1974 et 1977, trois autres conclus avec le Togo, le Cameroun et Djibouti. Deux accords de « coopération en matière de défense » – un pacte moins contraignant lient l'ex métropole au Sénégal et aux Comores. Enfin, seize autres pays d'Afrique noire ont ratifié des « accords de coopération militaire » avec la France, qui a également proposé ce lien contractuel plus léger à des États n'ayant pas appartenu à son domaine colonial. Dans les années 70, ce type d'assistance, très recherchée puisque prévoyant des dons de matériel militaire et l'envoi d'instructeurs, a été un moyen de pénétration privilégié dans les anciennes possessions belges : en 1972 au Burundi, en 1974 au Zaïre et en 1975 au Rwanda du président Juvénal Habyarimana, où « l'accord particulier » portait également sur l'instruction de la gendarmerie. Cependant, seuls les accords de défense stipulaient, dans des clauses « secrètes », un devoir d'intervention de la puissance protectrice, y compris en cas de « troubles intérieurs ». Dans les faits, la France se réservait le droit d'apprécier chaque situation particulière en fonction de ses intérêts et d'intervenir « à la carte ». Si bien que les subtilités de ses engagements contractuels se réduisaient finalement à un jeu de bonneteau pour mieux cacher l'Afrique francophone sous son casque colonial.

La présence d'importantes forces « pré-positionnées » était un élément clé du bouclier français. À la fin de la guerre froide, Paris maintenait près de dix mille hommes en permanence en Afrique subsaharienne : au Gabon, au Sénégal, en Côte d'Ivoire, au Tchad, en Centrafrique et à Djibouti. Toutes ces implantations, sauf celle à Bouar, en Centrafrique, se trouvaient dans des capitales, en règle générale accolées à l'aéroport, qu'elles avaient pour tâche prioritaire de sécuriser en cas de problème pour permettre l'acheminement de renforts. Ces implantations relevaient du statut juridique de « base », sauf au Tchad et au Sénégal. À N'Djamena, l'opération Épervier, ayant pris le relais de trois autres opérations en 1986, a cependant fini par être assimilée, *de facto*, à une base permanente. En revanche, au Sénégal, c'est la volonté politique des autorités de Dakar qui a changé en 1974 le statut de l'ancienne base en simples « facilités accordées à la France ». Ce que Jacques Chirac s'est bien gardé de préciser en rendant visite, le 3 février 2005, aux Forces françaises du Cap-Vert (FFCV), la presqu'île du Grand Dakar abritant les installations militaires. Le président français entendait alors mettre en valeur le contraste entre la « base » du 23e Bataillon d'infanterie de marine (BIMa), « parfaitement acceptée et intégrée au Sénégal », et la base du 43e BIMa en Côte d'Ivoire, conspuée et plusieurs fois assaillie par les « jeunes patriotes » du président Gbagbo. Seulement, la « base » à Dakar n'en est plus une depuis que le Sénégal a renégocié l'accord d'établissement, à l'initiative d'un Premier ministre à l'époque âgé de trente-quatre ans : Abdou Diouf. C'était en 1974, également l'année de la nationalisation des grandes huileries et du début de la politique de « sénégalisation » des emplois. « L'opposition et, plus généralement, nos jeunes posaient des questions sur la réalité de notre indépendance, se souvient Abdou Diouf. Il fallait donc adapter l'ancien accord aux réalités nouvelles. » Cela n'a pas été une simple retouche sémantique : en passant au statut de « facilités », la base française a perdu la moitié de ses effectifs permanents, son commandement a été confié à un capitaine de vaisseau – l'équivalent dans la marine d'un colonel – plutôt qu'à un amiral quatre étoiles et, surtout, il n'était plus question d'intervention française en cas de « troubles intérieurs ». S'il avait voulu, lors de sa visite en février 2005, Jacques Chirac aurait donc pu établir une autre comparaison éclairante entre le Sénégal et la Côte d'Ivoire : dans le premier pays, malgré deux décennies de rébellion en Casamance, l'armée française n'est jamais intervenue pour arbitrer ce conflit interne et les expatriés n'ont pas été pris en otages par un pouvoir accusant Paris de partialité...

En 1991, la mission militaire de la coopération à Paris a dressé un bilan de la guerre froide en Afrique noire. Intitulé *Fait militaire et belligérance en Afrique subsaharienne depuis les indépendances*, ce rapport de treize pages classé confidentiel se livre à une « comparaison des différents "domaines" selon qu'ils reçurent l'empreinte coloniale française, britannique, belge, portugaise ou autre ». Il n'y est pas expliqué, mais sous-entendu, que « l'empreinte » française persistait alors sous la forme de bases permanentes, d'interventions militaires et d'un large dispositif de coopération. Après avoir fait la part de l'incertitude des données (« nous ne disposons que d'ordres de grandeur »), le document relève comme « le fait le plus significatif » ressortant de l'étude que « les anciennes colonies françaises ont été jusqu'ici sensiblement plus épargnées que les autres par les guerres ou autres formes de violence de masse », ajoutant : « Corrélativement, les dépenses militaires y furent en moyenne moins importantes que dans les autres pays. » De multiples tableaux et de longues colonnes de chiffres soutiennent cette conclusion. Il en ressort qu'entre 1960 et 2000, le ratio dépenses militaires/PIB a été de 2,1 % dans l'ex-domaine français, alors qu'il a été respectivement de 2,5 %, 2,8 %, 4,9 % et 4,5 % dans les anciennes colonies britanniques, belges, portugaises et « autres » (la catégorie résiduelle qui regroupe, outre l'Éthiopie et le Liberia, les anciennes possessions italiennes et espagnoles). Globalement, en regard des ex-colonies britanniques et belges, les disparités ne semblent guère importantes, mais le document souligne que « seuls deux pays anglophones se trouvent au-dessous de 2 % », la Zambie (1,9 %) et le Ghana (1,4 %), alors que les États à budget militaire « particulièrement faible » sont nombreux dans le camp francophone : le Niger (0,7 %), la Côte d'Ivoire (1,1 %), le Gabon (1,4 %), la Centrafrique (1,5 %), le Bénin (1,5 %), la Guinée (1,6 %), le Togo (1,7 %), le Sénégal (1,8 %). L'hypothèse selon laquelle le « parapluie » français y serait pour quelque chose est d'autant plus fortement suggérée que les anciennes colonies françaises se détachent indiscutablement du reste de l'Afrique par le faible nombre de leurs victimes pendant la guerre froide : environ 40 000, dont la moitié au Tchad, alors que le bilan est infiniment plus lourd dans les anciennes possessions britanniques (2 millions de morts), belges (2 millions), portugaises (1,2 million) et « autres » (1 million). Au prorata de sa population en 1990, l'ex-domaine français aurait ainsi perdu en trois décennies de rivalité géopolitique, du fait de guerres mais aussi de « répressions ou de massacres de masse », 35 personnes pour 10 000 habitants, alors que le ratio est de 790 pour 10 000 dans les anciennes colonies britanniques, de 3 300 pour 10 000 dans les anciennes colonies belges, et de 4 000 dans les anciennes colonies portugaises, les « autres » pays se situant dans une moyenne de 1 360 morts entre 1960 et 1990 pour 10 000 habitants après la fin de la guerre froide.

Faut-il en conclure que le « gendarme de l'Afrique » a

été efficace, que la *pax franca* a mis les anciennes colonies françaises à l'abri des violences les plus destructrices ? Par-delà les inépuisables querelles sur la fiabilité des statistiques mortuaires en Afrique, le fait que l'ex-Afrique française fût pendant la guerre froide – comme l'affirme le rapport – « une zone de relative stabilité » où l'on mourait moins de causes violentes est indiscutable. Seulement, comme pour l'ensemble du grand œuvre de la coopération française, tout est remis en cause dès lors qu'on change d'horizon temporel : en 2005, les modiques dépenses militaires en Côte d'Ivoire pendant la guerre froide et la cuisson à l'étouffée – sous le couvercle français – des ressentiments communautaires s'apprécient déjà différemment que quinze ans plus tôt. Sans parler du bilan d'une assistance militaire prodiguée pendant des décennies à une armée qui, mise à l'épreuve par une rébellion en septembre 2002, s'est effondrée puis a commis des massacres et d'autres crimes de guerre. Quel serait le verdict sur les « empreintes » laissées dans les différents ex-domaines coloniaux dans dix, vingt ou trente ans supplémentaires ? Personne ne peut le dire. Mais il y a fort à parier qu'on admettra alors que régler par les armes, et à sa place, le sort d'une population étrangère se paye toujours, tôt ou tard. La Centrafrique, depuis qu'elle a été « libérée » par la France de son Ubu impérial, souffre du « syndrome Barracuda », d'une infantilisation qui se retourne contre le « père tuteur » sous forme de haine de soi et de l'autre, explique dans sa *Chronique de la crise centrafricaine*[1] l'ancien Premier ministre Jean-Paul Ngoupandé. Peut-être, un jour prochain, les Ivoiriens parleront-ils du « syndrome Licorne »... Sûrement dans quelques années, quand l'Afrique comptera deux fois et, vers 2050, même trois fois plus d'habitants que l'Europe, l'affirmation de la puissance française en Afrique sautera-t-elle aux yeux de tout le monde comme un anachronisme. « L'Afrique est le seul continent qui soit encore à la mesure de la France, à la portée de ses

1. Jean-Paul Ngoupandé, *Chronique de la crise centrafricaine, 1996-1997, le syndrome Barracuda*, Paris, L'Harmattan, 1997.

moyens », expliquait l'ancien ministre des Affaires étrangères Louis de Guiringaud en 1979, après l'opération Barracuda. « Le seul où elle peut encore, avec cinq cents hommes, changer le cours de l'histoire. »

Ce fut l'ambition d'une grande Belgique. À l'instar du royaume au Congo, un pays quatre-vingts fois plus étendu que la Flandre et la Wallonie réunies, la France a cru pouvoir dominer en Afrique des espaces bien plus vastes et peuplés qu'elle. C'était un rêve. À la fin de la guerre froide, Paris aurait dû se rendre compte qu'il était fou.

5

L'ÉTAT FRANCO-AFRICAIN

Assurer sa défense et battre monnaie... La France et ses anciennes colonies d'Afrique ont en partage, outre le français comme langue officielle, ces attributs élémentaires d'un État. Le 26 décembre 1945, la réforme monétaire de la Libération instaura le franc des Colonies françaises d'Afrique (CFA), lié par une parité fixe au franc français. Pour les indépendances en 1960, le sigle fut rebaptisé en Communauté financière africaine, ce qui permit de conserver le franc CFA dans des États formellement souverains. Ce tour de passe-passe révélait un État franco-africain qui allait être à la fois « un et multiple », comme l'a formulé Jean-Pierre Dozon, et même tellement polymorphe que ses avatars successifs ont longtemps sauvegardé l'essentiel : une communauté de destin. À partir de là, il importe peu qu'on qualifie la France de « pays néocolonial », de « puissance tutélaire » ou d'« État protecteur », et les pays africains anciennement sous sa férule de « néocolonies », d'« États croupions » ou de « pavillons de complaisance » sur la scène internationale pour être seulement dotés d'une « indépendance du drapeau ». Le fait est que, navire amiral et gabares confondus, cette « plus grande France » vogue de conserve jusqu'à la fin de la guerre froide.

La France et « ses » pays africains veillent alors également à la sauvegarde de leurs intérêts économiques, dans une complémentarité fondatrice d'une quasi-continuité territoriale et juridique : les grands groupes opérant dans cet espace, et relevant du même droit des affaires, constituent des trusts franco-africains à travers leurs maisons mères françaises et leurs filiales africaines. Dans cette « Françafrique », la rencontre entre capitaux et matières premières n'a rien de fortuit, comme l'attestent la création et l'essor d'Elf. Mais « Elf-Africaine » n'est qu'un exemple parmi d'autres : ce qui vaut pour le pétrole vaut pour l'uranium – nigérien et gabonais – au sein de la Compagnie générale des matières nucléaires (COGEMA), pour le coton de toute la bande sahélienne au sein de la Compagnie française de développement des fibres textiles (CFDT), ou encore pour le manganèse gabonais grâce à la Compagnie minière de l'Ogooué (Comilog). Dans ces joint-ventures franco-africaines, les rapports de dépendance ne sont pas toujours à sens unique. Véritable « bijou de famille », Elf fournit de nombreux exemples d'un réel pouvoir de décision, voire de chantage, africain. En 1990, lors des troubles à Port Gentil, le président gabonais Omar Bongo somme la compagnie – parce qu'elle est aussi un peu la sienne – de reprendre la production pétrolière dont dépend sa trésorerie, qui se confond partiellement avec celle d'Elf... Quelques années plus tôt, Omar Bongo s'était déjà « fâché » au sujet de la cogestion franco-gabonaise du manganèse : alors que le contrôle des changes dans la zone franc restreignait les devises, l'industrie française s'approvisionnait en Afrique du Sud. Intervenant auprès de François Mitterrand, il obtint la reprise par la Comilog de la Société de ferromanganèse de Paris Outreau (SFPO) à Dunkerque, qui traitait le manganèse gabonais. Mais cette expérience de valorisation d'une matière première africaine par un investissement en amont se solda par un « trou » dans la caisse de cinq cents millions de francs (soixante-seize millions d'euros), qui ne devait être comblé que dix ans plus tard, là encore « en famille » : par le groupe Eramet, qui compte parmi ses actionnaires Elf, ERAP et Imetal, tous très présents en Afrique.

Dans son livre *La Mission impossible, à la tête des services secrets*[1], Pierre Marion, directeur général de la DGSE au début du premier septennat de François Mitterrand, a tiré son chapeau à la « Françafrique » de la grande époque, s'arrachant cet aveu : « Je ne puis me garder d'une certaine admiration pour la manière dont a été créé et animé un complexe faisant intervenir autant de personnes d'horizons si divers, et réussissant à maintenir un contrôle de fait sur la politique et l'économie de nombreux États anciennement colonisés. » C'est bien le mystère du « système français où chacun joue son rôle », qui ne se réduisait pas à la caricature qu'en font ses contempteurs à titre posthume : quelques réseaux semi-clandestins respirant un air empli de complots dans des officines parisiennes. Non pas que Jacques Foccart, ses hommes et ses méthodes mériteraient d'être réhabilités. Bien au contraire. Ils sont d'autant plus critiquables qu'ils ne se situaient pas *en dehors* de l'État, qu'ils n'avaient pas infiltré celui-ci à leur profit personnel, mais qu'ils *étaient* l'État, plus précisément l'État franco-africain que fut la Ve République pendant les trente premières années de son existence. Ce n'était pas une petite secte dévouée à son gourou Foccart, qui se serait occupée pendant des décennies de l'ex-Afrique française sans que personne sur la place publique ne s'en aperçût. Mais un *corps d'État*, composé de Français et d'Africains qui administraient au grand jour, en vertu des pouvoirs qui leur étaient délégués, un empire qui ne disait plus son nom.

L'État a pour mémoire ses institutions. Quand le ministère de la Coopération est créé en France en 1960, il est l'aboutissement d'une « direction » qui, jusqu'en novembre 1881 et la constitution du gouvernement Gambetta, faisait partie du ministère de la Marine. Elle est alors hissée au niveau d'un sous-secrétariat aux Colonies, lequel fut par la suite rattaché tantôt à la Marine, tantôt au Commerce. En mars 1894, il devint ministère des Colonies. Quand les

1. Pierre Marion, *La Mission impossible, à la tête des services secrets*, Paris, Calmann-Lévy, 1994.

colonies d'Afrique accèdent à l'indépendance, la coopération préserve son rang ministériel (longtemps comme ministère « plein », puis comme ministère délégué), mais avec des attributions qui sont, de fait, celles d'une « direction » (qu'elle redeviendra d'ailleurs, après la réforme de 2002 et son intégration au Quai d'Orsay) : la « cop » est un guichet d'aide qui distribue des crédits et des subventions, qui envoie des coopérants et des conseillers militaires. La diplomatie se fait ailleurs : au secrétariat d'État aux Affaires africaines au début des années 60, au sein de la direction Afrique du Quai d'Orsay et au cabinet du ministre des Affaires étrangères ensuite. Quant à la *politique* africaine, elle n'aura jamais quitté son Graal : l'Élysée. C'est le président de la République et, sous ses ordres, son « monsieur Afrique », clé de voûte d'un édifice institutionnel l'érigeant en arbitre coordonnateur entre le « guichet » de la coopération et la diplomatie du Quai d'Orsay, qui la déterminent. Tant que ce système, instauré par de Gaulle et Foccart, donnait satisfaction, l'Élysée traitait en direct avec les présidences africaines, où étaient installés les cogestionnaires d'un ensemble plus grand que chacune de ses parties en même temps qu'une troncation impériale : la « Françafrique ».

Pays-phares respectivement de l'Afrique de l'Ouest et de l'Afrique centrale, la Côte d'Ivoire et le Gabon illustrent cette réalité fusionnelle. À Abidjan, le président Houphouët-Boigny a régné pendant trente-trois ans en s'appuyant sur un entourage franco-africain. Parmi ses plus proches collaborateurs, le Guadeloupéen Guy Nairay a été administrateur colonial au Sénégal (1942-1946) puis en Mauritanie, avant de devenir en 1949 commandant de cercle à Gagnoa, la grande ville du sud-ouest ivoirien, où il est resté en fonctions jusqu'en 1954. Deux ans plus tard, il entre comme chef de cabinet dans les services d'Houphouët-Boigny, alors ministre délégué à la présidence du Conseil dans le cabinet de Guy Mollet. À l'indépendance de la Côte d'Ivoire, il est promu directeur de cabinet du nouveau président, qui le maintiendra à ce poste clé jusqu'à sa mort, en décembre 1993. Pendant ce si long règne, un autre haut fonctionnaire français, le préfet Alain Belkiri, aura été l'inamovible secrétaire général du gouvernement ivoirien. Alors que le « gouverneur » Guy Nairay – comme il était appelé dans les médias d'État – épluchait les dossiers politiques et s'occupait de la gestion des hommes avec le soin d'un arboriculteur dans sa pépinière, Alain Belkiri coordonnait l'administration et s'occupait de l'intendance. L'une comme l'autre étaient truffées de conseillers français, certains envoyés par la coopération française, d'autres sous contrat local, émargeant au budget ivoirien. À des degrés divers, leur loyauté était partagée entre la France et leur pays d'accueil, une seconde patrie pour beaucoup d'entre eux. Parlant de Nairay et de Belkiri, Félix Houphouët-Boigny confiait à Jacques Foccart : « Ces Français me sont utiles. Si j'avais un directeur de cabinet et un secrétaire général ivoiriens, je serais colonisé par les Baoulés ou par d'autres[1] », sa propre ethnie ou d'autres groupes de pression. À son tour, le « monsieur Afrique » du général de Gaulle jugeait « très dévoués à la cause de la France » ses compatriotes auprès du président ivoirien. Lequel faisait d'ailleurs pression pour que ses proches reçussent, à Paris, la Légion d'honneur, qui n'était à ses yeux ni française ni étrangère, mais « françafricaine ». Parmi les porteurs de rosette ou de ruban figurait Roger Perriard, le plus ancien collaborateur blanc d'Houphouët-Boigny, dont il avait fait la connaissance en 1944 lors d'une escale à Abidjan. À l'époque, Perriard était journaliste à Radio-Brazza, le « poste colonial », et Houphouët-Boigny un jeune médecin ivoirien qui venait de prendre la tête du Syndicat agricole africain et allait siéger, un an plus tard, à l'Assemblée nationale française comme député de la Côte d'Ivoire. Devenu président, Houphouët-Boigny aimait à plaisanter devant ses ministres : « Méfiez-vous de Roger, il connaît nos masques... » Expert reconnu de cet art africain, amoureux des surréalistes et d'Alexandre Vialatte, Roger Perriard fut fidèle au « Vieux »

1. Jacques Foccart, *Foccart parle*, *op. cit.*

par-delà la tombe : en décembre 1993, dans les heures incertaines de la succession que se disputaient Henri Konan Bédié et le Premier ministre Alassane Dramane Ouattara, il était du petit cercle qui fit pencher la balance en faveur du « dauphin » désigné. Par la suite, depuis Paris où il garda, jusqu'à son décès le 24 décembre 2003, un bureau au premier étage de l'ambassade de Côte d'Ivoire, il rédigeait presque tous les jours, sur une veille machine à écrire, des notes qu'il envoyait directement sur le télécopieur du deuxième président de la Côte d'Ivoire, « l'héritier » Bédié.

À une époque – sans Internet – où l'information tardait à parvenir en Afrique, Jacques Foccart s'entretenait au téléphone avec Félix Houphouët-Boigny tous les mercredis pour « faire le point ». En ce temps, le « haut représentant de la France » était l'équivalent d'une ligne directe, toujours ouverte. Tel était en effet le titre officiel de l'ambassadeur dans les accords de coopération signés en 1960, qui le désignèrent aussi d'office « doyen » du corps diplomatique... De fait, le représentant de l'ancienne métropole dans l'ex-Afrique française fut longtemps un mutant lent, mi-gouverneur colonial mi-ministre délégué auprès d'un pouvoir ami. Considérables, son pouvoir et son importance se mesuraient à sa longévité. En Côte d'Ivoire, la barre semblait avoir été placée très haut par Jacques Raphaël-Leygues, en poste à Abidjan de 1963 à 1979. Bordelais, parent du président du Conseil et ministre Georges Leygues, à l'origine de la reconstruction de la flotte de guerre française après la Première Guerre mondiale, il a été commissaire de marine, puis pendant vingt ans maire de Villeneuve-sur-Lot, avant de devenir ambassadeur sur la lagune d'Ébrié. Mais finalement son successeur, Michel Dupuch, n'est resté que deux ans de moins que lui, de 1979 à 1993, jusqu'à la mort de Félix Houphouët-Boigny dont il fut le confident et l'otage : administrateur de la France d'outre-mer (promotion 1954), ancien directeur de cabinet du ministre d'État Pierre Messmer chargé des départements et territoires d'outre-mer (1971-1972), puis son directeur de cabinet adjoint à Matignon (1972-1974), directeur du cabinet civil et militaire du ministre de la Défense Yvon Bourges (1974-1975), et, enfin, chargé de mission auprès du Premier ministre Raymond Barre de 1977 jusqu'à son départ pour Abidjan, Michel Dupuch était un grand commis de l'État franco-africain. Après son retour à Paris et deux années passées au Conseil d'État, il a été nommé conseiller aux affaires africaines à la présidence de la République en 1995, au lendemain de l'élection de Jacques Chirac à l'Élysée. Héritier de Jacques Foccart, son mentor qu'il reniait sur la fin, Michel Dupuch a quitté le bureau du 2, rue de l'Élysée en juillet 2002, à quelques semaines de son soixante et onzième anniversaire.

Au Gabon, bastion originel d'Elf et pays producteur de manganèse et d'uranium pour le compte de sociétés franco-gabonaises, le peu qui y eût jamais échappé au domaine minier a également été « géré » par des coopérants et conseillers français, à commencer par la Garde présidentielle. Celle-ci fut « reprise en main », après le coup de force qui avait failli coûter à Léon M'ba son fauteuil présidentiel, par Bob Maloubier, un ancien du service action du SDECE qui avait dû quitter les services en raison de son amitié avec un ancien résistant devenu gangster, Joe Attia. Après deux ans à Libreville, Maloubier s'est fait embaucher par Elf, poursuivant sa carrière dans la sécurité au sein de la compagnie pétrolière, notamment au Nigeria. Dans la capitale gabonaise, d'autres officiers français – Yves Le Braz, Louis Martin, Roland Meudec... – lui ont succédé à la tête de la GP, qui comptait dans ses rangs nombre de militaires en délicatesse avec le pouvoir politique en France, souvent pour avoir été membres de l'OAS. Ils étaient « récupérés » par Maurice Robert, du temps où celui-ci dirigeait le service Afrique du SDECE. Munis de faux papiers d'identité mais privés de toute possibilité de repli en France, ils furent de bons et loyaux soldats de la « Françafrique », dont le riche Gabon a été longtemps le parc d'attractions. Aussi est-ce à Libreville que le record absolu de longévité d'un « haut représentant de la France » a été battu, en deux temps, par

Maurice Delauney, en poste dans la capitale gabonaise de 1965 à 1972 puis, de nouveau, de 1975 à 1979. Breveté de l'École nationale de la France d'outre-mer, il avait débuté sa carrière en 1956 comme administrateur de la région bamiléké, l'ouest du Cameroun alors en rébellion contre la France et soumis à une sanglante répression. « Delauney a magnifiquement rempli sa mission – et on le fera retourner à Libreville en 1975, estime dans ses Mémoires Jacques Foccart. Il ne s'est jamais heurté à Bongo mais il a toujours obtenu satisfaction quand il a eu à intervenir ou à protester. Bongo a voulu que le nouvel ambassadeur vienne de mon secrétariat général, et j'ai pensé que Jean Ribot aurait les capacités adéquates[1]. » Hélas, ce choix consensuel n'a pas été le bon : Jean Ribot ne reste à Libreville « que » trois ans, avant d'avoir comme successeur son prédécesseur. En 1979, les seconds adieux de l'ambassadeur Delauney sont un nouveau faux départ du Gabon : le diplomate devient le PDG de la Compagnie d'uranium de Franceville (COMUF), puis son président d'honneur. Une suite de carrière étonnante, sauf à considérer que Maurice Delauney est administrateur de société aussi bien que diplomate en sa qualité du corps d'État aux compétences protéiformes – « coloniser, c'est jouer au pays », disait Lyautey – issu de l'école coloniale. Maurice Robert en est aussi. Et c'est à ce titre qu'il est nommé, en 1979, nouveau « haut représentant de la France » au Gabon. Une décision qui provoque un tintamarre de protestations. « Une "barbouze" ambassadeur de France ? », titre à l'époque un quotidien de gauche, *Le Matin*. Le tollé est d'autant plus grand que l'opinion publique découvre la survie de la « Françafrique » malgré le renvoi de Jacques Foccart, cinq ans auparavant. Pourquoi Valéry Giscard d'Estaing a-t-il limogé l'homme des « réseaux », si c'est pour ensuite puiser dans son vivier ?

Cette question traduit un profond malentendu sur les « réseaux Foccart », qui persiste à ce jour. C'est sa longévité au poste de secrétaire général de l'Élysée chargé des affai-

1. *Ibid.*

res africaines – une longévité, certes, expression de ses qualités personnelles mais, finalement, pas si exceptionnelle à l'aune franco-africaine – qui vaut à Jacques Foccart d'incarner « le système où chacun joue son rôle ». Mais le système crée la fonction, et la fonction fait l'homme – et non pas l'inverse. Parler des « réseaux Foccart » n'est qu'une commodité de langage, justifiée par le fait que les réseaux franco-africains ont longtemps été truffés par des « hommes à Foccart », qui les a mis en place et développés. Cela ne fait pas cependant de la présence néocoloniale de la France en Afrique, de ses bases militaires, de sa coopération civile et militaire, de son maillage du continent par des agents secrets, de la zone franc, de l'étroite l'imbrication économique ou d'« Elf-Africaine », parmi d'autres trusts franco-africains, une œuvre *personnelle*. Jacques Foccart a été le grand commis de l'État franco-africain, mais il ne se confond pas avec celui-ci, même s'il est à la « Françafrique » ce que de Gaulle est à la Ve République : un père fondateur, dont les héritiers ont éprouvé des difficultés à s'émanciper.

« Il faudra donner une nouvelle impulsion à la coopération entre la France et les États francophones d'Afrique », s'engage Valéry Giscard d'Estaing sur l'ORTF, au cours de sa campagne électorale. Il est élu président de la République en mai 1974. Le secrétariat d'État à la Coopération venait alors de disparaître, en mars, victime d'un remaniement du gouvernement de Pierre Messmer. Le président du Sénégal, Léopold Senghor, s'était ému de cette suppression, affirmant craindre « le début du démantèlement des structures de la coopération française ». Alors, VGE innove : non seulement le gouvernement de son Premier ministre Jacques Chirac rétablit un ministère « plein » de la Coopération, mais celui-ci reprend à l'Élysée les attributions du secrétariat général aux Affaires africaines et malgaches, qui est dissous en même temps qu'est renvoyé Jacques Foccart. Tout juste un simple conseiller technique aidé par deux secrétaires en lieu et place d'une centaine de collaborateurs auparavant est-il maintenu « à titre transitoire » à la présidence de la République. Si ce n'est pas la fin de la « Françafrique »... À voir. D'abord, le nouveau ministre de la Coopération, Pierre Abelin, y appartient de plein droit : il a été vice-président du conseil d'administration du chemin de fer de Djibouti et directeur de l'Institut français du café et du cacao. Ensuite, le conseiller technique à l'Élysée, René Journiac, est un haut fonctionnaire de l'État franco-africain et un « homme à Foccart » : né le 11 mai 1921 à Saint-Martin-Vésubie, breveté de l'École nationale de la France d'outre-mer section magistrature en 1946, il a été conseiller puis chargé de mission auprès du secrétariat général de la Communauté en 1959, conseiller technique pour les affaires africaines du Premier ministre de 1962 à 1966, puis conseiller technique au secrétariat général à la présidence de la République, auprès de Jacques Foccart, de 1967 à 1974. Familier des rouages de la « plus grande France », il se rendra vite indispensable. Mais, enfin et surtout, si VGE a évincé Jacques Foccart, c'est pour mieux s'investir lui-même dans les relations avec les présidents africains de plus en plus personnalisées : au cours de parties de chasse, en coiffant la toque de léopard de Mobutu lors d'une visite à Kinshasa, à travers « l'affaire des diamants »... Le « circuit court » que Jacques Foccart assurait entre l'hôte de l'Élysée et les chefs d'État africains deviendra court-circuit. « C'est vrai que j'aime l'Afrique, admettra VGE dans ses Mémoires. Cet amour a eu des conséquences sur le cours de ma présidence[1]. » Cet aveu ne vient pas d'un démolisseur de la « Françafrique ».

Quand, le 6 février 1980, René Journiac meurt dans un accident d'avion dans le nord du Cameroun (le *Grumann* d'Omar Bongo, piloté par un neveu du président gabonais, s'est écrasé en heurtant un troupeau de bœufs), Valéry Giscard d'Estaing réagit en homme d'État franco-africain. La pérennité du « système » est en jeu. Aussi s'assoit-il sur son amour-propre et se retourne-t-il vers Jacques Foccart, qui

1. Valéry Giscard d'Estaing, *Le Pouvoir et la Vie*, Paris, Compagnie 12, t. 1 1988, t. 2 1991 ; Paris, Livre de poche, 2004.

s'en délecte dans ses souvenirs : « À la mort de Journiac, VGE m'appelle au téléphone. À sa demande, je vais à l'Élysée pour la première fois depuis six ans. Il est en plein désarroi. “Je n'avais que Journiac, me dit-il, pour me conseiller sur les affaires africaines. J'ai besoin d'une personne de confiance pour le remplacer. Proposez-moi quelqu'un, s'il vous plaît, qui ait servi à votre secrétariat général et que vous puissiez me recommander.” Je ne vois d'abord personne. Giscard me demande de lui téléphoner personnellement dès que j'aurai un nom à lui soumettre. Le lendemain, c'est lui qui me rappelle. Tout d'un coup, je pense à Martin Kirsch, qui est maintenant conseiller à la Cour de cassation. “Très bien, envoyez-le-moi.” J'appelle Kirsch que je trouve fort peu disposé à accepter et réservé à l'égard de Giscard, mais je lui dis qu'il aura là une occasion d'être très utile aux relations franco-africaines. Finalement, il accepte. Il est compétent et sa loyauté envers le président Giscard d'Estaing deviendra rapidement une fidélité totale. Après 1981, nous nous rencontrerons en Afrique, lui vantant les mérites de Giscard et moi ceux de Chirac[1]... » On ne saurait mieux résumer la subordination des sentiments personnels à la grande cause commune franco-africaine.

À cette raison d'État supérieure, François Mitterrand aura tôt fait de se ranger. Certes, après 1981, le désir de changement dans les relations franco-africaines existe au sein du Parti socialiste. Il connaîtra même un début de mise en œuvre pendant les vingt mois que Jean-Pierre Cot restera à la tête du ministère de la Coopération : le rappel de Maurice Robert, des mots durs sur les « dinosaures » au pouvoir en Afrique, à qui certaines « facilités » financières sont coupées, une volonté affichée de sortir du « pré carré » francophone... Mais on ne secoue pas les colonnes du temple franco-africain à partir de la rue Monsieur, le siège de la « cop ». À l'Élysée, François Mitterrand, lové dans les institutions de la Ve République, se comporte comme ses prédécesseurs : comme de Gaulle, il fait appel à un fidèle

1. Jacques Foccart, *Foccart parle*, *op. cit.*

qui ne connaît pas l'Afrique, le chirurgien-dentiste Guy Penne, dont l'appartenance franc-maçonne représente la clé unique pour le continent ; comme Valéry Giscard d'Estaing, le président socialiste exacerbe la personnalisation des relations franco-africaines en confiant à son fils aîné, Jean-Christophe, l'Afrique à l'Élysée. Guy Penne, qui revendique dans ses *Mémoires d'Afrique* la paternité de cette idée, se déclare encore rétrospectivement « surpris par les réactions pour le moins inamicales que cette nomination a provoquées. J'en ai été franchement choqué. Les attaques furent immédiates, venant de tous côtés, de tous les milieux, droite, centre, gauche... ». Mais quelques pages plus loin, il se félicite de la facilité familiale avec laquelle il débloquait ses notes restées sans réponse de la part du président. « J'étais alors très heureux de pouvoir disposer de Jean-Christophe, qui, lui, voyait son père dans un autre contexte, ne serait-ce qu'à l'heure du petit déjeuner, et pouvait sans difficulté lui rappeler que certaines notes restaient en suspens. Bien souvent, c'est lui qui me rapportait la décision présidentielle »[1]. Du lobby café-croissant au « Papa-m'a-dit » raillé dans les présidences africaines, la carrière sera toute tracée, même si, dans l'organigramme de la République, Jean-Christophe Mitterrand demeurera longtemps un serviteur subalterne. En 1986, quand Jacques Foccart revient aux affaires, à soixante-douze ans, avec Jacques Chirac à Matignon, François Mitterrand éprouvera le besoin de coiffer son fils par un « pro » de l'État franco-africain : Jean Audibert, ancien administrateur de la France d'outre-mer avant les indépendances, commandant territorial dans l'ancienne Haute-Volta, dans l'ex-Soudan français et au Sénégal, ensuite grand ordonnateur de la coopération jusqu'au milieu des années 70, puis président de l'ASECNA, avant de devenir le directeur de cabinet de Jean-Pierre Cot. C'est un homme de gauche et, au regard de son efficacité, de ses connaissances et de sa discrétion, le seul conseiller socialiste

1. Guy Penne, *Mémoires d'Afrique (1981-1988), entretiens avec Claude Wauthier*, Paris, Fayard, 1999.

à l'Élysée qui mériterait l'épithète d'un « Foccart de gauche ». Il parviendra assez largement à neutraliser le « papy » des réseaux franco-africains. Mais sitôt cette tâche accomplie, en 1989, il est remercié par François Mitterrand, dont le fils ne s'entend pas avec lui. Voilà ce qui est bien plus grave que le trafic d'influence de petite envergure auquel se livrera Jean-Christophe Mitterrand : au moment où le mur de Berlin s'écroule et, avec lui, les fondations de la « Françafrique », un fils à papa est en roue libre à la présidence de la République. Tout un héritage complexe, avec sa part d'ombre et de lumière, sera bradé à ce moment-là. Faute d'être repensé et adapté à la nouvelle donne géopolitique, le « système français où chacun joue son rôle » mourra d'encéphalite léthargique.

Deuxième partie

1989-2001
TEMPS D'ESPOIRS, TEMPS DE MALHEURS

Quand le mur de Berlin tombe, la digue de la dictature rompt. La parenthèse de la guerre froide se referme. En même temps, vu d'Afrique, une autre parenthèse – séculaire – se clôt là où elle s'était ouverte : à Berlin, la capitale allemande qui, du 15 novembre 1884 au 26 février 1885, avait abrité la conférence vouée au « partage de l'Afrique ». En fait, les puissances conviées n'avaient pas tant cherché à découper un continent dont elles ignoraient du reste la géographie exacte qu'à établir des règles de « saine compétition » entre elles pour en prendre possession sans risque de dérapage dans la guerre. Ainsi fut-il décidé que le drapeau hissé sur un comptoir de commerce établirait une « chasse gardée » à respecter, quitte à négocier par la suite le tracé des frontières (ce que la France et la Grande-Bretagne firent, entre 1882 et 1908, à travers deux cent quarante-neuf traités particuliers). Cependant, les mythes ont la vie dure, et le partage colonial de l'Afrique à Berlin, compas et règle à la main, fait partie d'un imaginaire indéracinable. L'effondrement du mur de Berlin, l'événement symbolisant la fin de la guerre froide, est-il tout aussi mythique ? Il n'est pas exclu que l'imaginaire se soit laissé derechef piéger dans la ville-phare du « monde libre », celle qui a été maintenue « ouverte » derrière le rideau de fer grâce à un pont aérien. L'emmurée de la guerre froide, icône d'une époque, est captive de trop d'enjeux idéologiques pour solder, dans la dégrisante sobriété des faits, tout un monde polarisé entre le Bien – occidental, libéral, individuel – et le Mal – soviétique, dictatorial, collectiviste. À ce titre, on peut relever une série d'événements qui, *avant* la chute du mur de Berlin, ont déjà sonné le glas de la guerre froide en Afrique, comme par exemple les émeutes et la reconnaissance du multipartisme en Algérie en 1988, ou l'accord aussi quadripartite que le statut de Berlin qui a conditionné, en décembre 1988, en prélude à la fin programmée de l'apartheid en Afrique du Sud, l'accession à l'indépendance de la Namibie et le départ d'Angola des cinquante mille soldats cubains qui y combattaient au nom de la « solidarité internationaliste ». On peut également relever que, sur le continent africain, le modèle d'organisation soviétique – parti unique, syndicat unique, médias contrôlés, culte du chef... – avait été adopté assez généralement, tant par le régime tutsi du Burundi que par le régime hutu du Rwanda, aussi bien par la Côte d'Ivoire de Félix Houphouët-Boigny que par l'Éthiopie du « négus rouge » Mengistu Hailé Mariam, par des pouvoirs de « droite » et de « gauche ». En Afrique, ces qualificatifs n'avaient pas plus de sens que de distinguer, *après* la chute du mur de Berlin, les « vainqueurs » et les « vaincus » de la guerre froide. Leur prétexte géopolitique fut tout uniment ôté à *toutes* les dictatures locales.

Il faut se souvenir de l'immense espoir soulevé par ce retour sur Berlin aussi au sens d'une revanche historique : pour la première fois depuis sa soumission coloniale à la fin du XIXe siècle, dont la ville allemande avait été l'emblème, l'Afrique, enfin laissée à elle-même, hors tutelle, croyait échapper à une volonté extérieure plus forte qu'elle. Le continent rêvait de liberté, de démocratie, de prospérité. Il entendait prendre son destin en main. Dans les capitales africaines, des foules de manifestants emplissaient les rues pour conspuer les satrapes d'un ordre révolu, pour saluer l'avènement d'une « seconde indépendance ». Un homme plus que tout autre incarne cette dignité espérée : Nelson Mandela. Libéré le 11 février 1990 après vingt-sept années de captivité, il abattait la prison de l'apartheid en pardonnant à ses geôliers, offrant ainsi le plus beau triomphe – la réconciliation – à la longue lutte contre la ségrégation raciale. L'accession à la tête de l'État sud-africain, en 1994, d'un président noir démocratiquement élu a marqué l'apogée d'une « renaissance africaine », hélas éphémère. Mandela a prêté serment sur un avenir prometteur au moment où, paroxysme du versant sanglant de l'histoire, le premier génocide en terre africaine avait lieu au Rwanda, transformé en pays des mille fosses communes. Dès Noël 1989, au Liberia, Charles Taylor avait inauguré la féconde lignée des *warlords* de l'après-guerre froide, qui allaient se battre pour le pouvoir nu, quitte à faire périr toute une population. « Nous assistons, impuissants, au suicide national d'un pays », avaient déclaré les ambassadeurs accrédités à Monrovia lors de leur dernière réunion, avant de se faire évacuer de la capitale libérienne. D'autres suicides nationaux avaient suivi – en Sierra Leone, en Somalie, au Burundi – ou s'étaient poursuivis, après des débuts méconnus sous le masque de la guerre froide, en Angola et au Soudan. À ces plaies ouvertes, le Rwanda ajoute, en cent jours, près d'un million de morts, la plupart d'entre eux tués à la machette. L'espoir d'une Afrique digne, même dans la pauvreté, est noyé dans un bain de sang. L'espoir de démocratie, quant à lui, s'étiole au fil d'élections truquées, de ralliements « alimentaires » d'opposants n'ayant pour alternative que la lutte armée, d'une presse libre mais haineuse, de restaurations autoritaires promptement entérinées par la communauté internationale... Dès 1991, Axelle Kabou doute aussi des Africains. Dans un livre intitulé *Et si l'Afrique refusait le développement ?*[1], cette Camerounaise élevée en France taille en pièces la « conscience noire », l'intériorisation du racisme érigée en vertu africaine. Elle ne mâche pas ses mots en s'adressant à ses « frères » et « sœurs » du continent (« les seuls au monde à croire que leur développement peut être pris en charge par d'autres qu'eux-mêmes ») et aux pouvoirs africains (« plus attachés à réclamer des droits élémentaires à l'Occident qu'à les accorder à leurs propres

1. Axelle Kabou, *Et si l'Afrique refusait le développement ?*, Paris, L'Harmattan, 1991.

citoyens »). Sa conclusion : « Seule émerge de cette inertie organisée une ambition crépusculaire : celle de rester soi à n'importe quel prix. L'africanisation reste encore largement une entreprise cathartique de décolonisation à la manque, consistant à planter le drapeau de l'ancêtre vaincu là où flottait celui de l'homme blanc. Ce retour à soi, qui aurait pu être une aventure exaltante, libératrice d'énergies créatrices, est en train de tuer l'Africain à petit feu, pour n'être qu'une opération de lavage de cerveau. »

Et la France ? Elle a également changé en profondeur, et la fin de la guerre froide va seulement révéler au grand jour ces mutations. La France s'est irrévocablement engagée dans la construction européenne, aux dépens de son « dessein africain ». Ses jeunes ne jettent plus leur gourme en Afrique, leurs voyages initiatiques les menant désormais ailleurs, aux États-Unis ou en Allemagne plutôt qu'à travers le Sahara ou au Cameroun. L'Africain est devenu l'immigré, pas toujours le bienvenu. En 1986, une vague d'attentats terroristes à Paris entraîne l'obligation de visa pour les ressortissants de l'ex-Afrique française, bien qu'aucun Africain n'y ait été impliqué, avant même que les règles communautaires en Europe n'aboutissent à l'instauration du « visa Schengen ». Bientôt associé à d'interminables files d'attente et à l'humiliation de refus sans explication, l'octroi des permis d'entrée en France sera de plus en plus restrictif : en Algérie, huit cent mille visas sont délivrés en 1989, mais le chiffre tombera à moins de soixante mille en 1996, à mesure il est vrai que le terrorisme islamiste y prend une ampleur sans précédent. C'est le chant du cygne d'une certaine fraternité vécue au quotidien, de la francophonie aussi, malgré les odes entonnées lors des sommets des États ayant le français « en partage ». Ces grand-messes alternent désormais, d'une année à l'autre, avec les sommets France-Afrique, tous deux s'ouvrant de plus en plus à des pays en dehors du « pré carré » traditionnel de l'ex-métropole. En 1988, lors du sommet franco-africain de Casablanca, le président Omar Bongo laisse éclater sa mauvaise humeur au sujet de cette « dilution » et, plus généralement, de la « maladie du sommeil » frappant les relations entre Paris et ses anciennes colonies. « Qu'est-ce qu'on vient foutre ici ? On parle, on parle, et puis on s'en va. Il n'y a pas de suivi. Rien ! » fulmine-t-il. Pendant ce temps, les naufragés du détroit de Gibraltar se multiplient, l'îlot de Lampedusa est submergé de désespérés, de jeunes Africains sont jetés par-dessus bord de navires sur lesquels ils ont embarqué comme passagers clandestins ou meurent de froid dans les trains d'atterrissage d'avions censés les sortir de l'« enfer » africain et les faire entrer au « paradis » européen. Dans l'Hexagone, nul ne se demande encore si l'échec de l'Afrique n'est pas aussi, un peu, l'échec de la France, si la présence sur le sol national de trois millions d'Africains n'est pas l'avis de faillite de la coopération. Il faudra attendre 1996, le mouvement des « sans-papiers » et l'issue brutale de l'occupation de l'église Saint-Bernard à Paris, pour que le rapprochement se fasse entre « les » immigrés et « notre » Afrique.

À deux générations d'intervalle, la France se retrouve dans la même – mauvaise – posture de contradiction : comme au lendemain de la Seconde Guerre mondiale, la victoire du « monde libre » en 1989 provoque, par contrecoup, des poussées émancipatrices dans son arrière-cour (néo) coloniale. La France est de nouveau sur la défensive dans la marge du monde où elle affirme son « rang ». La chute du mur de Berlin l'oblige à concéder en Afrique, à l'instar de l'URSS en Europe de l'Est, une « Paristroïka » de sa politique de présence. Sa rente de situation sur le continent, qui était acceptée pendant la guerre froide comme la solde du « gendarme de l'Afrique », est remise en cause par ses partenaires occidentaux, à commencer par les Américains. Paradoxalement, comme la chute du IIIe Reich, la fin du bloc soviétique met Paris sous pression. Plus d'un demi-siècle après le général de Gaulle à la conférence de Brazzaville, François Mitterrand s'arrête à son tour, au sommet franco-africain de La Baule, en juin 1990, à mi-chemin des attentes d'émancipation. Pour la première fois depuis l'instauration des sommets France-Afrique en 1974, un président de la République française, l'ancienne métropole coloniale, s'enquiert publiquement de la démocratie et des libertés publiques sur le continent noir. Mais il reste prisonnier du paternalisme et du clientélisme du passé en promettant aux « bons élèves » une « prime à la démocratisation »... En fait, sa percée ambiguë dans le nouveau monde émergeant ne traduit qu'une échappée solitaire, due à quelques hommes de son entourage, dont Jacques Attali et l'écrivain Erik Orsenna, à qui on doit la trame du discours de La Baule. La « cellule africaine » de l'Élysée, encore moins que le Quai d'Orsay ou le ministère de la Coopération, n'a toujours pas saisi que « l'Afrique fait aussi partie du monde » – à l'époque, un message d'autopromotion de Radio France internationale – et que la nouvelle donne géopolitique changera donc aussi la face du continent le moins développé.

« Le vent de l'Est secoue les cocotiers. » La métaphore du ministre de la Coopération Jacques Pelletier reflète la profondeur d'analyse des autorités françaises : météo orageuse sur la scène internationale, une zone dépressionnaire frôlant le golfe de Guinée... Mieux enraciné dans le réel, au pouvoir depuis 1967, le général-président Gnassingbé Eyadema répond en écho, dans l'hebdomadaire *Jeune Afrique* : « Ce n'est pas parce que le vent d'Est emporte la maison de mon voisin que je vais détruire la mienne. » Aussi, le 3 décembre 1991, le Premier ministre togolais issu des rangs de l'opposition modérée, Me Joseph Kokou Koffigoh, avec à ses côtés un jeune ambassadeur de France, Bruno Delaye, est-il assailli dans la « primature » par l'armée, dévouée corps et âme au chef de l'État. Attaqué à l'artillerie, littéralement sous les bombes, Me Koffigoh griffonne sur un bout de papier une demande d'intervention adressée à la France, pour qu'elle vienne « sauver la démocratie au Togo ». Au péril de sa vie, Bruno Delaye la transmet à Paris, d'où le ministre de la Défense, Pierre Joxe, fait partir sur-le-champ trois cents parachutistes. Ils viennent d'arriver au Bénin voisin quand l'Élysée stoppe net leur progression. « Il fallait tenir compte du risque – pour la communauté française à Lomé – et du profond malaise qu'aurait provoqué, aussi ailleurs en Afrique, un affrontement entre militaires français et soldats togolais », expliquera-t-on, par la suite, à la présidence de la République. La presse rappellera « l'amitié » entre le général Eyadema et Jean-Christophe Mitterrand, du temps où ce dernier résidait à Lomé comme correspondant de l'Agence France-Presse (AFP). Au Togo, le bilan de la reconquête d'un pouvoir sans partage est lourd : peut-être deux cents morts. Rescapé mais brisé, Me Koffigoh se réfugiera dans une foi évangéliste annonciatrice d'une fin du monde heureuse. Mais dès le lendemain de sa reddition, des graffitis sur les murs de la capitale togolaise disent le ressentiment populaire : « Mitterrand-Eyadema, même combat », « Les Français nous ont trahis »... Six mois plus tard, à l'été 1992, Bruno Delaye, le jeune diplomate ayant subi l'épreuve du feu au Togo, succède comme conseiller Afrique de l'Élysée à Jean-Christophe Mitterrand, empêtré dans de multiples scandales de « copinage » franco-africains. Sa nomination surprend : né en 1952 à Casablanca, fils d'ambassadeur, Bruno Delaye a été d'abord conseiller technique de Jean-Pierre Chevènement au ministère de l'Industrie puis de Claude Cheysson au Quai d'Orsay, avant de prendre son premier poste d'ambassadeur au Togo en février 1991 seulement. Très marqué à gauche, « enfant du 10 mai 1981 », va-t-il chambouler la « Françafrique » ? Malade, se sachant condamné, François Mitterrand ne se sera pas trompé sur son compte. Pendant trois ans, c'est un homme à l'enthousiasme éteint, mort à Lomé, qui veillera sans états d'âme sur le retrait de la France d'Afrique : le décès, au terme d'une longue agonie, de Félix Houphouët-Boigny en décembre 1993, la dévaluation du franc CFA en janvier 1994 et, d'avril à juillet de la même année, le génocide au Rwanda seront les signes forts de la fin de la « Françafrique », d'une dérive des continents qui a débuté avant, et se poursuivra après, malgré le retour au pouvoir de la droite en 1995.

En quittant alors son poste, qu'il laisse auprès de Jacques Chirac à Michel Dupuch, l'ancien ambassadeur-gouverneur à Abidjan Bruno Delaye se souvient comment son épouse l'avait mis en garde à Lomé : « Tu n'es pas togolais, ce n'est pas ton pays », lui avait-elle dit et répété. Il avait retenu la leçon. « Le génie des Africains, expliquera-t-il, c'est de nous impliquer dans leurs affaires, de nous pousser à faire la politique de nos états d'âme. Chez eux, on est à peine entré dans le salon qu'on se trouve déjà dans la cuisine. Après, on se fait dominer par l'affectif. » C'est, en effet, le – mauvais – génie de beaucoup d'Africains. Mais la meilleure manière de s'y soustraire consiste-t-elle à pousser, en catimini, la porte de sortie ?

1

LA FRANCE S'EN VA À LA CLOCHE DE BOIS

C'est l'histoire du grand départ manqué de la France qui, en Afrique, a toujours un fil à la patte. Sa retraite du continent, après la fin de la guerre froide, ne fait pas de doute. Par quel bout qu'on prenne la question, le nombre de ses expatriés installés en Afrique, de ses coopérants civils ou militaires, les effectifs de ses forces « prépositionnées », le niveau de son aide publique ou de ses échanges commerciaux, « la France lâche l'Afrique », comme l'a formulé en manchette l'hebdomadaire *Jeune Afrique* dans son numéro du 27 mars 2001. En cela, l'Hexagone suit le mouvement général de l'Occident qui, tout à sa « nouvelle frontière » en Europe de l'Est après la chute du mur de Berlin, se désintéresse de l'Afrique et, par conséquent, réduit drastiquement le « loyer » géopolitique qu'il avait auparavant versé à ses alliés sur le continent en échange de leur allégeance. En reprenant le titre des Mémoires de Pierre Messmer, on pourrait donc dire, plus globalement, *Les Blancs s'en vont*[1]. Sauf que les Français soldent leur présence en Afrique francophone sans vouloir pour autant abandonner leur rente de situation dans leur « pré carré », leur périmètre jalousement gardé. D'où une contradiction qui traverse toute la période de transition entre la fin de la rivalité Est-

1. Pierre Messmer, *Les Blancs s'en vont. Récits de décolonisation*, Paris, Albin Michel, 1998.

Ouest en 1989 et la mise en place, à partir de 2001, de la nouvelle matrice géostratégique de l'après-11-Septembre : Paris s'immobilise au milieu du gué, dans une posture intenable (« ni ingérence ni indifférence »), entre un passé révolu et un avenir qui reste à construire. Preuve des liens soudés de la « Françafrique », ses anciennes colonies tentent de gagner de la même façon sur tous les tableaux : tantôt elles reprochent à l'ex-métropole ses « ingérences », tantôt elles lui rappellent ses « responsabilités historiques ». Or à ce jeu, aussi bien l'Afrique que la France sont perdantes.

Au milieu des années 80, à l'apogée de la « présence » française en Afrique, plus de 200 000 expatriés vivaient sur le continent, dont quelque 50 000 dans la seule Côte d'Ivoire, 25 000 au Gabon, 12 000 à Djibouti. Vingt-cinq ans plus tard, ce chiffre a été divisé par deux. Avant même le premier coup d'État de son histoire, en décembre 1999, la Côte d'Ivoire ne comptait plus « que » 20 000 Français. À la fin 2004, ils n'étaient plus que 8 000 environ, dont une grande majorité de binationaux, 1 200 seulement ayant « réellement des attaches en France », selon la formule consulaire. Si l'on peut arguer que ce reflux, par une succession de décisions individuelles dans une Afrique de plus en plus violente, même en dehors des zones de guerre, n'engage pas l'État français, il en va autrement pour le retrait des coopérants – civils et militaires – ainsi que pour la diminution des budgets d'aide de la France. Les chiffres sont sans appel et témoignent d'une *politique de départ* après la chute du mur de Berlin. Au moment où les conflits armés se multiplient sur le continent et où les « coupeurs de route » menacent jusqu'à la libre circulation des personnes et des biens dans de nombreux pays, Paris divise par trois le nombre de ses officiers préposés à l'encadrement des forces de l'ordre africaines : pas seulement au sein des armées nationales mais aussi dans les forces de police et de gendarmerie. Il y avait en Afrique 925 coopérants militaires français en 1990, 688 en 1995 et 508 en 2000. À la fin 2003, ils n'étaient plus que 260, sur un total de 349 déployés dans le monde.

Rappelons qu'en 1964, au lendemain de la décolonisation, 2 577 « assistants techniques militaires » – leur appellation officielle – étaient en poste sur le continent africain. La régression de leur effectif est en partie « mécanique », du fait de la suspension de la coopération militaire avec de nombreux régimes à la suite de graves atteintes aux droits de l'homme. Depuis la fin de la guerre froide, ce fut en effet le cas au Zaïre (1991), au Togo (1992), au Burundi (1993), au Niger (1996), au Congo-Brazzaville (1997) et en Côte d'Ivoire (1999). Mais cette nouvelle attitude vertueuse, pas davantage que le soutien accru que Paris affirme apporter aux forces militaires régionales, en particulier à travers le programme RECAMP (Renforcement des capacités africaines de maintien de paix), n'expliquent les coupes sombres dans le budget de la coopération militaire française en Afrique : celui-ci est passé de 900 millions de francs (137 millions d'euros) en 1990, à 63 millions d'euros en 2003, un « véritable naufrage » selon le rapporteur de la Commission de la défense nationale, François Lamy, qui souligne que les crédits prévus pour la coopération avec les organisations régionales ont baissé de 40 %. La présentation officielle de la forte réduction des troupes « prépositionnées » en Afrique, dont les effectifs ont été ramenés de 9 200 en 1995 à moins de 6 000 en 2004, comme simple conséquence de la professionnalisation de l'armée française, ne convainc pas davantage. D'autant moins que la fermeture de deux des sept bases militaires sur le continent a clairement répondu à un choix politique : les bases de Bangui et de Bouar en Centrafrique ont été évacuées alors qu'elles offraient de bien meilleures conditions à des manœuvres et à l'entraînement que, notamment, celles de Libreville et d'Abidjan. Enfin, la candeur du ministre socialiste de la Coopération Charles Josselin achève de persuader d'une politique de désengagement qui ne dit pas son nom, pour ne pas heurter les « vieux amis » de la France sur le continent. En janvier 2001, il déclarait à *La Chronique d'Amnesty* : « Quant à la baisse du nombre de militaires présents en Afrique, il faut y voir une redéfinition de nos relations avec ce continent, dans le sens de la non-ingérence. » Si l'on doit en conclure, en bonne logique, que les soldats français en Afrique étaient depuis longtemps présents pour s'ingérer dans les affaires du continent, pourquoi alors cinq des sept bases militaires sont-elles maintenues, notamment dans des pays-phares tels que la Côte d'Ivoire et le Gabon ?

Pour la coopération civile, le tableau est à l'avenant. Après une lente décrue à partir de 1990, son budget a chuté de 800 millions de francs (123 millions d'euros) en 1995 à 577 millions (88 millions d'euros) en 2001. Quant aux coopérants, ils étaient 8 553 en 1962, au lendemain des indépendances. Leur nombre a ensuite peu varié, jusqu'au début des années 80, qui voit la fin de la coopération de substitution, en particulier dans l'enseignement en Afrique. À partir de 1992, cette déflation s'accélère brusquement : des 6 464 coopérants alors en poste en Afrique, seulement un sur cinq échappera au « reformatage » de la décennie à venir, au cours de laquelle l'effectif est ramené à 1 325 (sur un total, en 2002, de 1 701 coopérants français en poste dans le monde). Ici encore, la volonté politique ne fait pas de doute. En 1993, un groupe de réflexion d'une trentaine de spécialistes, réunis à l'initiative de l'ancienne ministre de la Coopération Edwige Avice sous la houlette de Serge Michaïlof, publie un bilan négatif de la coopération : cinq cents pages pour conclure à « la très faible efficacité de l'aide française », même si le titre du rapport – *La France et l'Afrique : vade-mecum pour un nouveau voyage*[1] – veut faire croire que ce n'est pas la fin d'une « belle aventure ». En revanche, les conclusions d'un audit interne établi en 1994 par des experts du ministère de la Coopération, de la Caisse française du développement (CFD) et de consultants indépendants au sujet de l'aide française accordée entre 1980 et 1990 à six pays d'Afrique et de l'océan Indien (Burkina Faso, Burundi, Gabon, Maurice, Togo, Zaïre) sont

1. Edwige Avice, Serge Michaïlof, *La France et l'Afrique : vade-mecum pour un nouveau voyage*, Paris, Karthala, 1993.

dévastatrices. Toute à son « clientélisme », la France a subventionné les « pays les plus riches » (Gabon, Maurice, Togo) ou les « pays endettés et peu rigoureux » (Gabon, Togo, Zaïre) au détriment des « pays plus pauvres et plus vertueux » (Burundi, Burkina, Mali)... Difficile de faire pire. D'autant plus que la géopolitique a bon dos pour expliquer les largesses accordées au général-président Eyadema, quand l'audit affirme que l'aide au Togo aurait été « généreuse, en partie pour des raisons géopolitiques, un objectif étant de soutenir un pays pro-occidental entouré de voisins jugés peu fiables (Bénin, Ghana) ». Quant aux fortes sommes versées, à fonds perdus, au Zaïre et au Burundi, cette aide était liée « à un certain retrait de l'ancienne puissance coloniale (Belgique) et à la volonté de la supplanter ». Bilan général de l'audit : la France a poursuivi une stratégie qui « cherchait davantage à assurer une reproduction et une survie des systèmes socio-économiques en place qu'à accepter et gérer les tensions et les crises pour favoriser les mutations indispensables ».

De là à conclure à la nécessité de réformer la coopération, après quarante années jalonnées de rapports critiques – rapport Jeanneney (1963), rapport Gorse (1971), rapport Abelin (1975), rapport Hessel (1990), contre-rapport Vivien (1990), rapport Michaïlof (1993) – qui sont restés enfermés à double tour dans un tiroir, il n'y avait qu'un pas. Il a été franchi le 1er janvier 2000, avec l'intégration du ministère de la Coopération au sein du Quai d'Orsay. Ce fut un pas historique, puisqu'il mit fin au schisme entre le « guichet » et la diplomatie d'aide instauré par de Gaulle et Foccart pour faire régner l'Élysée sur l'Afrique en divisant les ministères chargés du continent. Ce fut aussi l'aboutissement de la réforme initiée en 1981 par le premier titulaire socialiste du ministère, Jean-Pierre Cot, qui voulait sortir la France de son « pré carré » francophone. Mais ce ne fut pas une grande réforme politique de l'aide au développement, de ses conditions d'octroi et de sa finalité, notamment en Afrique. Comme l'a expliqué le socialiste Michel Charasse dans un rapport présenté le 29 novembre 2001 à la Commission des finances du Sénat, l'intégration de la « cop » au sein du ministère des Affaires étrangères ne s'inscrit pas dans un nouveau dessein. « La grande réforme de l'aide publique française, relève-t-il, s'est arrêtée à celle du seul dispositif administratif – d'une lourdeur effrayante – sans déboucher aucunement, bien au contraire, sur la définition claire d'une nouvelle et crédible politique française du développement. Les querelles, nombreuses, furent essentiellement "de boutique", et jamais de doctrine. »

À défaut, la France a suivi le mouvement général en sabrant dans son budget d'aide au développement (APD). À l'instar des autres grands pays occidentaux, à l'exception de la Grande-Bretagne de Tony Blair, elle a garrotté son effort d'assistance financière (d'autant plus qu'une partie croissante des fonds servait désormais à l'effacement des dettes africaines et non plus à l'initiation de nouveaux projets) en même temps qu'elle faisait de plus en plus transiter cette aide par des canaux multilatéraux : l'Union européenne, l'ONU et ses organisations spécialisées, la Banque mondiale... En 2000, près de la moitié de l'APD française – environ treize milliards de francs (deux milliards d'euros) – était déboursée par le truchement d'organismes internationaux, sans la même visibilité ni les mêmes « conditionnalités » politiques qu'avant. Du temps de la guerre froide, la France s'était affichée comme bailleur de fonds de régimes qui n'étaient pas toujours recommandables ; après la chute du mur de Berlin, et alors que la démocratie était censée s'épanouir sur le continent, son aide est plus anonyme et... plus modeste. Entre 1994 et 2000, l'APD française a chuté de 55 %, soit bien davantage que celle des États-Unis (34 %), du Japon (27 %) ou de l'Allemagne (23 %), même s'il convient de rappeler que la France, qui restait le premier bailleur de fonds de l'Afrique, partait d'un niveau sensiblement plus élevé. Seulement, dans une Afrique sommée de se démocratiser et, donc, de permettre la libre expression de toutes les revendications, quel était l'intérêt pour l'ex-métropole d'assécher financièrement son « pré carré », si jalousement gardé pendant quarante ans ? Aux critiques sur la régression de l'aide française, le ministre de la Coopération Charles Josselin a répondu, le 4 décembre 2001, dans *Le Monde* : « L'efficacité de l'aide est une condition de sa légitimité » – un aveu implicite de la gabegie du passé. Celle-ci avait été réelle pendant la guerre froide, mais aucun responsable politique français n'a jamais voulu le reconnaître sur la place publique. Or entre 1960 et 1990, l'Afrique a reçu trois fois plus d'aide par habitant – 33 dollars, en dollars constants – que l'ensemble du tiers-monde, où la moyenne était de 11 dollars. Où est passé cet argent ? Quelle contrepartie, sous forme de réalisations ou de succès économiques, correspond aux quelque 180 milliards d'euros (1 179 milliards de francs) que la France a versés à l'Afrique indépendante avant la chute du mur de Berlin ? C'est le problème des « amis » de l'Afrique au pouvoir en France : à moins de répondre à cette question, et au risque de nourrir par leur silence tous les soupçons de financements politiques occultes, la lassitude de générosité – la fameuse « *donor's fatigue* » – restera insurmontable à l'égard du continent noir.

Le 7 février 1994, la « Françafrique » est enterrée à Yamoussoukro. Ce jour-là, pour les obsèques du président Félix Houphouët-Boigny, l'homme du « pari du siècle » entre les ex-colonies françaises et l'ancienne métropole, le ban et l'arrière-ban franco-africains sont au rendez-vous dans le village natal du défunt, qui en a fait la capitale de la Côte d'Ivoire : tous les présidents de l'Afrique francophone, sans exception, de nombreux chefs d'État du reste du continent et, surtout, l'ensemble de la classe politique française, toutes générations et couleurs politiques confondues, du « vieux colon » gaulliste Pierre Messmer au jeune député socialiste de Romorantin Jeanny Lorgeoux, en passant par les Premiers ministres vivants de la Ve République – Jacques Chaban-Delmas, Raymond Barre, Pierre Mauroy, Édith Cresson, Michel Rocard, Jacques Chirac, Édouard

Balladur – et jusqu'aux présidents, Valéry Giscard d'Estaing et, malgré sa maladie, François Mitterrand. Même s'il n'est plus conseiller de son père à l'Élysée, Jean-Christophe Mitterrand est aussi présent, de même que, dans une chaise roulante, l'octogénaire Jacques Foccart. Il y a là, également, les anciens ambassadeurs de France à Abidjan, de très nombreux responsables – anciens ou actuels – du Quai d'Orsay, de la coopération, de Bercy. Signe qu'il s'agit bien de la « famille » franco-africaine qui se réunit pour rendre hommage à un illustre parent, les États-Unis ne sont représentés que par leur secrétaire d'État à l'Énergie. En revanche, le monde des affaires franco-africaines est rassemblé au grand complet : le bâtisseur Martin Bouygues, le transporteur Vincent Bolloré, le négociant Serge Varsano, les communicateurs Jean-Pierre Fleury et Claude Marty, les architectes Olivier-Clément Cacoub et Pierre Fakhoury... Ce dernier a construit le lieu de culte abritant le requiem dont tout le monde sent, confusément, qu'il n'est pas seulement celui de Félix Houphouët-Boigny. La basilique Notre-Dame-de-la-Paix, dont les 8 400 mètres carrés de vitraux sont percés par l'éclatant soleil de la savane, est un immense péché de splendeur et d'orgueil : cette réplique de Saint-Pierre de Rome, à la coupole spécialement surélevée pour culminer – à 127 mètres – plus haut que l'église papale dans la Ville éternelle, a été plantée au milieu de la brousse, sur 130 hectares, en à peine plus de trois ans, entre juillet 1986 et septembre 1989. Mais elle a attendu onze ans avant d'être consacrée par le pape Jean-Paul II, à qui elle a pourtant été « offerte » par Houphouët-Boigny, dont la « cassette personnelle » – difficile à distinguer du budget de l'État – avait financé non seulement la construction en un temps record mais aussi un fonds de placement en Suisse dont les dividendes devaient subvenir aux coûts récurrents de fonctionnement et d'entretien. À tout prix, le « Vieux » avait tenu à marquer la frontière religieuse entre le nord islamisé du pays et un sud – la Côte d'Ivoire « utile » – qu'il s'obstinait à croire chrétien, alors que 40 % de ses habitants étaient des musulmans. Député africain à l'universel, comme il avait jadis été l'élu de la Côte d'Ivoire au palais Bourbon, Houphouët-Boigny n'avait pas lésiné sur le faste de « son » église, en espérant que le sable rose de Yamoussoukro, mêlé au béton de Bouygues, le maître d'œuvre du chantier, serait le ferment d'un pacte avec l'Éternel : un cœur d'ouvrage de 100 mètres de diamètre et de 58 mètres de hauteur, surplombé de la plus grande coupole du monde, un autel coiffé d'un baldaquin d'acier galvanisé habillé de laiton et de bronze, 2 500 projecteurs pour illuminer un espace de 600 000 mètres cubes, 14 000 mètres carrés revêtus de marbres importés d'Italie, une climatisation capable de créer une « oasis de fraîcheur » à l'intérieur, alors que douze baies ouvertes – hautes de 21 mètres, sur 11 mètres de largeur – pourraient permettre à 30 000 spectateurs sur le parvis de participer à l'office, en plus des 150 000 fidèles pouvant le suivre sur l'esplanade grâce à des écrans géants... Or, ce 7 février 1994, hormis les 7 000 personnalités assises dans la nef centrale, il n'y eut pas grand-monde dans cette démesure tout à l'image de la « Françafrique » : une débauche de moyens au profit d'une minorité installée dans le saint des saints, aux dépens d'une majorité si consciente d'être exclue qu'elle reste absente.

Le jour de l'enterrement de Félix Houphouët-Boigny, les présidents des quinze pays membres de la zone franc en Afrique se sont retrouvés, au sortir de la messe des morts, autour d'Édouard Balladur et de François Mitterrand. Annoncée nulle part dans le programme de la journée, leur réunion s'est tenue dans l'un des pavillons de la vaste résidence présidentielle de Yamoussoukro, gardée par les caïmans « sacrés » du défunt propriétaire, bon chrétien, certes, mais féru de fétiches et de totems... La discrète réunion avait pour objet un premier bilan de la toute récente dévaluation du franc CFA, décidée un mois plus tôt, le 11 janvier, à Dakar. Décidée par qui ? C'était tout le problème. En 1990, au sommet franco-africain de La Baule, François Mitterrand s'y était encore publiquement déclaré hostile ;

deux ans plus tard, il avait reçu les présidents Houphouët-Boigny, Abdou Diouf, Omar Bongo et Blaise Compaoré, venus à l'Élysée plaider l'immuabilité de la parité de « leur » monnaie par rapport au franc français. Mais le mur monétaire autour du « pré carré » vacillait depuis la fin de la guerre froide : la Banque mondiale et le FMI boycottaient la zone franc comme une « exception française » désormais intolérable, et la privaient de leurs crédits *stand by* et autres subsides. Paris était obligé d'éponger les dettes de ses anciennes colonies, pour finir à hauteur respectivement de 1,5 et de 1 milliard de francs par an rien que pour la Côte d'Ivoire et le Cameroun. C'était l'hémorragie budgétaire. Mais, conscient du risque que le réajustement du franc CFA puisse se muer en symbole de la dévaluation existentielle de l'ancienne Afrique française, François Mitterrand avait une ultime fois cédé aux instances africaines. Un an plus tard, Édouard Balladur, son Premier ministre de cohabitation, fit table rase de ces scrupules, financièrement insoutenables à la longue, d'autant plus que les élites africaines s'employaient à trouer la coque de leur frêle pirogue monétaire : dès la fin 1992, la fuite des capitaux libellés en franc CFA, librement convertibles grâce à la garantie du Trésor français, atteignait des niveaux records. Dès lors, il ne restait qu'à procéder à l'inévitable dans les meilleurs délais. Rétrospectivement, la patience et les formes que le chef du gouvernement français mit pour aboutir à cette dévaluation, retardée par une lettre d'avertissement qu'il envoya aux présidents africains en juillet 1993 et qu'il reprit sous forme de tribune dans *Le Monde* du 23 septembre (« La France n'a d'autre choix que de conditionner à l'avenir ses aides destinées à l'ajustement à la conclusion et au maintien d'accords avec le Fonds monétaire international »), ne manquent pas de surprendre. Cependant, sur le moment, sa « solidarité exigeante » – le titre de son article dans *Le Monde* – fut vécue par l'Afrique comme un vrai traumatisme, un honteux « lâchage ». Monté en première ligne sur le dossier, le ministre de la Coopération d'alors,

Michel Roussin, dut batailler ferme, avec le soutien du Premier ministre, d'une conseillère à Matignon, Anne Le Lorier, et du directeur du Trésor, Christian Noyer, pour imposer aux chefs d'État africains à Dakar la dévaluation la plus attendue de l'histoire monétaire, au point où elle fut annoncée par *Libération*, avec tous ses détails techniques, dès le 18 décembre 1993.

Pour l'Afrique, ce fut le Kyrie du requiem. « Nous avons fait l'objet de menaces, soutient encore, onze ans plus tard, le président gabonais Omar Bongo. Franchement, on n'était pas contents. Mais le communiqué final était prêt, il n'y avait plus rien à faire. C'était un diktat, un deal de la France avec le FMI et la Banque mondiale. » S'il est vrai qu'Édouard Balladur avait négocié à Paris, en juillet 1993, avec les directeurs des institutions financières internationales la dévaluation du franc CFA en échange de la reprise de leurs décaissements bloqués en Afrique francophone, ce qui revenait à injecter dix milliards de dollars dans la zone franc, la version française du sommet de Dakar n'est pas la même. « C'est vrai que Bongo et Diouf étaient contre », témoigne Michel Roussin, qui n'a pas oublié les propos vifs du président gabonais à son égard : « Il me traitait comme un caporal-chef de semaine : "Pour qui tu te prends ? Tu penses être la France ?", m'a-t-il demandé. » Mais le front du refus africain n'était plus uni. Ancien directeur adjoint du FMI, le Premier ministre ivoirien Alassane Ouattara – à l'époque *de facto* président par intérim, eu égard à l'état de santé de Félix Houphouët-Boigny – soutenait à fond la dévaluation, dont son pays, grand exportateur de matières premières agricoles, escomptait tirer avantage. Se résignant à l'inéluctable, le Sénégal insistait sur des mesures d'accompagnement, qui furent finalement non négligeables : l'annulation de dettes africaines à hauteur de 25 milliards de francs français (3,8 milliards d'euros), la mise en place d'un Fonds de solidarité et du développement (FSD) doté de 300 millions de francs (45,8 millions d'euros), de crédits spéciaux pour juguler la hausse de certaines importations comme, notamment, les médicaments et les manuels scolaires... Mais personne n'était dupe du fait qu'il s'agissait bien d'un « ticket de sortie » de la France, qui passait ainsi le témoin de la gestion financière de « sa » zone monétaire en Afrique aux institutions de Bretton Woods. « Depuis les indépendances, c'est un moment historique », soufflait Michel Roussin dans sa chambre d'hôtel à Dakar, le 12 janvier 1994, au lendemain de la dévaluation. Moins d'un mois plus tard, devant François Mitterrand et les chefs d'État africains réunis près du caveau familial du « Vieux » Houphouët-Boigny à Yamoussoukro, Édouard Balladur l'invitait à revenir sur l'inéluctabilité de la dévaluation du franc CFA et à dresser un « bilan à chaud » du changement de parité intervenu. Légitimer ainsi aux yeux de tous l'action du ministre de la Coopération entérine solennellement une césure qui, de façon révélatrice, ne portera pas le même nom en Afrique et en France : la « doctrine Balladur », comme on continue de dire sur le continent, sera appelée à Paris la « doctrine d'Abidjan », pour dépersonnaliser la subordination de l'aide française aux accords de « bonne gouvernance » conclus, au préalable, avec la Banque mondiale et le FMI. Le jour des funérailles en grande pompe de l'homme qui nomma « Françafrique » ce que de Gaulle avait appelé « le système français où chacun joue son rôle », la France unie, en cohabitation, par-delà toute cohabitation, endossa cette nouvelle règle d'airain. Davantage prises à témoin que traitées en partenaires, ses anciennes colonies s'y plièrent, mais persisteront à ressentir leur « dévaluation » comme un divorce avec la France.

À Christine Leclerc, journaliste au *Figaro*, Jacques Chirac parlera de Michel Roussin comme du « traître qui a vendu l'Afrique ». Or, élu président de la République en 1995, il se gardera bien de remettre en question la « doctrine d'Abidjan », pas plus qu'il n'initiera la moindre réforme des règles de fonctionnement de la zone franc en Afrique, pas même après le passage à l'euro de la France. La garantie de la libre convertibilité de franc CFA par le Trésor français a-t-elle encore un sens dès lors que Paris lie son propre sort monétaire aux décisions d'une banque centrale européenne ? La France peut-elle prétendre soutenir l'intégration régionale en Afrique en même temps qu'elle divise l'espace économique ouest-africain dominé par le Nigeria ? L'obligation faite aux banques centrales de l'Afrique de l'Ouest (BCEAO) et de l'Afrique centrale (BEAC) de déposer au moins 65 % de leurs réserves de change sur un compte d'opération du Trésor français est-elle compatible avec une pleine souveraineté financière des États africains ? Enfin, ne serait-il pas temps que le Comité de la zone franc, qui « prépare » les réunions de printemps et d'automne des ministres des Finances de la communauté monétaire, soit composé à parité d'Africains et de Français, ces derniers y étant seuls représentés ? Aucune de ces questions, pourtant soulevées par des responsables du continent, n'a reçu de réponse dans le cadre du « partenariat » entre la France et l'Afrique.

Indolence postcoloniale ? Le socle de l'immobilisme français est constitué de solides intérêts : bien que le produit intérieur brut (PIB) de la zone franc en Afrique représente seulement 3,6 % du PIB de la France, cette dernière a assuré pendant la période 1989-1999 un tiers des importations et absorbé 17 % des exportations de cette zone de pauvreté, en réalisant un excédent oscillant entre 8 milliards de francs en 1992 et 10 milliards de francs en 1999, alors que le bénéfice net du commerce avec les États-Unis, marché autrement plus riche, a été de 840 millions et de 987 millions de francs pour les mêmes années de référence. Autrement dit : si les échanges commerciaux avec l'Afrique sont incommensurablement plus faibles que ceux avec les États-Unis, et ne créent donc pas la même richesse en termes de chiffres d'affaires, de commandes et d'emplois, les profits engrangés par la France sont dix fois plus importants. On peut multiplier les comparaisons : durant la même période 1989-1999, les États-Unis n'ont fourni que 5 % de ses importations au « pré carré » de la France en Afrique, tout en absorbant

– en raison de l'importance de leurs approvisionnements pétroliers – également 17 % de ses exportations. À titre d'exemple, pour la balance commerciale entre les États-Unis et le Gabon, cela signifiait, en 1992, un déficit de 880 millions de dollars côté américain. En revanche, forte de sa rente de situation historique dans ses anciennes colonies du continent, la France y jouissait d'un « marché d'exportations plus important que l'Amérique latine, pourtant six fois moins pauvre », comme l'a relevé le député Yves Marchand (UDF) en 1995, dans son rapport sur l'impact de la dévaluation du franc CFA. En fait, la position de la France a longtemps été unique parmi ses partenaires occidentaux. Pour s'en convaincre, il suffit de comparer, avant et après la chute du mur de Berlin, sur quinze années, la part des investissements directs de plusieurs pays. Pour la Grande-Bretagne, ex-métropole coloniale comme la France, 29 % de ses investissements directs partaient, en 1980, en Afrique ; en 1995, cette part n'était plus que de 3,8 %. La Belgique était encore plus « investie » dans ses anciennes colonies d'Afrique en 1980, à hauteur de 40 % ; mais la proportion de ses capitaux à destination du continent n'était plus que de 4,9 % en 1995. Sans grand passé colonial, mais premier pays exportateur du monde, l'Allemagne consacrait, en 1980, 19,5 % de ses investissements directs à l'Afrique, et seulement 2,4 % quinze ans plus tard. En revanche, la France, « investie » à hauteur de 35 % en 1980, continuait de consacrer à l'Afrique 30,4 % de ses capitaux en 1995. Cette part, du reste de plus en plus consacrée à des pays extérieurs à son « pré carré » traditionnel tels que le Nigeria, l'Afrique du Sud ou l'Angola pétrolière, n'est tombée qu'à 18 % en 2000, et à 8 % en 2003.

C'est la donnée de base de la valse-hésitation franco-africaine de l'après-guerre froide, de toutes les demi-mesures et réformes manquées dans les relations entre l'ex-métropole et ses anciennes colonies : la France quitte l'Afrique, mais avec grand retard, en traînant sa patte économique qui a longtemps été très lourde.

2

HOMMES FORTS, ÉTATS FAIBLES

Trois mois après la chute du mur de Berlin, en février 1990, Jacques Chirac se rend à Abidjan pour participer à une réunion de l'Association des maires francophones. Le climat politique sur la lagune d'Ébrié est alors torride. La Côte d'Ivoire s'apprête à vivre sa première élection pluraliste depuis un quart de siècle, l'opposant socialiste Laurent Gbagbo étant résolu à défier le président Houphouët-Boigny. Au nom de la réconciliation nationale (« l'oiseau ne se fâche pas contre l'arbre »), le « Vieux » a négocié, deux ans auparavant, le retour de son exil parisien du leader du Front populaire ivoirien (FPI), le nom du parti que Laurent Gbagbo vient de faire sortir de la clandestinité, sans plus attendre une autorisation officielle. Affaibli par une interminable fin de règne, l'autocrate au pouvoir n'a plus les moyens de l'en empêcher, conspué qu'il est dans la rue – « Houphouët voleur ! » – par la foule des victimes d'une crise économique et financière durable. Dans un pays endetté à hauteur de douze milliards de dollars, où le revenu par habitant a chuté de moitié depuis dix ans, seul son prestige historique et les forces de l'ordre maintiennent au pouvoir le « père de la nation ». Or, des soldats descendent également dans la rue, réclament leur solde, tirent des coups de feu en ville et ne rentrent à la caserne qu'une fois « cadeautés » – rachetés – par le président. Dans ce contexte hautement inflammable, Jacques Chirac se livre à une apologie du régime à parti unique, qui est à l'agonie. « Le multipartisme est une sorte de luxe, explique le maire de Paris, que les pays en voie de développement, qui doivent concentrer leurs efforts sur leur expansion économique, n'ont pas les moyens de s'offrir. » Il développe ses idées en ajoutant que « de toute façon, le multipartisme n'est pas lié à la démocratie puisqu'il y a des pays à parti unique où la démocratie s'exerce au sein de ce parti unique », et qu'en revanche, « il y a des régimes de pluralisme où la démocratie n'est pas respectée ».

Ces propos provoquent un tollé général, en Afrique et en France. On imagine mal Chirac les prononçant sur la place Rouge à Moscou, aux chantiers navals de Gdansk ou sur la rive droite de la Dîmbovita à Bucarest tout juste débarrassée du couple Ceausescu. La caution que Jacques Chirac apporte à la dictature finissante de Félix Houphouët-Boigny vaut preuve de l'inextinguible solidarité de la « Françafrique », de « l'alliance des dirigeants contre les peuples » comme l'écrit alors l'organe du FPI, *Notre Voie*. D'autres journaux de l'opposition ivoirienne perçoivent, dans le déni du pluralisme exprimé chez eux par « l'héritier du gaullisme », « un fond de racisme », l'Afrique étant jugée « toujours pas "mûre" pour la démocratie ». De fait, sous le maire de Paris perce déjà le futur président de la République qui, treize ans plus tard, dans la capitale d'un autre dictateur africain, liera la liberté politique d'un pays au niveau de vie atteint par ses habitants. « Le premier droit de l'homme, déclarera Jacques Chirac le 3 décembre 2003 à Tunis, c'est de manger, d'être soigné, de recevoir une éducation, d'avoir un habitat. Et de ce point de vue, il faut bien reconnaître que la Tunisie est très en avance sur beaucoup de pays. » Ce qui revient à racheter le « lider maximo » Fidel Castro par la – bonne – santé publique à Cuba, ou à justifier le massacre de la place Tian'anmen par la – très efficace – dictature de développement en Chine.

Ce sera une constante. Malgré la fin de la rivalité Est-

Ouest, qui devrait lui permettre de rompre avec des alliés locaux peu présentables mais capables de « tenir » leur pays pour le compte de l'Occident, la France ne lâchera aucun de « ses » dictateurs africains, souvent bien pires que Félix Houphouët-Boigny : du général-président togolais Eyadema, mort au pouvoir le 5 février 2005, au Gabonais Omar Bongo, en passant par le Tchadien Idriss Déby ou le Congolais Denis Sassou N'Guesso, sans oublier – comme souvent – le Camerounais Paul Biya ou le Burkinabé Blaise Compaoré... La liste est longue et ne se limite pas au « pré carré » de la France – ce qui sème un doute sur les despotes africains qui ne seraient au pouvoir que du seul fait d'y avoir été « installés » puis maintenus par Paris. Mais, hors « champ » français, le continent n'a pas suivi une trajectoire fondamentalement différente : avant et après la chute du mur de Berlin, les règnes plus ou moins dictatoriaux de « pères de la nation », les régimes à parti unique, les coups d'État et les juntes au pouvoir, puis l'effervescence de la démocratisation, parfois travestie par des scrutins truqués sinon étranglée par des restaurations autoritaires, mais aussi couronnée par de vraies alternances, n'ont pas été l'apanage de la seule Afrique francophone. Pour un Bokassa, il y eut un Idi Amin Dada ou un Macias Nguema, pour un Houphouët-Boigny un Kenneth Kaunda ou un Daniel arap Moi, pour un Mali ou un Sénégal il y a un Ghana ou un Mozambique, mais aussi, pour un Congo-Brazzaville et une Côte d'Ivoire, une Somalie, un Liberia ou une Sierra Leone... Le dilemme auquel la France – mais pas seulement elle – ne cesse d'être confrontée dans l'après-guerre froide en Afrique est le choix entre des hommes forts au pouvoir et des États faibles qui menacent de s'effondrer. C'est un jeu à somme nulle. Or, bien qu'il n'ait rien en commun avec Jacques Chirac, Bill Clinton, le premier président américain à se rendre en Afrique après la chute du mur de Berlin, en mars 1998, célèbre « la nouvelle couvée de dirigeants africains » (« *the new breed of African leaders* ») qu'incarneraient les anciens chefs rebelles arrivés au pouvoir par la lutte armée que sont l'Ougandais Yoweri Museveni, le Rwandais Paul Kagame, l'Érythréen Issaïas Aferwerki et l'Éthiopien Meles Zenawi. Cinq mois plus tard, le président démocrate retourne en Afrique pour saluer au Nigeria le retour à un régime constitutionnel grâce à l'élection d'Olusegun Obasanjo, un chrétien converti – *born again* – à qui les États-Unis versent, depuis, une « prime à la démocratie » : deux cents millions de dollars par an, en lieu et place des sept millions auparavant. Principal exportateur de pétrole au sud du Sahara et, notamment, premier fournisseur africain de l'Amérique, un Nigeria bien géré aurait-il besoin de cette aide ? Et, avec le bénéfice du recul, l'Ouganda du « *no party system* », « l'État garnison » qu'est le Rwanda ou les « régimes à poigne » qui se sont mis en place en Éthiopie et en Érythrée, des pays voisins qui se sont affrontés pour quelques arpents de cailloux au prix de dizaines de milliers de morts, fournissent-ils des modèles de « bonne gouvernance » ? Numéro deux du bureau Afrique au Département d'État sous la présidence Clinton, Edward P. Brynn, l'un des meilleurs connaisseurs du continent à Washington, s'est affligé de la persistance d'une politique accrochée aux dirigeants – « *leader-centered* » – dans l'Afrique de l'après-guerre froide : « Nous Américains, nous avons tellement envie d'avoir de bonnes nouvelles du continent que nous ne résistons pas à la tentation quand nous trouvons enfin un homme vraiment bon en Afrique », a expliqué cet ancien ambassadeur dans six capitales du continent. « La seule façon dont nous sommes apparemment capables de concevoir le succès en Afrique, c'est par la personnalisation. » Rapportant ces propos dans le *Washington Post* du 27 août 2000 sous le titre moqueur « En Afrique, l'Amérique cherche des héros », le journaliste Blaine Harden, ancien correspondant sur le continent, évalue la faible marge de manœuvre que se réservent les présidents américains éternellement en quête de l'homme providentiel : « Leur rôle, faute de mieux, consiste à empiler des louanges sur la tête du bon leader du moment en Afrique et à espérer que celui-ci ne se mue pas en un dictateur qui s'accroche au pouvoir en volant l'avenir de son pays. » Le handicap historique de la France en Afrique, c'est que « ses » hommes forts, naguère peut-être également prometteurs, ont mal tourné depuis longtemps.

En mars 1993, une réunion de crise se tient à Matignon. Son objet : la Centrafrique, la « néocolonie » par excellence de la France sur le continent pendant la guerre froide. Le renversement de l'empereur Bokassa par l'armée française en 1979 n'ayant pas débouché sur un « retour à la normale » et, notamment, le rétablissement de l'autorité de David Dacko, l'ex-nouveau président ramené au pouvoir, les services secrets français avaient *de facto* pris les commandes du pays. Quand, en septembre 1981, le général André Kolingba s'était emparé du pouvoir, l'agent de la DGSE chargé de la sécurité du président Dacko, le colonel Jean-Claude Mantion, avait simplement changé de « protégé » en élargissant ses attributions auprès du successeur... Conservant son titre de responsable de la Garde présidentielle (GP), il était devenu l'éminence grise du nouveau chef de l'État, sinon le « proconsul » – son surnom local – de la Centrafrique. Omniprésent, il s'occupait, au-delà de la surveillance d'éventuels opposants, des programmes de lutte contre la corruption ou le braconnage, de l'indexation des prix au marché central de Bangui, du recouvrement fiscal, des Forces armées centrafricaines (FACA), mais aussi d'une fronde argumentée contre le programme d'ajustement structurel « proposé » par la Banque mondiale. De la sorte, il avait maintenu l'équilibre minimal pour que la Centrafrique servît à la France, au moindre coût, de « plaque tournante » au cœur du continent. Installée sur deux bases, l'une dans la capitale, l'autre à l'intérieur du pays, à Bouar, l'armée française disposait d'un pays plus étendu que l'Hexagone qu'elle partageait avec trois millions d'habitants comptant parmi les plus pauvres du monde. Cependant, depuis la chute du mur de Berlin, ce bail avait été quelque peu remis en question : moins par une opposition vraiment virulente que par le mécontentement populaire qui gagnait du terrain face à la « kleptocratie familiale » à laquelle tournait le régime du général Kolingba, qui refusait la tenue d'élections libres et transparentes. Or depuis janvier 1993, un nouvel ambassadeur de France, Alain Pallu de Baupuy, tient tête au colonel Mantion, qu'il accuse d'être prêt à tout, y compris à compromettre la France dans un scrutin frauduleux pour assurer la victoire d'André Kolingba. Bangui bruit des éclats de voix entre les deux hommes, se repaît du duel entre « le diplomate et l'espion », que tout semble opposer. En réalité, si l'ambassadeur en bas de soie et le patron de la GP, pistolet au ceinturon, ne sont effectivement pas faits pour s'entendre, ils appartiennent néanmoins à la même « maison » : car, tout comme Jean-Claude Mantion, Alain Pallu de Baupuy était colonel de la DGSE. Il avait même accroché à son palmarès un joli succès quand, en poste à Téhéran, il avait prédit la chute du shah dès 1978, un an avant qu'elle n'eût lieu. Auréolé de cette flatteuse réputation, l'ambassadeur fait douter Paris.

D'où la réunion d'urgence à Matignon. Outre un représentant des services secrets, elle rassemble autour de Bernard de Montferrand, le conseiller diplomatique d'Édouard Balladur, Dominique de Villepin et Jean-Marc Simon, qui occupent la même fonction auprès d'Alain Juppé au Quai d'Orsay et de Michel Roussin à la Coopération, ainsi que, pour le Trésor, Anne Le Lorier. Que faire en Centrafrique, où se multiplient les signes d'instabilité ? Sans surprise, deux scénarios s'opposent : celui du colonel Mantion, qui préconise de « renflouer » le régime Kolingba « en l'absence d'alternative crédible et pour préserver les fragiles acquis de l'État centrafricain » ; et celui de l'ambassadeur Pallu de Baupuy, qui prône une « sortie par le haut » grâce à l'organisation d'élections démocratiques. « Franchement, on était tous très partagés », se souviendra l'un des participants. « Ses treize années d'expérience sur le terrain plaidaient à la fois pour et contre Mantion. Peut-être y avait-il juste un mauvais cap à passer. Mais peut-être, aussi, Mantion ne voyait-il plus clair à force d'être immergé à Bangui. L'ambassadeur, même s'il était seulement en poste depuis quelques mois, pouvait avoir raison – comme à Téhéran. De toute façon, on se rendait bien compte qu'une époque était révolue, qu'on ne pouvait pas continuer comme avant. » Pour arbitrer la querelle franco-française à Bangui avant qu'elle ne gagne Paris, une délégation est dépêchée en Centrafrique. Son « rapport de mission », sans appel pour le délitement du pouvoir en place et, en particulier, les « turpitudes financières de l'entourage présidentiel », recommande dans une annexe (« Les hommes ») le rappel à la fois du « proconsul » et de l'ambassadeur. À leur place, un diplomate proche de Foccart, Michel Lunven, devient « haut représentant de la France » en Centrafrique. Il veillera au respect de la feuille de route qui est imposée au général Kolingba. Lequel s'y résigne de mauvaise grâce (« Bon, puisque c'est décidé, nous allons faire des élections »), non sans se livrer à un baroud d'honneur en libérant, entre les deux tours d'un scrutin présidentiel qu'il sait perdu, l'encombrant Jean-Bedel Bokassa. Mais rien n'y fait : les hélicoptères de l'armée française transportent aux quatre coins du pays les urnes transparentes dont le verdict désigne, en septembre 1993, Ange-Félix Patassé comme nouveau président « démocratiquement élu », selon le pléonasme vite consacré par l'usage. L'homme n'est pas un inconnu : longtemps ministre zélé sous Bokassa, puis grand ordonnateur du sacre impérial à la tête du dernier gouvernement républicain, il s'était plus tard réfugié à vélo à l'ambassade de France, déguisé en religieuse, à la suite d'un putsch manqué contre le général Kolingba. Démagogue à souhait, il a mené campagne en promettant à ses compatriotes des « usines à fabriquer des billets de banque ». À peine carré dans le fauteuil présidentiel, il s'entoure d'une myriade de « conseillers spéciaux » et de courtisans, parmi lesquels le négociant libanais Ali Hijazi, l'homme d'affaires de l'ex-empereur. À l'instar de son ancien mentor, il entre dans le capital de la principale société diamantaire et met le pays en coupe réglée. Les mutineries de l'armée et les vagues de pillages se succèdent à Bangui, les années « blanches » – cinq entre 1989 et 2003 – dans les écoles et à l'université nationale ; les taux de mortalité maternelle et infantile reviennent au niveau des années 30 ; la province est coupée de la capitale par l'insécurité que font régner les *zarguinas*, les bandits des grands chemins ; les fonctionnaires cumulent des arriérés de traitements de plusieurs mois et, pour finir, de trois années. Tentant de faire chanter Paris, Ange-Félix Patassé provoque la fermeture des bases militaires françaises. Au printemps 1998, les derniers « barracudas » quittent Bangui, où un contingent africain d'interposition tente de maintenir un semblant d'ordre. En 1999, le président Patassé est « démocratiquement réélu » pour un second mandat. S'ensuivent de nouvelles violences en cascade, à la faveur desquelles des rebelles du Congo-Kinshasa voisin traversent l'Oubangui pour mettre à feu et à sang la capitale centrafricaine. À son tour, avec l'aide de frères d'armes tchadiens, des « libérateurs » qui se remboursent sur le pays, le chef d'état-major limogé de l'armée centrafricaine, le général François Bozizé, renverse à Bangui, le 15 mars 2003, un pouvoir fantôme aux abois. Ange-Félix Patassé fuit en exil au Togo. Depuis, la Centrafrique vit une nouvelle « transition » entre une élection promise et un coup de force réel.

Vu de Bangui, c'est un drame. Vu de Paris, le désengagement en Centrafrique est un succès – le seul ? – d'une politique africaine de la France qui aurait pour but un retrait en bon ordre du continent. Depuis 1998, et quoi qu'il arrive à l'ancienne Cendrillon de son empire colonial, l'ex-métropole n'est plus mise en cause, en fait à peine concernée, après le départ de ses troupes et le rapatriement de ses ressortissants. Amnésique d'un lourd passé d'ingérences, l'opinion publique française, la seule qui compte pour les élus à Paris, ne juge que le présent, l'actualité : les tourments d'un pays africain qui tente de prendre son destin en main. Dommage qu'il lui file entre les doigts... Un problème humanitaire, un de plus.

La Centrafrique a été à la fois l'exception et la règle dans la période de l'après-guerre froide. L'exception en ce qui concerne la France, qui partout ailleurs a choisi la fidélité à l'homme fort, surtout quand celui-ci était au pouvoir depuis longtemps : comme au Zaïre du maréchal Mobutu, jugé trois mois avant sa chute « seul à même de garantir l'intégrité territoriale » de son pays par le chef de la diplomatie française, Hervé de Charette, alors que les troupes de Laurent-Désiré Kabila étaient déjà aux portes de Kisangani ; ou comme au Togo du général Eyadema, à qui Jacques Chirac n'a jamais demandé d'honorer sa promesse de ne plus être candidat à sa succession et qui est mort au pouvoir, en février 2005, au terme biologique d'un règne de trente-huit ans. D'un bout à l'autre du continent, sur fond de rivalité franco-américaine, la France s'est enfermée dans la vaine défense du statu quo face au changement promu par Washington, elle s'est autocaricaturée comme une « vieille » puissance coloniale face à une jeune et plus grande puissance d'émancipation... Cette politique a frôlé l'absurde, par exemple quand Paris est apparu comme le dernier et l'impénitent « ami » de Mobutu, ce « doux colonel » repéré par l'ambassadeur belge Alfred Cahen, « l'homme des Américains » dont l'ascension fut financée par le représentant de la CIA à Léopoldville Lawrence Devlin, puis le dirigeant d'un pays au sous-sol si riche qu'il passait pour un « scandale géologique » jusqu'à ce que le maréchal-président fît chuter la production minière à un dixième des rendements des années 70. Or, c'est au moment où le « reclus de Gbadolite » – son Versailles dans la jungle –, mis sur la touche par une classe politique qui étirait la « transition » en happening pluriannuel, était condamné par un cancer au stade final que la France a publiquement soutenu l'indéfendable dictateur mourant. « C'était doubler la mise sur un personnage dont les jours étaient comptés, dans tous les sens du terme, écrit Jean-François Bayart dans une analyse de la politique africaine de François Mitterrand, et persister à choisir le mauvais camp dans la redistribution générale des cartes qui s'amorçait, sur fond d'encouragements et de financements américains[1]. » Bref, un non-sens total, à moins de supposer que la France, dépourvue d'industrie minière nationale, voulût notifier qu'elle était hors jeu dans la « guerre de succession » qui s'engageait au Congo-Kinshasa... Invité en 1998 à commenter la politique française à la fin du règne de Mobutu, le chercheur André Guichaoua fit l'éloge de la « page blanche », en expliquant : « L'illustration serait certainement plus forte que d'essayer de décrire ce qui a été une non-stratégie[2]. » En effet, dix jours avant la chute du maréchal-président, le ministre français de la Coopération, Jacques Godfrain, l'avait résumée, dans *Le Figaro*, par cette formule minimaliste : « Soyons prudents et modestes. »

Mais la Centrafrique a aussi été la règle, pour ce qui est de l'effondrement de l'État dans une Afrique privée de ses rentes de la guerre froide : plus de « loyer » géopolitique sous forme d'aide au développement versée à fonds perdus ; plus de coopération militaire avec « cessions de matériel », multiples stages de formation et encadrement des forces auxiliaires sur le continent ; plus de « prime de réserve » pour garantir l'approvisionnement en matières premières stratégiques, à l'exception du pétrole ; plus de rente diplomatique pour le soutien automatique de l'un ou l'autre camp et la fin de la « diplomatie de la bascule », ce quitte ou double – risqué mais rémunérateur – du renversement d'alliance géopolitique. Le tout alors que l'alourdissement exponentiel de sa dette écrase l'Afrique noire, qui doit à ses créanciers un peu plus de cent cinquante milliards d'euros au moment de la chute du mur de Berlin, soit vingt-huit fois plus qu'en 1970 et quatre fois plus qu'en 1980, mais surtout deux cents euros par habitant, l'équivalent du revenu

1. Jean-François Bayart, « *Bis repetita* : la politique africaine de François Mitterrand de 1989 à 1995 », *in* Samy Cohen (dir.), *Mitterrand et la sortie de la guerre froide*, Paris, PUF, 1998.

2. André Guichaoua, *Les « Nouvelles » Politiques africaines de la France et des États-Unis vis-à-vis de l'Afrique centrale et orientale*, contribution au colloque du Centre d'études d'Afrique noire (CEAN) sur « L'Afrique, les États-Unis et la France », Bordeaux, 22-24 mai 1997.

annuel dans les pays les plus pauvres. Pendant la décennie 90, en moyenne un tiers du budget des États d'Afrique subsaharienne est consacré au remboursement de la dette extérieure, nonobstant plus de trois cents accords de rééchelonnement conclus pour alléger le fardeau. Les gouvernements occidentaux rechignent à annuler la dette africaine. En France, cette mesure reviendrait à passer par pertes et profits près de dix mille euros que chaque foyer fiscal a versés au continent noir depuis les indépendances. Eu égard à l'impossibilité de recouvrer la plus grande partie de ces créances, ce serait une opération vérité. Cependant, elle devrait nécessairement s'accompagner d'un bilan de la coopération et de garanties, en France et en Afrique, pour que le « grand gaspillage » ne recommence pas. C'est cet aspect politique, au moins autant que le fait comptable, qui fait hésiter les gouvernements prêteurs.

En Afrique, « l'État rentier » issu de la guerre froide se révèle incapable de vivre de ses propres ressources. Sa capacité à lever l'impôt est dérisoire, essentiellement en raison de la faible assiette fiscale – en 2002, huit cents millions d'Africains ont produit moins de la moitié des richesses créés par soixante millions de Français –, mais aussi parce que l'imposition en Afrique au sud du Sahara – de l'ordre de 10 % – est quatre fois moindre qu'en France. D'où l'engrenage fatal au début des années 90 : l'État en faillite ne payant plus ses agents, ceux-ci se livrent au racket de leurs concitoyens, surtout les « corps habillés », les soldats, les policiers et les douaniers. En 1997, la Banque mondiale publie un rapport – *L'État dans un monde en mutation* – pour reprendre à son compte ce qui, dans l'univers académique anglo-américain, est alors déjà un lieu commun : le syndrome du *state collapse* (« effondrement de l'État ») ou du *failed state* (« État défaillant ») en Afrique. Après avoir elle-même contribué à affaiblir l'État sur le continent par le « dégraissage » de la fonction publique, des coupes claires dans ses budgets sociaux et la privatisation des entreprises nationales, la Banque mondiale s'alarme d'une « perte fondamentale de capacité institutionnelle », identifiant « trois pathologies qui se recoupent en partie » : la perte de légitimité aux yeux d'une population qui s'interroge sur la raison d'être d'un État qui n'assure plus l'entretien des infrastructures, les services publics de base ou l'éducation nationale ; le pillage de l'État par ses « serviteurs », du haut en bas de la pyramide ; et la destruction du maillage administratif, par effilochage ou du fait de « conflits déstructurés », de violences endémiques. Pour sa part, la France se refuse à dresser un tel constat d'échec pour ne pas heurter ses « partenaires » africains, sa clientèle. Mais ce déni de réalité relève aussi d'un consensus national : la gauche française est foncièrement suspicieuse à l'égard de toute critique radicale des pouvoirs africains, qu'elle croit inspirée par une remise en cause des indépendances, par des velléités néocoloniales, sinon du racisme ; quant à la droite, elle rejette la faillite de « l'œuvre » de la coopération, le destin détourné de pays, sous tutelle, qu'elle prétendait viable, voire enviable. Ce n'est donc pas en France qu'on apprendrait que même au Sénégal, par tête d'habitant le pays le plus aidé de l'Afrique francophone, et peu troublé depuis l'indépendance, quatre enfants sur dix de moins de cinq ans ne sont pas enregistrés à l'état civil, que deux sur les dix mourront de toute façon avant d'atteindre cet âge, qu'en 2000, dix enfants – des survivants arrivés à l'école – devaient s'y partager un livre de calcul et qu'il aurait fallu créer trois mille cinq cents classes pour doubler le taux de scolarisation, qui n'était alors que de 35 %.

Tant d'espoirs, tant de malheurs. En 1991, au lendemain heureux de la guerre froide, le président George Bush – père – avait proclamé l'avènement d'un « nouvel ordre mondial ». Pour l'Afrique, après la débâcle américaine en Somalie deux ans plus tard, ce nouvel ordre a été marqué par son abandon aux Nations unies et aux organisations humanitaires, en raison du désengagement des anciennes puissances tutélaires, dont la France. Pour les ONG, la chute du mur de Berlin a inauguré l'âge d'or sur le continent : au cours de la dernière décennie du XXe siècle, leurs ressources ont doublé, leurs subventions publiques ont même augmenté de 128 %. Encore cette moyenne masque-t-elle des disparités : à titre d'exemple, entre 1989 et 1999, Action contre la faim (ACF) a presque décuplé son budget, qui est passé de 38 millions de francs (5,8 millions d'euros) à 334 millions de francs (51 millions d'euros) en même temps que la part des fonds publics était portée aux trois quarts des ressources. Ce sont donc les États du Nord qui, pour l'essentiel, ont financé la « diplomatie d'ambulance » sur le continent, au nom du « droit d'ingérence humanitaire » qui a été adopté, à l'initiative de la France, par un vote de l'Assemblée générale de l'ONU le 14 décembre 1990, au sortir de la guerre froide. Supplétifs d'une « politique de la pitié », brancardiers d'un ordre défaillant en Afrique, les humanitaires ont consacré trois fois plus d'argent à l'aide d'urgence qu'aux dépenses de santé ou d'éducation. Il est vrai que les frustrés de la démocratisation en Afrique, qui étaient aussi des habitués de l'assistanat de la guerre froide, mis à mal – « conjoncturés » – par le changement de la donne géopolitique, ont fini par prendre les armes. Il y a eu tellement de morts sur le continent entre la chute du mur de Berlin et les attentats contre le World Trade Center à New York – bien plus que le nombre des victimes, estimé à 6,8 millions, de toutes les violences sur le continent pendant quarante ans de guerre froide – que le politologue camerounais Achille Mbembé a appelé la période 1989-2001 « le temps du malheur[1] » en Afrique.

1. Achille Mbembé, « À propos des écritures africaines de soi », *op. cit.*

3

LE PIÈGE DE LA LOGIQUE GÉNOCIDAIRE

Le 24 décembre 1989, six semaines après la chute du mur de Berlin, la guerre africaine telle qu'elle existait du temps de la confrontation Est-Ouest est morte près de Danané, ville ivoirienne frontalière avec le Liberia. Sous « le masque de l'anarchie », le titre du remarquable livre que Stephen Ellis a publié sur le conflit libérien [1], naît une nouvelle façon de guerroyer, avec d'emblée toutes ses caractéristiques essentielles : un « seigneur de la guerre », des États commanditaires de la région, une terre à butins, une « bande » de combattants, dont des enfants (« *small boys'unit* »), qui s'adonnent à des massacres de civils, qui transforment la guerre en un carnaval sanglant, un bal travesti de l'ordre établi, une violence se suffisant à elle-même, sans cause commune avec le reste du monde... En cette nuit de la Nativité 1989, un groupe armé d'une trentaine d'hommes, commandé par un ancien haut fonctionnaire libérien poursuivi pour détournement de fonds, Charles Mac-Arthur « Ghankay » Taylor, s'infiltre dans le nord-est du Liberia. Ces combattants – des Libériens et des mercenaires, parmi lesquels des soldats réguliers « prêtés » par les États parrainant l'opération – ont été entraînés au Burkina Faso et en Libye,

1. Stephen Ellis, *The Mask of Anarchy : The Destruction of Liberia and the Religious Dimension of an African Civil War*, New York, New York University Press, 1999.

le colonel Kadhafi étant le principal bailleur de fonds de Charles Taylor. Celui-ci, ancien réfugié aux États-Unis, diplômé en économie du Bentley College dans le Massachusetts et prisonnier évadé pour échapper à son extradition, deviendra l'archétype de l'« entrepreneur politico-militaire » de l'après-guerre froide en Afrique. Son objectif : déloger de la présidence Samuel Doe et devenir, à sa place, chef de l'État. Par tous les moyens et quel qu'en soit le coût en vies humaines.

Sergent-chef arrivé au pouvoir dix ans plus tôt à la faveur d'un putsch sanglant suivi de l'exécution publique des dignitaires de l'ancien régime sur la plage de Monrovia, Samuel Doe est l'homme fort du Liberia. Il était l'allié des États-Unis, au point que Washington avait sanctifié ses élections truquées et s'était compromis dans sa gestion financière du pays en envoyant, en 1988, des « coopérants opérationnels » pour contresigner, en guise d'aval, tout décaissement de l'État libérien. Samuel Doe *était* l'allié de l'Amérique – il ne l'est plus. Six semaines ont suffi aux États-Unis pour faire leurs adieux à la guerre froide et couper les liens avec leur meilleur « ami » sur le continent. Ils vont abandonner Samuel Doe à son sort, et avec lui le Liberia, plongé dans une guerre intestine, « civile » à en juger par la vaste majorité de ses quelque cent cinquante mille victimes, « tribale » par le critère qui tranchera entre la vie et la mort, les factions armées recrutant essentiellement sur des bases ethniques. Même l'implication du colonel Kadhafi, longtemps un chiffon rouge aux yeux de Washington, n'y change rien. Les États-Unis n'interviendront pas au Liberia, la terre d'accueil de leurs esclaves affranchis au XIXe siècle, le pays qui s'était longtemps rêvé la cinquante et unième étoile du drapeau américain. En inventant une gestion de crise qui fera école, l'Amérique se borne à financer l'intervention d'une force africaine d'interposition : les « casques blancs » de la Communauté économique des États de l'Afrique de l'Ouest (CEDEAO), qui se transformeront vite en parties au conflit et prolongeront les affres des Libériens. Il faudra sept années à Charles Taylor pour entrer dans la capitale. À ce moment, en plus des morts, deux Libériens sur dix sont réfugiés à l'étranger et six sur dix sont des « déplacés internes » chassés de leur foyer.

Aurait-il été possible de protéger les Libériens d'eux-mêmes ? À cette question, les États-Unis ont répondu par la négative, sans états d'âme, même à l'été 2003, au moment de la chute de Charles Taylor, quand les habitants de la capitale assiégée déposaient les victimes du duel d'artillerie avec les rebelles aux portes de Monrovia au pied de l'enceinte de l'ambassade américaine... Entre-temps, dans la Corne de l'Afrique, Washington avait payé cher d'avoir cédé au chantage au « suicide national », à la prise d'otage d'une population civile par des *warlords* prêts à l'affamer ou à la décimer pour perpétuer leur rapine. En débarquant, le 9 décembre 1992, dans la baie de Mogadiscio, l'Amérique voulait rendre l'espoir aux Africains de l'après-guerre froide, à travers l'opération Restore Hope. Dans un pays dépourvu de toute richesse naturelle, où ils n'avaient pas d'intérêts à défendre, les États-Unis avaient vainement dépensé beaucoup d'énergie et plus de deux milliards de dollars pour – comme l'a formulé le représentant spécial des Nations unies à Mogadiscio, Mohamed Sahnoun – « tester un vaccin » : l'antidote humanitaire censé légitimer, grâce à des injections ponctuelles dans le tiers-monde, le « nouvel ordre international » du président Bush – père – auprès d'une opinion nationale et internationale émue par l'agonie dans les recoins de la planète et notamment en Afrique. L'« empire du Mal » vaincu, n'était-il pas possible de venir à bout de la faim, de la misère et des violences meurtrières chez les « damnés de la terre » ? L'échec en Somalie, où, en guise de gratitude, on leur avait tiré dessus et tué dix-huit de leurs soldats d'élite, avait réglé le problème pour les Américains.

« Il suffit de mettre un soldat blanc dans une colline pour la pacifier. » La conviction d'un officier français de l'opération Noroît résume le péché d'orgueil de la France au

Rwanda. C'était en octobre 1992. Depuis deux ans, à la suite de l'attaque lancée à partir de l'Ouganda voisin par les rebelles du Front patriotique rwandais (FPR), Paris défendait le pouvoir « ami » du général-président Juvénal Habyarimana. Il s'agissait d'une intervention comme il y en avait eu tant d'autres sur le continent depuis trente ans : quelque trois cents et par moments six cents militaires français « épaulaient » une armée incapable de mener ses opérations, à tel point que les Français montaient en première ligne, veillaient au grain sur le front, y compris en réglant les pièces d'artillerie à la bonne distance ; des instructeurs français étaient présents partout, aussi bien dans l'atelier mécanique pour réparer les véhicules qu'à l'état-major pour « faire les plans » ; à Kigali, les opposants « modérés », encouragés par la démocratisation balayant le continent, se succédaient à l'ambassade de France pour demander que Paris « enlève » le président et leur ouvre l'accès au pouvoir ; mais dans la capitale française, pas grand-monde, sauf à l'Élysée, à la défense et à la mission militaire de la coopération ne s'intéressait à ce conflit mineur, en tout cas pas le Parlement ni l'opinion publique. D'ailleurs, il n'existait pas de liens forts et anciens entre la France et le Rwanda, une colonie belge que Paris avait intégrée dans sa sphère d'influence dans les années 70, en même temps que le Zaïre et le Burundi. Pièce rapportée sur le tard, le « pays des mille collines », l'un des plus pauvres du monde, faisait alors partie de la grande « famille » francophone. La France y soutenait un président hutu qui, depuis sa prise de pouvoir sans effusion de sang en 1973, avait su gagner les faveurs de la communauté internationale. Après des années de violences antitutsies dans le pays et d'attaques répétées aux frontières par des exilés ayant fui les massacres de la « Toussaint rwandaise » du 1er novembre 1959, glorifiée par la majorité hutue comme une « révolution sociale », le Rwanda était devenu le « paradis des coopérants ». Ceux-ci y venaient en grand nombre non seulement de France mais aussi de Belgique, de Suisse et d'Allemagne, parce que, dans cette « République paysanne » vertueusement concentrée sur ses problèmes de développement, on baissait la tête pour trimer dans les collines en délaissant la politique et donc ses « divisions ». Au Burundi, le « pays jumeau » gouverné depuis l'indépendance par la minorité tutsie, d'effroyables massacres avaient fait, en 1972-1973, un nombre inconnu de victimes parmi les Hutus, puis d'autres tueries, en août 1988, environ vingt mille morts supplémentaires. Au Rwanda, où la « majorité naturelle » – 85 % de la population – était au pouvoir, ne valait-il pas la peine de faire pression en faveur d'une solution négociée, d'un partage du pouvoir ? Des négociations entre le gouvernement et la rébellion tutsie venaient d'être entamées, le 24 mai 1992, à Kampala puis, les 6 et 7 juin, à Paris. Il suffisait de tenir bon pour éviter à l'Afrique des Grands Lacs un nouveau bain de sang.

Cherchez l'erreur... Au péché d'orgueil s'ajoutent, dès 1992, des fautes d'analyse. Mais lesquelles ? Une grille de lecture « tribale » qui n'aurait pas sa raison d'être ? Il n'existe pas, en politique, de « majorité naturelle » inscrite dans les gènes ; et ce ne sont jamais « les » Hutus ou « les » Tutsis qui sont au pouvoir, mais seulement des groupes plus ou moins homogènes visant à entraîner « leur » communauté à leur profit. Mais, justement, ils y parviennent, dans l'Afrique des Grands Lacs encore mieux qu'ailleurs sur le continent, parce que, après tant de massacres dans la région, le fossé séparant Hutus et Tutsis est une réalité forte, une donnée politique indéniable. Quand la tension monte, quel meilleur vecteur de mobilisation y a-t-il que l'appartenance ethnique, qui est certes une « fausse conscience » comme diraient les marxistes (le père de la sociologie allemande, Max Weber, parle d'un « artefact politique »), mais qui représente – sur fond de douloureuses expériences – un enjeu de vie et de mort bien plus important que les divisions sociales, religieuses ou régionalistes, sans parler d'éventuels choix idéologiques ? Face à un raciste prêt à tuer, nul ne se rassurerait à l'idée – pourtant juste – que la race n'est pas un concept scientifique mais un marqueur identitaire rigoureusement indéfinissable. Qu'au lendemain des indépendances africaines, des chercheurs aient pu croire à la « banalisation sociologique » des ethnies est une chose ; qu'au début des années 90, la démocratie inscrite sur toutes les bannières ait pu nourrir l'espoir de la fin de l'histoire sanglante entre Hutus et Tutsis en est une autre. Mais tout cela ne change rien au fait que les Rwandais, loin de sortir de la prison identitaire de leur conscience ethnique, se sont au contraire « re-tribalisés » – comme beaucoup d'habitants du continent – à travers la profonde crise économique des années 80, puis une démocratisation sans défense contre les manipulations politiciennes qu'elle rendait possibles. L'engrenage de cette « re-tribalisation » a été aussi simple qu'efficace : quand le gâteau à partager diminue en même temps que le champ politique s'ouvre à la démagogie, rien ne réduit mieux le nombre des ayants droit que l'exclusion ethnique. Envisager, à l'extrême, la négation absolue des « autres », leur mort collective, est le propre de la logique génocidaire. Elle a abouti au Rwanda, en avril 1994, à l'extermination des Tutsis.

L'erreur capitale de la France – et la raison pour laquelle elle a le génocide rwandais sur la conscience – est d'avoir sous-estimé la puissance mortifère de la division entre Hutus et Tutsis. Son analyse du conflit n'était pas *trop* « tribale », mais *pas assez*. Non pas parce que la tribu constituerait l'inusable trame de la sociabilité africaine et que les « vieux démons » du tribalisme hanteraient l'indépassable horizon rouge sang au cœur des ténèbres ; mais parce que la tribu est à l'Afrique ce que la nation est à l'Europe, et le tribalisme son excès éminemment *moderne*, au même titre que l'a été – ou l'est encore – le nationalisme européen : une retenue identitaire qui rompt d'autant plus facilement que son ciment n'est qu'illusion collective. Le chercheur Jean-Pierre Chrétien dénonce le « nazisme tropical », qu'il définit dans un texte publié par la revue *Esprit* en 1998, « L'Afrique et la fin de l'ère postcoloniale », comme « la tentation d'une fuite en avant dans les populismes raciaux

[qui] répond à l'absence de solution démocratique réaliste ». Mesurant mal tout le potentiel meurtrier de la division entre Hutus et Tutsis, la France a cru que le partage du pouvoir prévu dans les accords de paix d'Arusha signés en août 1993 était une solution démocratique réaliste. Elle y a même tellement cru qu'elle n'a pas tenu compte de l'isolement international dans lequel elle poussait le régime Habyarimana à ce compromis historique, sans pression équivalente à la sienne d'une autre puissance tutélaire – les États-Unis ? la Grande-Bretagne ? – auprès du FPR ou de l'Ouganda, la base arrière de la rébellion rwandaise. En même temps, et malgré la multiplication de milices hutues extrémistes, dont les Interahamwe (« ceux qui travaillent ensemble »), elle a tragiquement sous-estimé les ressorts génocidaires du pouvoir qu'elle protégeait militairement. Celui-ci, à l'heure de vérité du compromis qu'elle cherchait à lui faire accepter, a révélé sa nature ethno-fasciste (« Hutu *power* »). Enfin, tout en diabolisant les rebelles rwandais comme des « Khmers noirs », elle a aussi sous-estimé le revanchisme tribal qui inspirait le FPR, issu de la diaspora tutsie. Dès février 1993, soit plus d'un an *avant* le génocide, le FPR a organisé une épuration ethnique à grande échelle dans le nord du Rwanda qu'il venait de conquérir et dont il faisait fuir, en y assassinant les « intellectuels » hutus, la grande masse des habitants – un million de personnes – qui déferlaient sur Kigali comme des « déplacés », menaçant de submerger la capitale. C'est alors que l'armée française a monté des « barrages filtrants », procédant à des contrôles d'identité sur la base de pièces d'identité portant la mention *Hutu* ou *Tutsi*...

Quand la France s'est rendu compte qu'elle était ferrée dans le piège ethnique, elle s'est dégagée comme les Américains l'avaient fait un an plus tôt en Somalie : en passant le témoin aux Nations unies. En octobre 1993, sous la pression de Paris, le Conseil de sécurité de l'ONU a créé la Mission d'assistance des Nations unies au Rwanda (MINUAR), autorisant le déploiement de 1 260 Casques bleus puis, rapidement, de 2 500. En décembre, le dernier soldat français a quitté le « pays des mille collines ». Quatre mois plus tard, le 6 avril 1994, le génocide débute dans les heures suivant l'attentat contre l'avion du président Habyarimana, abattu d'un tir de missile sol-air. En février 2005, les auteurs de cet assassinat n'ont toujours pas été traduits en justice, le Tribunal pénal international pour le Rwanda (TPIR) refusant, sous la pression du FPR au pouvoir à Kigali, d'instruire l'événement déclencheur du génocide. Quant à l'enquête menée depuis 2000 par le juge antiterroriste français Jean-Louis Bruguière, qui conclut à la responsabilité du FPR sur la base de preuves matérielles et de témoignages accablants, elle n'a pas encore été transmise au parquet de Paris pour décider d'éventuelles inculpations – un aboutissement qui inquiète sérieusement le gouvernement français, engagé dans une politique d'apaisement à l'égard du FPR. Or, sans relativiser en rien la culpabilité des planificateurs et exécutants du génocide, l'enjeu de l'attentat du 6 avril est de taille : dans le climat d'extrême tension qui régnait en avril 1994 au Rwanda, personne ne pouvait ignorer que l'assassinat du chef de l'État et de ses plus proches collaborateurs allait mettre en marche la machine à tuer qui était déjà en place. Les « Tutsis de l'intérieur », qui n'avaient pas fui le pays malgré la discrimination qu'ils y subissaient et qui avaient tout à espérer d'une réconciliation nationale au sein d'un Rwanda démocratique, ont été exterminés en cent jours d'un massacre planifié qui a fait un million de victimes. Ce premier génocide en terre africaine s'est déroulé non pas à l'insu du monde, mais en direct – *live* – devant des caméras de télévision, sous les yeux des envoyés spéciaux de nombreux journaux. Après deux longs mois d'une tuerie de masse à ciel ouvert, qui n'a provoqué d'autre réaction de la communauté internationale que... le retrait des Casques bleus belges, réduisant la forces de l'ONU à un effectif croupion, la France est intervenue, le 21 juin 1994. Mais c'était trop tard et, surtout, elle était la moins bien placée pour le faire. Son opération Turquoise a été une erreur politique, à tous points de vue : montée à partir de l'est du Zaïre avec l'autorisation du maréchal Mobutu, elle a remis en selle le dictateur auparavant *persona non grata* à Paris ; décidée six mois seulement après le départ des soldats français qui, pendant des années, avaient encadré et soutenu (« jusqu'à la limite de l'engagement direct », selon le rapport de la mission d'information parlementaire, en 1998) les forces du président Habyarimana, devenues les bras armés du génocide, elle ne pouvait que nourrir des soupçons, légitimes au regard de ce passé et de ses dramatiques conséquences. D'autant plus que le FPR, après avoir conquis le pouvoir en juillet 1994, a exploité la mauvaise posture d'une France accusée de « complicité de génocide » pour établir son règne de terreur sur le Rwanda en neutralisant la puissance étrangère la plus engagée dans le pays. Trop tardivement, l'Assemblée nationale française s'est livrée à un examen de conscience – honnête – des responsabilités françaises dans la tragédie rwandaise. Les soupçons s'étaient alors déjà mués en une suspicion entretenue par le nouveau pouvoir à Kigali. Dans ce contexte, la bonne foi a fait naufrage : Turquoise n'est plus une intervention militaro-humanitaire mandatée par les Nations unies pour deux mois, en attendant le déploiement d'une force d'interposition et d'aide humanitaire de cinq mille cinq cents Casques bleus – la MINUAR 2 – que le Conseil de sécurité avait décidé dès le 17 mai, mais sans parvenir à mettre sur pied cette force ; l'opération aurait visé, sinon la reconquête du Rwanda pour le compte des tueurs, l'« exfiltration » de ces derniers au Zaïre. En réalité, la frontière avec le Zaïre était ouverte et bien davantage de Hutus – huit cent cinquante mille – l'ont franchie au nord, autour de Goma, plutôt qu'au sud – trois cent cinquante mille –, sanctuarisé par l'opération Turquoise comme une « zone humanitaire sûre ».

Il ne s'agit pas d'exonérer la France ou d'instruire le procès du FPR. Seuls importent ici la problématique génocidaire et le rapport de forces – politique, militaire, propagandiste... – entre un acteur local et une puissance étrangère dans l'Afrique de l'après-guerre froide. Sous cet angle, trois leçons générales se dégagent de la débâcle française au Rwanda. D'abord, sur un continent qui n'est plus structuré par une matrice géopolitique et qui ne relève donc plus d'un arbitrage international capable de s'y faire respecter, des interventions extérieures ponctuelles sont condamnées à l'échec aussi sûrement que la tentative de tracer une ligne droite dans un espace courbe. Ensuite, précisément en raison de l'ordre mondial défaillant en Afrique, une « double morale » s'instaure entre, d'une part, les responsabilités des puissances étrangères au continent, jugées à l'aune des normes internationales, et, d'autre part, les acteurs locaux, qui évoluent dans une « zone franche » éthique et judiciaire : bien qu'ils soient responsables de la mort de dizaines de milliers de personnes, ni Charles Taylor, ni l'ancien président tchadien Hissène Habré, ni le « négus rouge » d'Éthiopie Hailé Mengistu Mariam, ne doivent répondre de leurs crimes devant un tribunal et, pour le moins, ne sont aussi activement recherchés que le Serbe bosniaque Radovan Karadzic ; bien que son mouvement rebelle se soit rendu coupable, dans l'Ituri, de « crimes de guerre et crimes contre l'humanité » documentés par une enquête des Nations unies, Jean-Pierre Mbemba a pu devenir vice-président au Congo-Kinshasa ; bien que le Rwanda ait violé, à répétition, la frontière avec le Congo-Kinshasa, qu'il ait par deux fois porté la guerre chez son voisin dont il pille le sous-sol, comme l'attestent cinq rapports successifs d'un groupe d'experts de l'ONU, ces atteintes à la légalité internationale ne tirent pas à conséquence. Enfin, du fait de cette « double morale », des alliances – politiques et, à plus forte raison, militaires – sont devenues impossibles entre un « partenaire » africain et une puissance extérieure sans que cette dernière ne risque de se couvrir d'opprobre. En mai 1997, lors d'un colloque du Centre d'étude d'Afrique noire (CEAN) à Bordeaux, le chercheur André Guichaoua a tiré cette leçon, rétrospectivement, pour la France au Rwanda : « Sans revenir sur le génocide rwandais dont la dimension et les responsabilités sont internationales, nous retiendrons qu'il ne s'agit pas simplement pour la diplomatie française d'un revers local, mais de la mise en cause radicale d'une forme de présence désormais inadéquate ou anachronique auprès de forces politiques qui n'hésiteront pas à recourir aux formes de violence les plus extrêmes et systématiques. Au-delà des erreurs politiques, de la défaite militaire, la France se voit disqualifiée moralement pour ne pas avoir voulu se démarquer à temps de ses "amis" coupables de génocide. »

Après la chute du mur de Berlin, il n'y a plus d'« amis » vraiment sûrs nulle part en Afrique. La logique génocidaire défigure le visage d'un continent où l'on tue par peur d'être tué le premier, du seul fait d'appartenir à la « mauvaise » ethnie : aux suppliciés à la machette du Rwanda et aux quelque trois cent mille morts au Burundi depuis 1993 s'ajoutent les plus de quatre millions de victimes des deux guerres régionales sur le sol du Congo-Kinshasa, entre octobre 1996 et mai 1997 puis entre août 1998 et novembre 2003 ; sans compter les tués en Somalie, un pays sans État depuis 1991, au Liberia, en Sierra Leone ou au Congo-Brazzaville, où des centaines de milliers d'habitants de la capitale, traqués par leur propre armée, ont vécu dans la forêt en se nourrissant de racines et de baies sauvages... Si la proportion des civils tués par rapport aux militaires (neuf sur dix, l'inverse d'il y a un siècle) n'est pas exceptionnelle en Afrique, elle l'est par le nombre des victimes de ses conflits « déstructurés » : quelque huit millions entre 1989 et 2001, soit autant de morts qu'au cours de la Première Guerre mondiale. Dans l'Afrique de l'après-guerre froide, l'État « effondré » a perdu son monopole de la violence légitime – soit parce qu'il est trop faible pour défendre ce monopole, soit parce que la violence qu'il exerce est tellement excessive qu'elle perd toute légitimité. Dans le premier cas, la violence est *de facto* « privatisée ». Elle passe aux mains d'agents de l'ordre corrompus, de bandits, de rebelles ou de « seigneurs de la guerre ». Depuis la dislocation de l'URSS, le pullulement d'armes légères dans le monde – environ cinq cents millions

– a amplifié cette tendance en submergeant le continent de kalachnikovs bon marché, vendues trente dollars à Mogadiscio ou à Bouaké, la « capitale rebelle » de la Côte d'Ivoire. Dans le second cas, quand la violence étatique s'avère aveugle ou excessive, l'État devient criminel et, s'il persiste, il devient un « paria » de la communauté internationale, pointé du doigt par des organisations pour la défense des droits de l'homme et, *in fine*, sanctionné par les Nations unies. Pris dans un cercle vicieux, il n'a dès lors guère d'autre choix que de s'associer avec ses semblables : des « États voyous », des réseaux de blanchiment d'argent, des aigrefins de plus ou moins haut vol, des trafiquants d'armes ou de drogue...

Pour la France, l'Afrique de l'après-guerre froide devient de moins en moins fréquentable, notamment dans le domaine sensible de la sécurité. En effet, comment apporter une assistance militaire à un État coupable de massacres ? Comment encadrer une garde présidentielle qui torture ? En même temps, si les forces de l'ordre africaines étaient « fiables », nul besoin de leur envoyer des coopérants. Ce n'est pas l'armée suisse qui a besoin d'encadrement... Face à ce dilemme, qui en est surtout un pour les États africains, un mercenariat d'un nouveau type éclôt et fleurit dans les années 90 : la société sud-africaine Executive Outcome, qui troque ses services contre l'exploitation de matières premières, devient le porte-étendard continental de cette sécurité à gage ; dans le « pré carré » de la France, la privatisation s'opère sur un mode plus ambigu, d'anciens serviteurs de l'État français se faisant employer par des chefs d'État africains en laissant entendre qu'ils sont toujours en « service commandé ». L'exemple des quatre anciens membres de la « cellule antiterroriste » auprès de François Mitterrand est, à ce titre, édifiant : trois d'entre eux ont pris une retraite active et dorée sur le continent. Le plus connu d'entre eux, l'ancien numéro 2 de la « cellule » de l'Élysée, le capitaine Paul Barril, crée en octobre 1983, dès son départ de la présidence française à la suite de l'affaire des Irlandais de Vincennes, la société SECRETS, domiciliée avenue de la Grande-Armée à Paris. Il y est associé, jusqu'en janvier 1990, avec un autre membre de la « cellule » élyséenne, également issu du Groupe d'intervention de la gendarmerie nationale (GIGN), Pierre-Yves Gilleron. Ailleurs dans Paris, un magasin d'équipement, Security Action Store (SAS), est géré par le fils du capitaine Barril, frais émoulu de Saint-Cyr. Ainsi est offert un service intégré, qui va du renseignement à la formation de brigades anti-émeutes et à la vente de matériel de sécurité en tout genre : de la valise pour écoutes téléphoniques à la veste pare-balles. Paul Barril, surnommé « Popol », se présente alors comme le dernier recours des chefs d'État africains n'ayant plus confiance en la « France officielle ». Un argument de vente qui fait mouche au Cameroun, où le président Paul Biya confie sa sécurité personnelle à des Israéliens depuis un coup d'État fomenté par des officiers musulmans du Nord qui a failli lui coûter son pouvoir, en avril 1984. En 1992, le capitaine signe avec lui deux contrats : l'un pour sa protection rapprochée, l'autre pour la formation d'éléments de l'armée camerounaise à la lutte anti-émeutes. Quatre ans plus tard, Paul Barril assure aussi une partie de la sécurité du sommet de l'Organisation de l'unité africaine (OUA) qui se tient à Yaoundé. N'ayant pas froid aux yeux, il s'improvise « observateur » de l'élection présidentielle du 12 octobre 1997 en certifiant à un journal de la place, *La Nouvelle Expression*, « la transparence absolue du scrutin », saluant « la victoire de Monsieur le Président Paul Biya qui a récolté plus de 92 % des suffrages, un vrai plébiscite ». Il n'obtient pas pour autant le pactole que représente la sécurité du futur oléoduc reliant le Tchad au Cameroun. À cette occasion, il rivalise avec son ex-patron à l'Élysée : Christian Prouteau. Nommé préfet « hors cadre » à sa sortie de la présidence française, l'ancien délégué à la sécurité des Jeux olympiques d'Albertville a été recommandé par l'ancien ministre de l'Intérieur, Charles Pasqua. Mais finalement, aucun des deux anciens mousquetaires de l'Élysée ne se voit attribuer le contrat convoité.

Christian Prouteau ne travaille que ponctuellement sur le continent. En revanche, Paul Barril y multiplie les contrats : par exemple au Rwanda, avec le président Habyarimana et, après l'attentat du 6 avril 1994, avec la famille du défunt, à qui le capitaine ramène de Kigali la – fausse – « boîte noire » du Falcon 50 abattu et les – vrais – enregistrements de la tour de contrôle, qui nourriront l'enquête du juge Bruguière ; ou en Centrafrique, avec Ange-Félix Patassé, dont il est le « conseiller en matière de sécurité », nommé à l'issue d'un Conseil des ministres. Par rapport à ce vedettariat effervescent, Pierre-Yves Gilleron cultive la constance à Brazzaville. S'étant brouillé avec « Popol », il a créé sa propre société, IRIS, et entre, le 21 décembre 1992, au service du président congolais Pascal Lissouba, qui l'appointe par décret « conseiller spécial pour les affaires concernant la sécurité nationale ». Pendant cinq ans, collé devant son ordinateur dans une pièce attenante au bureau du chef de l'État, l'ex-commissaire de la DST française, promu en 1987 à l'Élysée, soigne ses fiches. Recommandé à ce poste par André Tarallo, alors le « monsieur Afrique » d'Elf, Pierre-Yves Gilleron prouve le caractère officieux de la sécurité « privée » franco-africaine : grâce à lui, le président congolais obtient en 1993 l'envoi de cinq membres du GIGN pour former sa garde présidentielle. Initialement, Paris n'avait pas accédé à cette demande, Pascal Lissouba refusant tout droit de regard des officiers français sur le recrutement de sa garde – qui, à l'arrivée, sera donc aussi tribale qu'il l'avait voulue... Quant au dernier membre de l'ancienne « bande des quatre » à l'Élysée, Robert Montoya, un spécialiste des écoutes téléphoniques qui, en 1987, s'était fait prendre les mains dans les fils du standard du Conseil supérieur de la magistrature (CSM), en février 2005 il exerçait toujours ses talents à Lomé, où il est installé. *Via* le port de la capitale togolaise, il a assuré l'acheminement d'une partie des équipements nécessaires à la construction du pipeline Tchad-Cameroun. Conseiller en acquisition de matériel militaire du président Laurent Gbagbo, il confirme avoir fourni aux forces armées ivoiriennes des camions de transport mais dément formellement avoir participé à l'achat des Sukhoï qui, en novembre 2004, ont bombardé le poste de l'armée française à Bouaké.

Il est loin le temps où le faux mercenaire français Gilbert Bourgeaud, alias « Bob » Denard, était un vrai corsaire de la République !

4

L'ATLANTIDE DU CRIME

Pour la « Françafrique », c'est la part d'ombre honteuse nichée au cœur d'une relation intime : le financement des partis ou des hommes politiques en France. Tout le monde sait, ou croit savoir, que cela existe, a « toujours » existé. Aux moments perdus d'un aparté, des chefs d'État africains peuvent y faire allusion, en un clin d'œil, dans la fugacité d'un sous-entendu, mais sans jamais mordre la ligne rouge du fait établi, précis. D'autres s'en chargent, comme cet ancien agent des services secrets français, longtemps en poste dans un pays d'Afrique centrale, qui relate des remises de valises d'argent en sa présence, raille les passages de chefs de parti, « toutes tendances confondues », dont aucun ne serait « reparti les mains vides ». Ou comme cet intermédiaire africain, « porteur de valises » justement, qui s'amuse à préciser, « à la liasse de cent mille près », combien de francs CFA entrent dans une Samsonite standard, « avant et après la dévaluation » de la monnaie commune africaine en 1994. Mais il n'y a jamais de preuve matérielle, jamais personne qui veuille assumer sa parole publiquement. L'argent « noir » n'a pas de comptables, dans tous les sens du terme, sauf un, scrupuleux et insoupçonnable, qui n'a curieusement pas fait le bonheur des enquêteurs frustrés depuis quarante ans : Jacques Foccart. Dans le cinquième tome de son *Journal de l'Élysée* [1], le secré-

1. Jacques Foccart, *Journal de l'Élysée*, *op. cit.*

taire général de la présidence chargé de l'Afrique livre le compte rendu de l'entretien qu'il a eu, le 20 février 1973, avec le président Georges Pompidou. La France est alors à la veille d'un scrutin législatif incertain. « Quant à Houphouët-Boigny, comme la plupart des chefs d'État africains préoccupés par les élections françaises et leurs résultats, note-t-il, il m'a fait parvenir une assez forte somme (je lui indique le chiffre) pour aider la campagne. Ce n'est pas la première fois qu'il agit ainsi. J'en prendrai une partie pour la campagne et je lui rendrai le reste. Il faut en retenir que c'est un homme extrêmement gentil. » Voici donc le financement occulte frappé du sceau officiel de la République, même si l'on eût aimé plus de précisions...

L'intégrité personnelle de Jacques Foccart n'a jamais été atteinte par le scandale. Mais dans la mesure où l'histoire franco-africaine se résume à la chronique d'une « France à fric », à l'argent sale qui circule entre l'ex-métropole et ses anciennes colonies, Jacques Foccart est le grand prêtre de cette corruption institutionnalisée, du « système » qu'il a mis en place et si longtemps fait fonctionner. À ce titre, *le* scandale de la « Françafrique », la preuve d'une collusion financière organique instaurée pour survivre aux gouvernements et à ses dirigeants du moment, est « l'affaire Elf ». Mais d'autres affaires illustrent, dans le langage cru de Céline dans *Voyage au bout de la nuit*, comment, dès qu'ils échappent aux « grisailles pudiques d'Europe », tant de gens bien sont « émoustillés par la fièvre ignoble des tropiques ». Une avidité cupide se tapit au fond des rapports avec l'Afrique, au creux d'une petitesse humaine en quête de butins... Ainsi, le 30 novembre 1970, quand Jacques Foccart et Yvon Bourges, alors secrétaire d'État à la Coopération, se rendent à Bangui, en compagnie de leurs épouses, pour une réconciliation avec l'irascible Jean-Bedel Bokassa, la grandeur voulue de cette visite – avec un défilé sur l'avenue Bokassa, l'ancienne piste d'aviation, et un dîner de quatre mille couverts dans les jardins de la présidence qui s'achève sur une retraite de la délégation française au son de la

Marche lorraine exécutée par une fanfare centrafricaine... – se révèle-t-elle trivialement inégale au moment de l'échange des cadeaux officiels. Le président centrafricain reçoit une boîte à cigarettes et des boutons de manchettes ; « chargé de cadeaux en retour », Jacques Foccart rend compte dans son *Journal de l'Élysée* de son tête-à-tête avec le président Pompidou : « Je sors de ma serviette une grande boîte rouge dans laquelle il y a des bijoux en or, et de mes poches deux bracelets qui sont trop grands pour entrer dans cet écrin. “C'est de la folie, ils exagèrent, pourquoi font-ils cela ?” J'ai quand même l'impression que Pompidou est content[1]. » On est déjà loin de l'austère rigidité d'un Charles de Gaulle, enterré depuis à peine un mois. Selon le témoignage de l'ambassadeur de France Albert de Schonen, alors en poste à Bangui, Jacques Foccart et Yvon Bourges auraient même reçu « des écrins avec des diamants ». Interrogé trente ans plus tard, Yvon Bourges affirmait ne pas s'en souvenir. C'était aussi la première réaction du président Valéry Giscard d'Estaing lorsque, en 1979, *Le Canard enchaîné* lui a rappelé les cadeaux qui lui avait été remis par son « cher parent » Bokassa au début des années 70, quand VGE était encore ministre des Finances. Ayant dressé – bien trop tard – l'inventaire des plaquettes de « brillants » qu'il avait acceptées lors de ses passages à Bangui, Valéry Giscard d'Estaing s'en tiendra à un effleurement proustien du sujet dans le deuxième tome de ses Mémoires, *Le Pouvoir et la Vie* : « C'est vrai que j'aime l'Afrique. Cet amour a eu des conséquences sur le cours de ma présidence[2]. » Moins élégant, mais aussi moins élusif, Maurice Robert expédiera « l'affaire des diamants » dans ses souvenirs d'un commentaire péremptoire : « Bongo offrait à ses hôtes étrangers une carte du Gabon en or dix-huit ou vingt carats. Jamais personne n'en a fait un drame[3] ! »

L'ancien chef du service Afrique du SDECE, employé d'Elf et ambassadeur de France, est un bon exemple des

1. *Ibid.*
2. Valéry Giscard d'Estaing, *Le Pouvoir et la Vie*, vol. 1, *op. cit.*
3. Maurice Robert, *Maurice Robert, « Ministre » de l'Afrique*, *op. cit.*

petits arrangements entre amis qui étaient la règle du temps du fonctionnement « normal » du système franco-africain. En 1977, l'année du raid monté par Bob Denard au Bénin marxiste, Maurice Robert crée une société de surveillance et de garde rapprochée, Horus, au sein de laquelle s'associent son fils, Jean-Christophe Robert, et le fils du mercenaire, Philippe Denard. De son propre aveu, le principal client de Horus, « et de loin », était le président gabonais Omar Bongo, mis en cause comme bailleur de fonds de l'équipée manquée de Bob Denard au Bénin. En 1979, juste avant d'être nommé « haut représentant de la France » au Gabon, Maurice Robert demande à Philippe Denard de sortir du capital de la société filiale. Laquelle cesse d'exister en 1981, lorsque la gauche, arrivée au pouvoir en France, rappelle l'ambassadeur à Libreville. S'ensuivent trois années d'emploi fictif chez Elf. Retraité à partir de 1984, Maurice Robert s'engage alors dans l'intermédiation, à travers Saba Conseil, spécialisée dans la mise en contact de sociétés françaises et de dirigeants africains. Alors qu'il est devenu « conseiller officieux » du ministre de la Coopération Michel Aurillac après le retour de la droite aux affaires en 1986, le cumul de ces activités s'avère ruineux : avant de dissoudre Saba Conseil en 1989, Maurice Robert met un point d'honneur à éponger les dettes de la firme pour éviter sa mise en faillite (« c'eût été infamant »). Ce qui permettra à l'octogénaire, à l'heure des confidences faites à André Renault, de protester d'une fougue aussi verte que vertueuse de sa probité : « Vivrais-je comme je vis, vivrais-je où je vis, si je m'étais laissé séduire, durant ces décennies passées avec mes amis africains, par les armées de corrupteurs qui sévissent sur le continent... et ailleurs[1] ? »

L'affaire du Carrefour du développement prouve que la gauche au pouvoir ne demeure pas en reste dans les tripatouillages franco-africains. Le détournement de fonds opéré à travers l'association qui donne son nom au scandale se double d'une « manip » politique franco-française. En 1986,

1. *Ibid.*

au début de la première cohabitation qui voit la droite revenir au gouvernement, la Cour des comptes révèle qu'une partie des 80 millions de francs (12,2 millions d'euros) destinés au financement du sommet franco-africain à Bujumbura deux ans plus tôt a été détournée *via* l'association Carrefour du développement (ACAD). Celle-ci avait été créée en 1983 par le ministre socialiste de la Coopération, Christian Nucci, qui en avait confié la gestion à son chef de cabinet, Yves Chalier. Saint-cyrien, titulaire d'une maîtrise d'histoire et d'un DESS d'économie, Yves Chalier a « probablement appartenu au SDECE », affirme dans ses Mémoires[1] Guy Penne, alors conseiller Afrique à l'Élysée. Quoi qu'il en soit, la fuite au Mexique du pivot de l'affaire est digne d'un roman d'espionnage : avant de quitter la France grâce à un vrai-faux passeport que lui a fourni un policier proche de Charles Pasqua, Jacques Delebois, Yves Chalier fait déposer dans la boîte aux lettres personnelle du nouveau ministre – gaulliste – de la Coopération, Michel Aurillac, une note manuscrite dans laquelle il déclare avoir disposé des millions détournés sur instruction du ministre Christian Nucci pour couvrir certaines opérations des services secrets. Voilà de quoi nourrir les poursuites engagées par Michel Aurillac, à la suite du rapport de la Cour des comptes. Ce qui fait dire à Guy Penne que « quelle que soit par ailleurs la gravité des irrégularités financières constatées, il s'agit d'une offensive en règle pour empêcher François Mitterrand de se présenter à l'élection présidentielle de 1988. Pour la droite, il fallait discréditer la gauche et favoriser du même coup la candidature de Jacques Chirac. À gauche, le scandale faisait l'affaire de ceux qui voulaient soutenir Michel Rocard. » Mais cette « complicité objective » pour « abattre François Mitterrand » que Guy Penne met en avant éclipse les faits incriminés, qui ne sont pas anodins : les fonds d'aide détournés n'ont pas seulement permis de financer une opération clandestine dans le nord du Tchad, où des mercenai-

1. Guy Penne, *Mémoires d'Afrique (1981-1988), entretiens avec Claude Wauthier, op. cit.*

res devaient abattre des avions libyens avec des missiles Milan ; mise en place grâce à un système de surfacturation, la trésorerie parallèle et le cash récupéré ont aussi servi à rémunérer du personnel « hors organigramme », à acheter une voiture blindée pour le président de la République, voire à payer le plein de kérosène pour le – courageux – retour chez lui du chef d'État mauritanien Mohamed Ould Haïdallah, renversé en plein sommet de Bujumbura ; une somme non négligeable, 1,5 million de francs (230 000 euros), a été consacrée à l'impression des affiches électorales de Christian Nucci à Beaurepaire, la ville dont il était le maire ; une autre, environ 10 millions de francs (1,5 million d'euros), pour rénover un château dans le Loir-et-Cher supposé devenir un centre de formation pour des cadres africains à en croire ses propriétaires, et pour acquérir des appartements et des voitures à deux amies d'Yves Chalier... Au bout du tunnel judiciaire, Yves Chalier a été condamné à cinq ans de prison ferme et au remboursement de 20 millions de francs (3 millions d'euros). Pour la délivrance du « vrai-faux » passeport, le policier Delebois a été sanctionné de quatre mois de prison avec sursis. Quant à Christian Nucci, qui a dû rembourser 1,5 million de francs (230 000 euros), il a échappé à la Haute Cour de justice et gardé la confiance de ses électeurs d'Isère qui l'ont réélu maire de Beaurepaire et au conseil général du département.

Aucune suite judiciaire n'a été réservée aux divers trafics d'influence dont a été accusé par la presse Jean-Christophe Mitterrand, du temps où il était conseiller de son père à l'Élysée, jusqu'en 1992. Il faut donc présumer que son ami de vingt-cinq ans Jean-Pierre Fleury a obtenu de lucratifs contrats de communication dans des pays où le fils de François Mitterrand cultivait de solides amitiés à la présidence, tels que le Togo, le Cameroun, le Congo-Brazzaville et la Côte d'Ivoire, sans que « Papa-m'a-dit » n'y fût intervenu en sa faveur, alors que l'épouse de Jean-Christophe, Élisabeth Mitterrand, était employée par ADEFI, la société de Jean-Pierre Fleury ; une supposition à laquelle ont d'autant plus facilement adhéré la plupart des médias français que nombre d'entre eux – *Le Monde*, *Le Figaro*, RFI... – effectuaient à l'époque une bonne partie de leurs reportages en Afrique sur invitation d'ADEFI ou de ses gouvernements clients (contrairement à *Libération*, qui a révélé ces connivences). Il faut également supposer que Jean-Christophe Mitterrand ne savait pas que les cinquante missiles sol-air de type Mistral exportés en décembre 1988 au Congo-Brazzaville, avant même que l'armée française ne fût dotée de ces nouveaux engins, étaient en réalité destinés à l'Afrique du Sud, qui les a effectivement reçus, en violation d'un embargo d'armes international imposé au pays de l'apartheid. Enfin, il faut croire que Jean-Christophe Mitterrand, malgré son amitié avec Serge Varsano et Georges Kentzler, respectivement PDG et « monsieur Afrique » de la maison de négoce française Sucres et Denrée (Sucden), n'était pour rien dans le déblocage, sur un simple coup de fil de François Mitterrand le 23 décembre 1989, d'un prêt spécial de 400 millions de francs (61 millions d'euros) qui a permis à Sucden d'acheter 400 000 tonnes de cacao ivoirien, et ainsi de damer le pion à son rival américain Philip Brothers (Phibro).

À droite, le délitement du gaullisme et, vers la fin de la deuxième cohabitation en 1995, le « combat des chefs » qui dressera les inconditionnels de Jacques Chirac contre les partisans d'Édouard Balladur effilochent les réseaux franco-africains. Fort de sa position de ministre de l'Intérieur de la deuxième cohabitation et de sa « corsitude », Charles Pasqua tente, en 1992, de coiffer l'empire des jeux de fortune dans l'ex-Afrique française d'une « zone franche financière » à São Tomé et Príncipe, l'archipel au large du Gabon. Pour ce faire, il s'appuie sur une implantation corse très ancienne, notamment celle de la famille Feliciaggi au Congo-Brazzaville. Directeur des postes et télécommunications à Pointe-Noire, au temps des colonies, le père de Robert et Charles Feliciaggi était resté affecté pendant trente ans dans la deuxième ville congolaise, la fenêtre sur l'Atlantique. Ses enfants y avaient fait fortune dans l'import-export et dans la pêche. Après l'indépendance et, surtout, après l'arrivée au pouvoir du colonel Denis Sassou N'Guesso en 1979, les « frères Feliciaggi » constituaient un pilier de la présence française au Congo. « Dans les années 80, il n'y avait pas de contrat qu'une entreprise française, publique ou privée, ait obtenu sans nous, pouvait se targuer Robert Feliciaggi. Tout le monde venait nous solliciter : "Il faut absolument que la France décroche ce contrat." Eh bien, nous avons fait le nécessaire[1]... » Se disant « amis depuis toujours » avec « tonton » Tarallo chez Elf, et Daniel Léandri, le « frère » dans l'entourage de Charles Pasqua, les Feliciaggi ont rendu service et se sont prévalus de hautes protections. Dans les années 90, ils ont bâti – avec d'autres Corses, en particulier au Cameroun et au Tchad – un univers intégrant, à l'instar de poupées gigognes, salles de jeux, casinos, PMU et loterie nationale. Pour couronner le tout, Charles Pasqua défend l'idée d'une zone franche financière à São Tomé. Le 10 décembre 1992, un protocole d'accord est signé entre le gouvernement são-toméen et le promoteur de ce projet, Jean-François Dubost, qu'il a recommandé. Quand la presse française révèle que ce dernier est déjà associé en affaires avec le fils unique du ministre, Pierre-Philippe Pasqua, le projet se perd dans les sables.

De telles initiatives engagent-elles la France ? Ou, au contraire, sont-elles un indice révélateur des liens qui se distendent avec l'Afrique, à tel point que les mieux placés y jouent désormais leur carte individuelle plutôt qu'une partition d'État ? Ces questions se posent aussi pour l'« Angolagate », l'exportation illicite d'une grande quantité d'armes – d'une valeur totale de six cent trente-trois millions de dollars – à partir de novembre 1993, impliquant à la fois le ministre Pasqua et Jean-Christophe Mitterrand. C'est un immense scandale, mais ce n'est pas une affaire « françafricaine ». Lorsque Jean-Bernard Curial, le délégué à l'Afri-

1. Antoine Glaser, Stephen Smith, *Ces messieurs Afrique*, vol. 2, Paris, Calmann-Lévy, 1997.

que australe du Parti socialiste, se rend à l'Élysée pour presser son « camarade » Bruno Delaye, conseiller Afrique à la présidence, de fournir une aide militaire d'urgence au pouvoir assiégé d'Eduardo dos Santos en Angola, il essuie une fin de non-recevoir. En raison de ce refus, précisément, il s'adresse à Jean-Christophe Mitterrand, qui n'occupe alors plus aucune fonction officielle mais lui fournit les coordonnées de Pierre Falcone, un marchand d'armes plutôt actif en Amérique latine et déjà bien introduit au ministère de l'Intérieur auprès de Charles Pasqua. Le permis d'exportation qu'obtient Pierre Falcone concerne des armes qui ne sont pas de fabrication française et ne transitent même pas par l'Hexagone. Simplement, la société de Pierre Falcone – Brenco – est domiciliée à Paris. Enfin, quand l'« Angolagate » est découvert par la justice et fait l'objet d'une instruction menée par les juges Philippe Courroy et Isabelle Prévost-Desprez, le ministre de la Défense, Alain Richard, appuie leur procédure en déposant plainte, le 26 janvier 2001, pour « trafic d'armes ». Cette décision est jugée « inamicale » par Luanda. C'est alors, et alors seulement, que le scandale devient une affaire d'État. Parce que le président dos Santos défendra son « fondé de pouvoir » Pierre Falcone, mis en prison en France. Pour le protéger et mettre Paris sous pression, il lui conférera un statut diplomatique et exercera des représailles, dans son pays, contre la compagnie française Total. Pour le moins, Paris n'a donc pas fait preuve d'une intimité incestueuse et affairiste avec l'eldorado pétrolier d'Afrique australe, qui est, au demeurant, une ancienne colonie portugaise, bien étrangère au « pré carré » traditionnel de la France.

Le contraste est saisissant avec l'affaire Elf, qui est *le* scandale de la « Françafrique », non pas dû à des intérêts particuliers qui se mêlent aux affaires de l'État, mais intrinsèque au système néocolonial mis en place entre l'ex-métropole et ses anciennes possessions sur le continent. Quand le nouveau PDG de la compagnie pétrolière, Philippe Jaffré, dépose plainte contre X pour abus de biens sociaux, provoquant l'ouverture, le 29 décembre 1993, d'une information judiciaire, il secoue les colonnes du temple franco-africain. En réalité, il n'a guère le choix : à la suite d'une enquête diligentée par la Commission des opérations de Bourse (COB), il doit prendre les devants pour « charger » son prédécesseur, Loïk Le Floch-Prigent. Tout le reste – les inimitiés personnelles, le règlement de comptes triangulaire entre le balladurien Jaffré, le socialiste « Pink Floch » et les chiraquiens – est secondaire. L'essentiel, c'est de gagner du temps pour faire la part du feu. D'ailleurs, pendant qu'elles font l'objet d'une instruction fortement médiatisée, les pratiques incriminées d'Elf se perpétuent là où elles restent vitales pour les intérêts de la compagnie et de la France : en Afrique. Au bout du compte, la clameur d'une instruction à dossier ouvert aura couvert la mort tranquille d'« Elf-Africaine », qui sera absorbée par Total.

Les investissements à fonds perdus dans le groupe industriel Maurice Bidermann amorcent le scandale, en impliquant aussitôt une filiale luxembourgeoise d'Elf Gabon, la CPIH. La charge est lourde. Selon l'instruction du juge Renaud van Ruymbeke, la perte nette subie par Elf s'évalue entre 470 et 530 millions de francs (71 et 81 millions d'euros). Mais le pire est à venir. Une France estourbie découvre les vasques concentriques d'une gigantesque fontaine d'argent « noir », qui arrose toute la classe politique, gauche et droite confondues, sinon l'establishment dans son ensemble. Elle attrape le vertige dans une vaste tuyauterie financière dont les têtes de siphon sont vissées sur les puits de pétrole de ses anciennes colonies d'Afrique. Ces « pompes à fric » alimentent en sommes mirifiques des comptes à l'étranger, notamment en Suisse et au Liechtenstein, d'où l'argent de la corruption – commissions, rétro-commissions, vrais pots-de-vin et faux salaires... – est ventilé dans le monde entier. Des personnages hauts en couleur, protagonistes d'une série à rebondissements, animent cet univers inconnu du grand public : un PDG breton, Loïk Le Floch-Prigent, rompu aux secrets d'État (« Ne prenez pas de notes, ce que je vais vous dire est important ») ; le « Foccart du pétrole », André Charles Napoléon Tarallo, né en 1927 à Centuri, condisciple de Jacques Chirac à l'ENA, le « monsieur Afrique » d'Elf depuis trente ans et « mandataire » de nombreux présidents du continent noir ; le « joker » Alfred Sirven, amené par Le Floch-Prigent et chargé des « affaires générales » à la direction d'Elf, l'homme qui se fit braquer son portefeuille alors qu'il se promenait à Paris avec une valise bourrée d'argent, et qui s'enfuit à Manille pour revenir, quatre ans plus tard, en plein procès d'Elf...

Ce fut un vrai spectacle. Neuf ans après le début de l'instruction, le rideau tombe sur une scène franco-africaine à peine éclairée. En 2002, dans son rapport de conclusion, le juge van Ruymbeke écrit : « L'information a révélé que, depuis de nombreuses années, la société Elf, comme d'autres compagnies pétrolières, avait mis en place un système opaque de versement de commissions destinées à rémunérer, *via* des intermédiaires, des personnalités africaines dans le cadre de sa politique pétrolière. Ce système fonctionnait sous le contrôle de l'État, la société Elf étant à l'époque une société publique. Ce système existait bien avant l'arrivée de M. Le Floch-Prigent, le 29 juin 1989, et a perduré après son remplacement par M. Jaffré, le 4 août 1993. Le rôle de M. Tarallo, dans ces opérations, était central, celui-ci ayant la haute main sur les relations du groupe avec les chefs d'État africains, notamment au Gabon, au Congo et en Angola. M. Sirven s'est chargé des relations du groupe avec le Cameroun. Il a également noué des liens avec l'opposition angolaise et des personnalités congolaises dans une période marquée par des troubles. L'information n'a pu lever le voile sur l'ensemble de ces opérations africaines. Le ministre de l'Économie – qui exerçait sa tutelle – a opposé le secret défense, la société Elf, soucieuse de ses intérêts, a refusé de coopérer dans ce domaine et les trois principaux dirigeants concernés, à savoir MM. Le Floch-Prigent, Tarallo et Sirven, ont, à des degrés divers, éludé ces questions. Ces facteurs convergents ont constitué autant d'entraves à la manifestation de la vérité. »

Au juste, qu'a-t-on appris du « système opaque » mis en place par la compagnie Elf « sous le contrôle de l'État » ? Expurgé des contingences individuelles ou conjoncturelles, « Elf-Africaine » constituait une infrastructure de la corruption franco-africaine, fondée sur quatre moyens de rémunération parallèles. Le plus arbitraire – ou libre – d'entre eux était la « commission », versée depuis un compte à l'étranger (la plupart du temps de la société Rivunion, à Genève, qui gérait la trésorerie des filiales africaines) à un destinataire désigné oralement et dont les coordonnées bancaires étaient seulement notées sur une feuille de papier, à détruire après l'exécution de l'opération. Ensuite, les « bonus », transmis de la même façon, gratifiaient des chefs d'État africains pour l'obtention d'un nouveau permis de recherche non seulement dans leur propre pays mais aussi dans d'autres États du continent où ils appuyaient Elf (comme le firent le président congolais Denis Sassou N'Guesso en Angola, et le Gabonais Omar Bongo au Nigeria et au Tchad). Les « abonnements » étaient des versements réguliers provenant du prélèvement d'au moins quarante cents par baril, qui étaient reversés par le truchement d'une société-écran aux chefs d'État africains ou aux ministres décideurs. Devant la justice, André Tarallo a évalué ces « abonnements » à soixante millions de dollars par an dans les années 90 pour les cinq pays africains prospectés par Elf. Ce qui paraît largement sous-estimé : les seuls comptes identifiés par le juge van Ruymbeke concernant le Gabon ont servi au transit, entre 1989 et 1992, de deux cent quatre-vingts millions de dollars... Après le départ d'André Tarallo, en 1997, Elf a continué à verser entre « quarante et soixante cents par baril » aux dirigeants du Gabon, du Cameroun, de l'Angola et du Congo, a admis au tribunal son successeur à la direction générale des hydrocarbures, Frédéric Isoard. Enfin, lorsque les pays africains producteurs de pétrole éprouvaient un besoin urgent de liquidités, dans le dos de la Banque mondiale et du FMI, Elf leur accordait des « préfinancements », rémunérant d'avance l'or noir qui restait à extraire du sous-sol. Cette pratique de « gager » la future production pétrolière a été « au cœur du système d'Elf », selon Loïk Le Floch-Prigent. Elle donnait lieu à des montages financiers extravagants, qui généraient au passage d'importantes commissions pour les avocats et les intermédiaires impliqués dans ces opérations. Une institution à part, la French Intercontinental Bank (FIBA), créée en 1975, avec siège à Paris et des filiales au Gabon et au Congo, jouait un rôle central dans l'ensemble des transactions, en particulier pour les « préfinancements », entre Elf et ses États à la fois fournisseurs et « clients ». La FIBA associait dans son capital la compagnie française et des hauts dirigeants du Gabon, dont le président Bongo et plusieurs membres de sa famille. Sise à Paris, tout en haut de l'avenue George-V, dans le VIIIe arrondissement, elle a été longtemps ignorée par la justice française. Après une perquisition du juge Eva Joly, consciente d'être ainsi allée jusqu'à la limite de la raison d'État, la FIBA a été discrètement fermée en janvier 2000.

Ci-gît la « souveraineté énergétique » de la France, une vieille idée gaullienne. Celle-ci n'avait pas été confidentielle et, au contraire, avait figuré en toutes lettres dans le *Journal officiel* de la République, qui avait publié – sans leurs « clauses secrètes » – les accords de défense signés, au début des années 60, avec divers pays africains. Y était inscrite, en annexe, une clause de préférence « dans le domaine des matières premières et produits stratégiques », distingués en deux catégories : la première, « les hydrocarbures liquides ou gazeux », et la seconde, « l'uranium, le thorium, le lithium, le béryllium, leurs minerais et composés ». C'est le rappel lointain d'un autre monde, celui de la guerre froide. Ce monde disparu, le rideau de fer rangé parmi les accessoires d'une histoire finie, « Elf-Africaine », fille d'une autre époque, s'était-elle dévergondée et, pour tout dire, prostituée ? « Si Elf a connu une dérive ? Honnêtement, je suis incapable de répondre sur ce point, esquive, en janvier 2005, le président gabonais Omar Bongo, le seul chef d'État toujours en exercice à avoir pratiqué la multinationale pétrolière franco-africaine du début à la fin. Ils sont venus me dire : “Voici des fonds pour vos œuvres sociales, voici de l'argent pour vous aider à faire de la politique.” Mais je ne connaissais pas tout le système, et heureusement qu'il y a eu le scandale Elf : comme ça, j'ai compris ce qui se passait. L'argent du pétrole, ça passait par tellement de voies... »

Bel assaut de candeur. Les multiples voies empruntées par l'argent noir n'étaient pas impénétrables pour les *happy few* de la « Françafrique », dont le président gabonais. Mais elles ont mené dans une impasse. Il y eut « tout un système ». Il n'est plus. À la fin de la guerre froide, le monde a changé. La France et l'Afrique, aussi. Il n'y a plus de « sous-traitance » géopolitique, le Parlement français votait des lois pour le financement au grand jour des partis politiques et, corollaire inquiétant, l'intimité franco-africaine s'est évanouie.

5

JEUNE AFRIQUE, VIEILLE FRANCE

C'est sous un ciel d'enterrement, gris et froid, que s'ouvre, le mardi 8 novembre 1994, le sommet France-Afrique de Biarritz. Dix-huitième du genre, l'exercice pourrait être de routine, et il l'est à certains égards : une sécurité omniprésente dans la ville balnéaire, dont les habitants pestent contre les désagréments qu'engendre la venue d'une trentaine de dirigeants africains, parmi lesquels le maréchal Mobutu qui a dû s'acquitter de droits d'atterrissage restés impayés en France avant d'être autorisé à poser son Boeing 737. L'homme coiffé d'une toque de léopard orne ce jour la une du quotidien *Libération* qui raconte, sous le titre « Mobutu, faux-monnayeur », comment le maître de Kinshasa fait imprimer des tonnes de « doubles séries de vrais-faux billets de banque », une moitié pour lui, l'autre pour le pays, asphyxié par l'hyperinflation. Bien que le souverain du Maroc ait loué un hôtel de luxe de la cave au grenier, la présence de Hassan II, arrivé en grand arroi avec une bonne partie de sa cour et une intendance régalienne impressionnante – de la limousine à la théière – à bord de deux Jumbo Jets, retient moins l'attention. La plupart des médias couvrent le sommet grâce à des journalistes accrédités auprès de l'Élysée – la « presse présidentielle » – qui ont été conviés à un « briefing de background », la veille au soir, sur le thème officiel de la réunion, « démocratie et prévention de conflits ». Ce matin, on attend le discours d'ouverture de François Mitterrand.

En même temps, rien n'est vraiment comme lors des précédents sommets. La grisaille du temps pluvieux est alourdie par une ambiance pesante, trois mois seulement après la fin du génocide au Rwanda. Six cent mille à huit cent mille morts, c'est alors la « fourchette » avancée pour en estimer les victimes. Victimes de qui ? Des tueurs à la machette seulement ? Vendu sur un stand devant le centre de conférences, le livre tout juste sorti des presses de Pascal Krop, *Le Génocide franco-africain. Faut-il juger les Mitterrand ?*[1], accable la politique africaine de la France en général, et celle du premier président socialiste de la Ve République en particulier. Le pamphlet du journaliste de *L'Événement du jeudi* est sans appel : « Le désastre rwandais n'est que l'aboutissement d'un système porté, cette dernière décennie, à son absolu pourrissement. » Il donne le ton du « contre-sommet » qui, pour la première fois, est organisé en marge de la réunion officielle par un groupe d'associations instruisant, « dossier noir » par « dossier noir », le procès de la France et de ses « crimes » en Afrique. Le principal accusé, François Mitterrand, ajoute une touche personnelle à la morbidité du contexte. Six mois avant l'expiration de son second septennat, la fin de règne de cette figure de cire, plus rogue et inapprochable que jamais, s'avère pénible, immobile comme la mort dont elle porte déjà la marque. Lors du précédent sommet, deux ans plus tôt à Libreville, le président de la République s'était fait représenter par son Premier ministre Pierre Bérégovoy en raison d'un « empêchement » demeuré inexpliqué. Or, même si le mal qui le ronge reste toujours caché au public, tout le monde comprend, dès que François Mitterrand prend la parole à Biarritz, qu'il prononce là son testament pour l'Afrique.

Des adieux sans concession, mais non sans passion. L'ancien ministre de la France d'outre-mer sous la IVe Républi-

1. Pascal Krop, *Le Génocide franco-africain. Faut-il juger les Mitterrand ?*, Paris, Lattès, 1994.

que rappelle « ce long compagnonnage avec l'Afrique qui fut le [sien] pendant près d'un demi-siècle », comme s'il fallait donner ce gage pour pouvoir parler franchement. La démocratisation voulue au sommet de La Baule, il y a quatre ans, en 1990 ? Sur les vingt-deux pays qui y avaient été représentés, tous ont adopté le multipartisme, dix-sept une nouvelle constitution. La cinquantaine de consultations électorales organisées depuis a-t-elle fait le bonheur des peuples ? « Il serait très mauvais qu'un partage des dépouilles s'instaurât au détriment des minorités, surtout lorsque ces minorités ne sont pas des minorités politiques, mais souvent des minorités ethniques », répond François Mitterrand, qui déplore, « du Liberia au Rwanda, la même logique qui prévaut, la logique de guerre qui fait le malheur de l'Afrique depuis trop d'années ». Pas moins de trente-deux mille Casques bleus sur le sol africain et un continent qui n'est toujours pas pacifié, loin s'en faut. Le président français ne fuit pas la polémique au sujet du Rwanda. Au contraire, il la cherche. « Après les négociations d'Arusha, commencées en juillet 1992, conclues en août 1993, les conditions de la mort du président Habyarimana, la guerre civile et *les* génocides qui s'en sont suivis ont interrompu un processus de rétablissement de la paix qui était approuvé par l'ensemble des parties », s'explique-t-il, ajoutant : « Je dispose toujours dans nos archives des correspondances et des lettres de remerciement adressées à la France par les deux parties en présence, et notamment par les responsables actuels du Rwanda. » Le pluriel *des* génocides au Rwanda lui sera vivement reproché, le lendemain, lors de la conférence de presse clôturant le sommet, par Patrick de Saint-Exupéry, grand reporter au *Figaro*. Le journaliste, témoin au Rwanda du meurtre de masse, soupçonne le président français de vouloir « banaliser » la Shoah africaine, de faire le lit du négationnisme. Piqué au vif, François Mitterrand le tance du haut de la tribune. « Ah, parce que, pour vous, il n'y a pas eu *des* génocides au Rwanda ? ! » À ce jour, le débat n'est pas clos. Si la thèse du « double génocide » sert effectivement aux extrémistes hutus à noyer leur bain de sang dans les massacres commis par le FPR avant, pendant et après *le* génocide des Tutsis en 1994, les tueries à grande échelle du nouveau pouvoir à Kigali n'en constituent pas moins des crimes contre l'humanité : aux cinquante mille Hutus tués dès 1994, selon Human Rights Watch, dans des massacres trop bien organisés pour être considérés comme actes de vengeance « à chaud », en réaction au génocide, s'est ajoutée, entre octobre 1996 et mai 1997, la persécution sur mille huit cents kilomètres à travers l'ex-Zaïre de quatre cent mille réfugiés hutus dont, selon Médecins sans frontières, près de la moitié a trouvé la mort, victimes de l'armée du FPR. Ces massacres organisés ont été qualifiés, en novembre 1997, d'« actes de génocide » par une commission des Nations unies qui n'est cependant pas allée au bout de son enquête. En 1998, sur la foi de témoignages de missionnaires dans la région, l'organe officiel du Vatican, l'Osservatore Romano, a dénoncé *les* génocides entre Hutus et Tutsis rwandais.

En novembre 1994, dans son discours à Biarritz, François Mitterrand a mis en exergue l'impuissance du monde à empêcher la répétition de massacres à grande échelle en Afrique. « En vérité, vous le savez, aucune police d'assurance internationale ne peut empêcher un peuple de s'autodétruire, et on ne peut pas demander non plus l'impossible à la communauté internationale, et encore moins à la France tant elle est seule, lorsque des chefs locaux décident délibérément de conduire une aventure à la pointe des baïonnettes ou de régler des comptes à coups de machette. Après tout, c'est de leur propre pays qu'il s'agit. Cela n'excuse rien, et même aggrave, mais comment serions-nous juge ou arbitre ? Ce n'est pas tant à la communauté internationale que ces fauteurs de guerre doivent rendre des comptes, mais avant tout à leur peuple, à leurs propres enfants, et je crains, dans certains cas, le jugement de l'histoire. » En même temps, il a mis en garde contre la tentation, « trop facile et égoïste », de rendre l'Afrique « seule responsable de ses malheurs » et de l'abandonner à son sort, parce que ce serait « non seulement une injustice, mais une absurdité : en termes économiques, quel manque à gagner pour la croissance mondiale dans cette exclusion massive ! Quel risque de voir naître sur ce fond de misère des fléaux dont les frontières les plus hermétiques ne nous protégeront jamais : drogues, épidémies, mouvements migratoires erratiques, terrorisme, atteintes de toutes sortes à l'environnement ! ». Il a conclu sur un long plaidoyer, son dernier, pour la communauté de destin entre la France et l'Afrique. « Pour ma part, je me suis toujours opposé aux tentations déclarées ou insidieuses de brader la politique africaine de la France ou de décider pour tel ou tel pays, à la place de ceux qui en avaient la charge, comme si nous étions des prophètes inspirés, chargés de dicter aux peuples africains ce qui était la voie la meilleure pour eux. Ce sont des tentations permanentes, une forme de colonialisme renversé que je n'accepte pas plus que les autres », a-t-il déclaré avant de lancer cet appel au monde à venir après lui : « Telle est la leçon pour demain. Je le dis solennellement devant vous : la France doit maintenir sa route et refuser de réduire son ambition africaine. Pourquoi le ferait-elle ? Elle représente pour une grande partie de votre continent africain un facteur incomparable d'équilibre et de progrès. Et l'Afrique, de son côté, a beaucoup donné à la France. Elle lui donne beaucoup d'amitié, je crois, aujourd'hui. Elle lui a donné aussi beaucoup de sacrifices, des milliers de ses hommes. Nous avons construit l'histoire ensemble. J'en appelle à ceux qui auront après moi la charge des affaires du pays. La France ne serait plus tout à fait elle-même aux yeux du monde, si elle renonçait à être présente en Afrique, aux côtés des Africains, pour être à côté d'eux tout simplement, pour contribuer à construire un cadre de paix, de démocratie et de développement, pour réussir ensemble une grande aventure humaine, au pire des difficultés mais en gardant ses vieilles traditions, ses fortes cultures et cette nature des hommes qui espèrent et qui croient toujours en la chance de l'humanité. Eh bien, nous en serons capables, mes successeurs, à travers le temps qui vient, plus tard encore, c'est une affaire qui durera plus longtemps que chacun d'entre nous. Le couple France-Afrique sera un couple fort ! Il n'est pas près de se dissoudre mais cela dépend aussi beaucoup de vous, cela dépend beaucoup de nous. Allons-y avec courage et détermination ! »

Une belle couronne posée sur la tombe fraîche de la « Françafrique »... En cette année 1994, celle du génocide des Tutsis au Rwanda, des obsèques du « Vieux » Houphouët-Boigny à Yamoussoukro et de la dévaluation de la zone franc en Afrique, François Mitterrand, mourant, défie la fatalité du destin franco-africain. Mais il est trop tard. Le continent a déjà été abandonné aussi à une mort qui s'y démocratise ; la France a déjà renoncé à une aventure humaine dans laquelle elle ne se reconnaît plus et qui, sans doute, est désormais aussi trop grande pour elle. Pendant deux septennats, à cheval sur la chute du mur de Berlin, l'Élysée a bradé un passé d'autant plus sûrement condamné qu'il était en partie condamnable, en l'assumant sans le renouveler. Clé de voûte du « système français où chacun joue son rôle », la présidence a vécu d'expédients, des raccourcis empruntés par Guy Penne puis Jean-Christophe Mitterrand : les « frères de lumière » de la franc-maçonnerie, les relais du négoce, des barbouzes plus souvent que des « camarades », les *missi dominici* d'une diplomatie parallèle et, partout, des « copains » bien placés, avec ce que cela implique de contreparties et de compromissions. Pour pérenniser une présence, c'était trop peu ; pour conjurer l'abandon, ce n'était pas assez. François Mitterrand n'a rien entrepris pour changer la grammaire des relations franco-africaines : leur syntaxe clientéliste, leur conjugaison paternaliste, leur style incurablement familier, leur déclinaison néocoloniale des attributs de souveraineté...

Mais pire encore est ce qui suit : une régression tutélaire, les derniers soubresauts d'un « cadavre » qu'on croyait mort et enterré. Quand, en 1995, Jacques Chirac devient président, le premier gaulliste à revenir à l'Élysée après vingt et un ans, la France embarque l'Afrique dans une machine à remonter le temps : fini le réformisme du gouvernement Balladur, le continent revient à Jacques Foccart ! Nommé « représentant personnel auprès des présidents africains » de Jacques Chirac, le septuagénaire règne à nouveau, en divisant et en dédoublant les institutions. Trop âgé pour se déplacer, il reste chez lui, pendu au téléphone avec les présidences africaines à qui il envoie au besoin son fidèle émissaire, Robert Bourgi, lequel court-circuite d'autant plus aisément la « cellule africaine » de l'Élysée qu'il y en a désormais deux : en effet, sur le conseil de Foccart, Chirac a nommé Michel Dupuch, au 2, rue de l'Élysée pour s'occuper de « l'Afrique de jour », celle qui traite avec l'Union européenne, la Banque mondiale, le FMI ; et, quelques maisons plus loin, au 14, rue de l'Élysée, Fernand Wibaux, pour veiller à « l'Afrique de nuit », celle qui brille davantage dans le registre de l'invisible. De la sorte, avec « l'homme de l'ombre » à la maison et deux de ses obligés mis en rivalité à l'Élysée, la présidence française constitue à elle seule un « réseau Foccart », embrouillant le confidentiel, l'officieux et l'officiel. Inutile de préciser que ni le Quai d'Orsay ni la coopération ou le ministère de la Défense ne s'y retrouvent.

Le temps passe à renouer avec le passé. En 1997, Jacques Foccart meurt, à quatre-vingt-trois ans. La même année, à la suite de la dissolution de l'Assemblée nationale, Jacques Chirac perd sa majorité. Une nouvelle cohabitation se met en place, avec Lionel Jospin à la tête du gouvernement. L'Élysée et Matignon s'observent, prudemment. La non-ingérence, pas seulement militaire, sert de plus petit dénominateur commun à une « nouvelle » politique africaine. La gauche mène à bien la réforme de la coopération, qui est intégrée au ministère des Affaires étrangères. Pour le reste, elle limite ses innovations au « co-développement », le retour assisté d'immigrés sahéliens qui veulent bien rentrer chez eux, et à deux déplacements en Afrique que Hubert Védrine effectue en compagnie de son homologue d'outre-

Manche, Robin Cook, pour enterrer symboliquement Fachoda, la vieille rivalité franco-britannique sur le continent. En guise de nouvelle doctrine franco-africaine, le ministre socialiste des Affaires étrangères explique au Palais-Bourbon qu'il faut « assainir les mentalités autant chez eux que chez nous, parce que, dans beaucoup de pays d'Afrique, il y a des forces politiques qui s'adressent encore à nous comme si nous étions encore en train d'organiser tout ce qui se passe chez eux ». Qu'est-ce à dire, par exemple, pour les bases militaires de la France en Afrique ? À cette question, Hubert Védrine répond en juillet 2001, dans une interview au *Monde* : « Il faut voir cette présence dans une perspective évolutive – dont je ne connais pas le terme. Les cinq bases françaises restent un élément de stabilisation. Elles ont pu être utilisées, dans le passé, pour des interventions à l'ancienne. C'est fini. Aujourd'hui, nos implantations servent à la formation des armées des pays hôtes ou des forces régionales de paix et, en cas de nécessité, à l'évacuation des communautés étrangères. » Les cas de nécessité se multiplient en effet, de Brazzaville à Kinshasa en passant par Bangui.

Réduit à son « domaine réservé », privé des cordons de la bourse, l'Élysée cultive les relations personnelles avec les chefs d'État africains sans avoir les moyens d'aller plus loin. Jacques Chirac ne retrouvera des couleurs qu'après sa réélection – avec 82 % des voix, un score digne d'un « chef » africain – en mai 2002. Une politique de réengagement en Afrique est alors définie par le président et, au cours de multiples voyages sur le continent, elle est incarnée par Dominique de Villepin, qui porte le verbe haut à la tête du Quai d'Orsay. La promesse d'augmenter de moitié l'aide au développement avant la fin du quinquennat, en 2007, sert de gage comptable à ce nouveau départ. Cependant, il n'est pas expliqué pourquoi, à l'avenir, plus d'assistance aboutirait à moins d'échecs en matière de développement que dans le passé. Jacques Chirac soigne son rôle traditionnel de « meilleur avocat de l'Afrique » dans les instances internationales, en ajoutant le NEPAD – le Nouveau partenariat économique pour le développement de l'Afrique – comme corde à son arc. Mais l'initiative née au sommet euro-africain du Caire, en 2000, à un moment où le continent avait quasiment disparu de l'agenda international, ne prêche que les convertis : les dirigeants africains s'astreignent aux règles de la « bonne gouvernance » et jurent même de lutter contre la corruption en se surveillant mutuellement grâce au « contrôle des pairs », à la condition que les pays riches leur donnent beaucoup plus d'argent – soixante-trois milliards de dollars par an – sous forme d'aide publique ou d'investissements privés... En attendant cette improbable pluie de fonds, Jacques Chirac tente de cimenter le statu quo fissuré dans l'ex-Afrique française. Au vingtième sommet franco-africain, réuni en 1998 à Paris, il dénonce toute « tentation de désengagement » et déclare : « Nous maintenons avec une totale clarté les liens qui nous attachent de longue date à des pays amis, pour autant que ceux-ci le souhaitent. Je parle des accords de défense contre des menaces extérieures, mais je parle aussi de nos forces prépositionnées dans différents pays africains. »

C'est l'éloge de ce qui existe depuis quarante ans et dont la raison d'être n'aurait subi aucune altération par la fin de la guerre froide. Qui, à Paris, est conscient du fait que les Africains qui écoutent ce discours n'étaient pas nés, pour la moitié d'entre eux, quand Jacques Chirac a été élu pour la première fois à l'Élysée ? Que cette moitié-là de la population du continent voisin de l'Europe n'avait pas encore cinq ans quand le mur de Berlin est tombé, et qu'elle a donc grandi dans un monde sans souvenir de la rivalité Est-Ouest ? Le seul fil conducteur de sa mémoire est le « gendarme de l'Afrique », toujours là, invariablement présent quoi qu'il arrive, ou qui menace de débarquer à tout moment, en vertu d'accords dont tout un chacun sait qu'ils comportent des clauses « secrètes », jamais abrogées, pour garantir le maintien de l'ordre *intérieur*. Dans la capitale française, les responsables répètent à l'envi que, « bien sûr, *cette* partie des accords n'est plus appliquée ». Mais alors, pourquoi ces pactes de défense conclus avec les anciens hommes forts, amis de la France, n'ont-ils jamais été renégociés ? Ceux qui s'en expliquent à Paris ont-ils à l'esprit que l'avenir se dessine sur un tout autre horizon en Afrique, où la moitié des habitants qui vivra dans quinze ans n'est pas encore née aujourd'hui ? Dans les années 90, la France n'a pas vu émerger un nouveau continent qui n'a plus grand-chose en commun avec l'Afrique des indépendances, celle des « papys » – et pas seulement Jacques Foccart... – chargés d'y maintenir sa présence. La donne fondamentale de cette Afrique méconnue se résume en un chiffre : 48 % de ses habitants ont moins de quinze ans. À titre de comparaison : cette proportion est de 17 % en Europe, dont 15 % des habitants ont plus de soixante-cinq ans, contre 3 % en Afrique.

Bien que d'une brûlante actualité, les nouvelles de cette « jeune Afrique » sont passées inaperçues. Pour la petite histoire franco-africaine, on peut même relever que l'hebdomadaire éponyme, le journal paroissial de la « Françafrique » édité à Paris, a modifié son titre au moment où celui-ci était devenu plus pertinent que jamais, préférant s'appeler *L'Intelligent*... Le continent africain atteignait alors, au milieu des années 90, le point culminant de sa fécondité, bouclant le demi-siècle de l'essor démographique le plus phénoménal de l'histoire humaine : entre 1950 et 2000, l'Afrique a plus que *quintuplé* sa masse humaine, passant de 150 à 800 millions d'habitants. En cinq décennies, le continent historiquement sous-peuplé a porté sa densité démographique de 5 hab/km^2 à 28 hab/km^2, un chiffre supérieur à celui de l'Amérique (21 hab/km^2) mais toujours largement inférieur à celui de l'Asie (120 hab/km^2) et de l'Union européenne à vingt-cinq (114 hab/km^2), voire à la moyenne mondiale (47 hab/km^2). Toutefois, comme pour les autres continents, la moyenne africaine masque de fortes inégalités, entre « l'Afrique des pleins et des vides », de l'île Maurice (600 hab/km^2) à la Namibie (2 hab/km^2). Schématiquement, on peut distinguer le littoral méditerranéen, où le ralentissement démographique est déjà perceptible, et trois ensembles subsahariens : les deux bastions de population que sont l'Afrique de l'Ouest (40 % du total au sud du Sahara) et l'Afrique de l'Est (37 %) d'un côté, et, de l'autre, la diagonale d'un vide relatif qui s'étend du Soudan (11 hab/km^2) à la Namibie en englobant tous les États forestiers de l'Afrique centrale, autour de la grande cuvette du fleuve Congo. C'est l'Afrique noire, bien qu'elle ait passé le pic de sa croissance et amorcé sa « transition démographique », rejoignant ainsi un schéma universel de développement, qui fera exploser le nombre d'habitants du continent le plus pauvre de la planète : en 1995, l'Afrique, avec 719 millions d'habitants, faisait jeu égal avec l'Europe et ses 728 millions d'habitants ; en 2050, selon les projections des Nations unies, l'Afrique comptera 1,8 milliard d'habitants – un cinquième de la population mondiale – et le Vieux Continent moins de 650 millions.

La jeune Afrique ne vit plus dans des cases en paille. En 1920, le taux d'urbanisation était seulement de 2,5 % dans l'Afrique subsaharienne, qui comptait alors à peine 2 millions de citadins. Or, entre 1950 et 2000, la croissance urbaine y a été de 4,4 % – un record mondial, l'Amérique latine ne suivant qu'avec 3,5 % et l'Asie avec 3,4 % –, multipliant par *onze* le nombre des habitants des villes. Ceux-ci sont devenus majoritaires en 2003, avec 55 % de la population, un tournant que la planète dans son ensemble ne devra prendre qu'à la fin de la première décennie du XXIe siècle. Nombre d'États souffrent déjà de « macrocéphalie », leur capitale abritant une proportion écrasante des citadins, comme Conakry (81 % des Guinéens urbanisés) ou Brazzaville (61 % des citadins congolais). Dans l'Afrique au sud du Sahara, l'exode rural et l'entassement dans les villes ont été des choix parfaitement rationnels puisque – contrairement aux idées reçues – la proportion de la population « audessous de la ligne de la pauvreté » est, en moyenne, trois fois plus élevée à la campagne qu'en ville. Peu ou prou, les citadins ont également trois fois plus de chances d'accéder aux principaux services publics (eau, électricité, soins de santé). Mais il faut se représenter les travaux d'aménagement herculéens qui sont requis, par exemple dans une ville comme Abidjan : n'ayant compté que 125 000 habitants en 1955, la mégapole lagunaire ivoirienne abrite un demi-siècle plus tard 28 fois plus d'habitants, 3,5 millions de citadins. Il s'agit à la fois de nationaux déracinés, dont certains rêvent de poursuivre l'exode en Occident, et de nombreux étrangers venus de toute l'Afrique de l'Ouest et, en particulier, des pays pauvres du Sahel.

C'est une bombe démographique à retardement que les puissances coloniales ont léguée à l'indépendance aux pouvoirs africains, censés former et trouver du travail aux trois quarts de leur population âgés de moins de trente ans. Au milieu des années 60, la poussée scolaire a mis à rude épreuve les systèmes d'enseignement. Au cours des deux décennies qui ont suivi, le nombre d'enfants scolarisés dans des écoles primaires d'Afrique noire a été multiplié par quatre, par six pour les écoles secondaires et par vingt pour les étudiants à l'université. Mais à la fin des années 80, par l'effet conjugué de la crise économique et de la faillite de l'État, toute cette jeunesse instruite – et persuadée de son bon droit à un avenir en or, la « vie en platine » dont on rêve à Abidjan – a été frustrée. Faute de débouchés, même pour les diplômés, elle a fini par nourrir de son désespoir tous les extrémismes. En Côte d'Ivoire, qui – exemplaire dans ce domaine – avait longtemps consacré un tiers de son budget à l'éducation nationale, « cabri mort n'a pas peur du couteau » est devenu, à la fin des années 90, un slogan fétiche dans les écoles et les facultés, le cri de ralliement de jeunes gens sans perspective d'avenir. D'ailleurs, ayant avorté leurs études, les leaders successifs de la Fédération estudiantine et scolaire de Côte d'Ivoire (FESCI) sont tous entrés en politique, l'ultime ressource d'une « vie en platine » : les uns pour prendre la tête de milices « patriotiques » au service du régime Gbagbo (Charles Blé Goudé, Eugène Djué, Jean-Yves Dibopieu), d'autres dans l'opposition légale (Blé Guirao, Martial Ahipeaud), sinon du côté des rebelles (Guillaume Soro)...

C'est à eux, et à la « jeune Afrique » qu'ils représentent, que la France – celle de Jacques Chirac encore moins que celle de François Mitterrand – n'arrive plus à parler. Sur le continent noir, une génération qui se sait perdue ne trouve rien d'autre dans la « nouvelle » politique africaine de l'ex-puissance coloniale que le discours frileux de « vieux Blancs » à Paris qui leur disent et répètent que, pour tout changer, il ne faut toucher à rien.

Troisième partie

L'APRÈS-11 SEPTEMBRE 2001
LA FRANCE *OUT OF AFRICA*

Depuis toujours, le terrorisme est l'arme du pauvre. Depuis le 11 septembre 2001, le terrorisme sous sa forme moderne, qu'on pourrait qualifier de « civilisationnel », est l'arme du pauvre mondialisé. Autant dire que le XXIe siècle, inauguré sous le signe de la lutte (anti)terroriste, sera africain.

Le continent voisin de l'Europe conjugue impuissance et pauvreté extrêmes. Selon l'historien britannique John Iliffe, la part de l'Afrique dans l'économie mondiale est arrivée à la fin du XXe siècle « vraisemblablement à son point le plus bas depuis un millénaire [1] ». Sur les derniers cent cinquante ans, même en tenant compte de l'incertitude statistique à cette échelle, le décrochage de l'Afrique se révèle déprimant par rapport à la croissance exponentielle dans le reste du monde – sauf l'Asie, hors Japon – à partir de la fin du XIXe siècle, puis pour l'Asie sans le Japon à partir du milieu du XXe siècle. À l'exception de la période coloniale, pendant laquelle le continent a presque doublé son PIB par habitant, l'Afrique a stagné – avant – et a été distanciée – après – non seulement par l'Europe et le Japon, mais aussi par l'Amérique latine puis l'Asie sans le Japon. En 1950, la richesse *per capita* de la Côte d'Ivoire était supérieure à celle de la Corée du Sud ; un demi-siècle plus tard, elle n'en représentait plus qu'un dixième. Certes, cette marginalisation est inégale. En 2003, deux pôles d'un développement relatif, l'Afrique du Nord et l'Afrique du Sud, assuraient – chacun – 40 % du PNB continental, tandis qu'une quarantaine d'États subsahariens continuaient de s'enfoncer dans un trou noir (avec de notables exceptions, du Mali à l'île Maurice en passant par le Ghana et le Botswana).

1. John Iliffe, *Les Africains : histoire d'un continent*, Paris, Flammarion, 2002.

Cependant, même à l'échelle du continent, une tendance lourde se dessine : au début des années 60, après les indépendances, l'Afrique participait à hauteur de 14 % au commerce mondial, alors qu'elle représentait 9 % de la population mondiale ; en 2003, alors que son poids démographique frôlait les 14 %, sa part dans les échanges mondiaux n'était plus que de 1,5 %. Ces chiffres témoignent d'un « largage » en termes de productivité qu'une seule comparaison résume : en 2002, huit cents millions d'Africains produisaient moins de la moitié des richesses créées par soixante millions de Français.

Cette paupérisation n'est pas conjoncturelle, elle n'est pas la seule conséquence d'une dégradation des « termes de l'échange » ou des multiples iniquités – réelles – du commerce international. Pour preuve, l'appauvrissement de l'Afrique contraste avec une amélioration relative de la situation du tiers-monde dans son ensemble, pourtant soumis aux mêmes inégalités de l'ordre international : alors que l'Afrique assurait au milieu des années 60 plus de 17 % des exportations agricoles des pays en voie de développement, elle est passée à 8 % trente ans plus tard malgré de multiples accords censés l'avantager ; même les préférences commerciales que l'Union européenne lui accorde n'ont pas empêché sa part du marché européen de passer, entre 1976 et 1994, de 6,7 % à 2,8 %. Globalement, entre 1950 et 2000, la valeur des exportations africaines a été divisée par trois. En 2002, sur 534 milliards de dollars de capitaux privés investis dans le monde, l'Afrique a reçu 6 milliards au lieu des 75 milliards qui auraient correspondu à son poids démographique. L'ensemble de ces données traduit l'absence de valorisation des matières premières, de stratégie de diversification industrielle et, plus fondamentalement, des défaillances persistantes dans l'organisation sociale du travail : en 1820, le revenu par habitant en Europe de l'Ouest était 2,9 fois supérieur à celui de l'Afrique ; en 1992, ce rapport était de 13,2. Le fossé se creuse, toujours plus vite.

Ce constat est connu, même si la bonne intention de combattre l'« afro-pessimisme » pave la voie de l'enfer qu'est le déni des réalités. En revanche, beaucoup moins connu est le fait que l'Afrique, malgré sa très faible part dans les échanges internationaux, est le continent *le plus mondialisé* de la planète. Ce paradoxe s'explique de deux manières. D'abord, le volume des échanges de biens et d'informations n'est pas à lui seul constitutif de la mondialisation. Sinon la planète aurait fait du surplace pendant plus de huit décennies : c'est seulement en 1995 que la part du commerce extérieur et celle des investissements privés étrangers dans le PIB mondial ont retrouvé le niveau qu'elles avaient déjà atteint à la veille de la Première Guerre mondiale, en 1913 (à la différence près, et qui est de taille pour l'Afrique, que les empires coloniaux avaient entre-temps cédé leur place aux multinationales, qui comptaient au milieu des années 90 pour un tiers du commerce international). Ensuite, la mondialisation est surtout un processus *politique*, l'émergence d'une autorité capable de s'imposer à l'échelle planétaire. Or, sur les deux versants de la mondialisation, l'Afrique occupe une place à part, très en avance par rapport au reste du monde. L'extraversion des économies africaines, du fait de la colonisation, est en effet exceptionnelle : au début comme à la fin du XXe siècle, la part du commerce africain destinée aux autres régions du monde était, par rapport à son PIB, de 45 %, alors qu'elle n'était, en 1990, que de 12,8 % pour l'Europe, de 13,2 % pour l'Amérique du Nord, de 23,7 % pour l'Amérique latine et de 15,2 % pour l'Asie. Cette insertion forte et durable rend l'Afrique dépendante, depuis plus d'un siècle, du « régent mondial » que furent les puissances coloniales et que sont, depuis les indépendances, les instances internationales telles que les Nations unies et leurs organismes spécialisés, la Banque mondiale et le FMI, les Clubs de Paris ou de Londres... Par conséquent, que la « gouvernance » du globe revienne à l'« hyperpuissance » américaine ou qu'elle soit exercée plus collectivement dans un monde multipolaire, le continent africain aura déjà pris l'habitude de composer avec des volontés extérieures plus fortes que la sienne : tous les produits un tant soit peu sophistiqués y sont déjà des vecteurs d'aliénation culturelle importés, l'élite y vit à l'heure de New York, de Paris ou de Londres en suivant les programmes des radios et télévisions étrangères, le téléphone satellite aboutit plus fréquemment qu'une communication locale, les planteurs en brousse se savent tributaires de la cotation de leurs produits dans des capitales lointaines, le FMI et la Banque mondiale « dictent » leurs conditions, même là où, auparavant, la France semblait tout régenter seule dans ses anciennes colonies.

Placés dans ce contexte, les attentats du 11 septembre 2001 – l'irruption du terrorisme « civilisationnel » sur le sol américain – ont incité les États-Unis à s'ériger en « régent mondial » chargé de maintenir l'ordre international (l'Europe hésitant à assumer cette responsabilité). Il s'agit d'une césure historique, à l'instar de la chute du mur de Berlin. Elle marque la fin de l'après-guerre froide, qui n'aura été qu'un interlude, et le début d'une nouvelle époque, qui se caractérise par une matrice géopolitique opposant des États à un ennemi difficilement saisissable, uni en même temps que dispersé – à l'image de la « toile » informatique qui englobe la planète et dont il aime se servir – au sein d'une structure réticulaire : les « réseaux » terroristes internationaux, à qui al-Qaïda et Oussama Ben Laden ont donné leurs premiers nom et visage. L'Afrique est d'emblée impliquée dans cette nouvelle « guerre globale » : elle a servi de théâtre à sa première bataille, le double attentat commis par al-Qaïda contre les ambassades américaines à Nairobi et à Dar es-Salaam, le 7 août 1998 ; parmi les vingt-deux terroristes les plus recherchés après le foudroiement des Twin Towers à New York figuraient douze Africains, dont trois étaient originaires du sud du Sahara ; enfin et surtout, la cicatrice de l'aliénation « civilisationnelle » – matérielle, culturelle et religieuse – défigure l'Afrique et, quand bien même ses jeunes desperados ne se transformeraient pas tout de suite en terroristes eux-mêmes, leur continent hors la loi s'offre comme un sanctuaire idéal aux ennemis de l'ordre international. Tout s'y achète, même des États en faillite...

Et la France ? Elle a perdu ses repères sur le continent. Son « pré carré » n'a plus aucune pertinence, ni politique ou économique – comment raisonner à l'échelle de l'Afrique de l'Ouest sans le Nigeria et le Ghana ? – ni même culturelle ou linguistique : pour la masse des jeunes Ivoiriens déscolarisés, qui n'ont de la France que l'image trompeuse des chaînes de télévision satellitaires, la guerre civile dans leur pays se résume au « gbang-gbang » qui les fait vivre de racket et de pillages à la pointe du fusil. Bien qu'entreprise avec les meilleures intentions, l'intervention française dans son ancienne « vitrine en Afrique » est pathétique : la France tente de sauver les Ivoiriens d'eux-mêmes dans une confusion des rôles qui ne pourrait être plus *coloniale*, dans la mesure où le propre du fait colonial est la dépossession de l'autre – jugé inférieur – de son destin, fût-il fatal. Paris maintient quatre mille soldats en Côte d'Ivoire tout en proclamant *urbi et orbi* : « l'Afrique aux Africains », ce qui n'est peut-être pas non plus son rôle. Or, quel est précisément l'intérêt *français* dans cet engagement massif et coûteux, aussi en vies humaines ? Quel est l'objectif poursuivi qui permettrait de juger de l'échec ou de la réussite de l'opération Licorne ? À défaut de trouver des réponses à ces questions, les « patriotes » à Abidjan ne sont pas les seuls à remplir le vide de leurs fantasmes.

C'est comme si la France n'était plus « dans le film », hors actualité, aveugle dans une Afrique méconnue d'elle. Hostile à la « guerre » antiterroriste déclarée par les Américains, Paris se refuse à jouer de nouveau un rôle de sous-traitance géopolitique, non plus comme « gendarme de l'Afrique », comme du temps de la guerre froide, mais comme gardien de la paix sur le continent, désormais source de multiples menaces pour l'Occident : la menace terroriste d'une Afrique de plus en plus criminelle, politiquement coupée du monde et sans espoir de développement mais « branchée » sur les réseaux de la pègre internationale, du trafic de drogue, du blanchiment d'argent ; la menace d'une « guerre de religions » entre les adeptes d'un islamisme violent et les convertis des « Églises de réveil » chrétiennes, la foisonnante galaxie des prédicateurs protestants en Afrique ; la menace épidémique qui émane d'un continent en grande partie dépourvu de système de santé publique, archipel du sida qui deviendra peut-être, demain, la terre élue du SRAS ; la menace migratoire que représente, notamment pour l'Europe, une Afrique contrainte à la mobilité pour échapper à une misère toujours plus grande ; enfin, la menace écologique que constituerait, pour la planète entière, la transformation du continent en dépotoir ou la destruction de la grande forêt primaire du bassin du Congo. À l'évidence, toutes ces menaces pèsent d'abord sur l'Afrique elle-même, et y occasionneraient le plus grand nombre de victimes. Mais l'intérêt commun entre le continent et le reste du monde, qu'il soit vécu sur le mode consensuel ou conflictuel, n'exige-t-il pas de reconnecter l'Afrique à la géopolitique ?

Empêtrée dans ses combats d'arrière-garde d'ex-puissance néocoloniale, absente du réveil chrétien dans le monde et désireuse de se tenir à l'écart d'une « guerre civilisationnelle », d'autant plus que celle-ci se déroulerait aussi sur son sol national, en raison d'une forte et ancienne immigration... africaine, la France tâtonne sur le continent qui a longtemps rehaussé son « rang » sur la scène internationale. Elle y cherche les voies d'un réengagement compatible avec ses moyens, ou une porte de sortie honorable : retour à l'aide bilatérale et à sa plus grande visibilité politique chez les vieux « amis » francophones, ou « mutualisation » de la politique africaine au sein de l'Europe des Vingt-Cinq ? Maintien des bases militaires au sud du Sahara, ou passage du relais aux Casques bleus de l'ONU, à une future force africaine de la paix ? La France n'a encore tranché aucune de ces questions. En fait, elle les a à peine posées. Sur les grands enjeux de l'après-11-Septembre, elle paraît même *out of Africa*, hors jeu sur un continent qu'elle connaissait bien mais où le passé n'a plus d'avenir, qui est bien trop jeune et impatient pour attendre les indécis.

1

L'INSERTION (ANTI)TERRORISTE

Dans de nombreux pays africains, l'économie « informelle » a été l'antichambre de la guerre civile. La « débrouille » y a changé son fusil d'épaule. L'État est mort d'inanition, entre autres fiscale, et, dans les capitales, les pouvoirs fantômes se vendent aux mieux offrants, des contrebandiers aux faux-monnayeurs en passant par les compagnies pétrolières, la Banque mondiale, la Chine populaire ou Taïwan. Quant à l'arrière-pays, ces nouvelles *terrae incognitae*, qui sait encore ce qui s'y passe ? À l'intérieur du continent, il faut bien peu pour se tailler un fief à l'abri du monde. C'est précisément la hantise de l'après-11-Septembre.

L'Afrique, bien au-delà des zones de conflit et des « taches blanches » en dehors de toute administration, est le royaume du faux : aucun document, jusqu'aux actes de décès, aucun titre, foncier ou académique, aucun produit, pas même un médicament, n'échappe au doute sur son authenticité – ce qui rend d'ailleurs le vrai parfaitement inutile. Sur les barrages routiers en Côte d'Ivoire, des policiers déchirent des cartes d'identité en hurlant : « De toute façon, tu l'as achetée, mais tu n'es pas ivoirien ! » Dans un univers de misère et de vénalité, tous les trafics fleurissent, aussi avec le monde extérieur, de la revente de voitures volées en Europe au commerce des drogues, auquel le continent sert désormais de relais entre les cartels latino-américains et le croissant d'or asiatique. Avec quelques décennies de retard, l'Afrique noire suit la même trajectoire que le Maroc, qui est passé de la Régie des tabacs et du kif du temps du protectorat à une culture illicite du cannabis sur quelque soixante mille hectares, dont la valeur marchande annuelle a été estimée en 2002 par la Drug Enforcement Administration (DEA) américaine à douze milliards de dollars. Déjà, au sud du Sahara, deux pôles de trafic ont émergé : le Nigeria, dont les succursales de transit et de réexportation prolifèrent tout le long du golfe de Guinée, et l'Afrique du Sud. Le Cap est devenu à la fois un haut lieu de consommation vacancière, notamment pour la communauté gay, et un important relais du trafic de drogues sur la route de l'Europe et de l'Asie. Cette intégration dans des circuits internationaux est favorisée par l'insuffisance des moyens de contrôle dans les ports et aéroports du continent, ainsi que par la facilité de corrompre des agents d'autorité souvent mal rémunérés, voire impayés. Parallèlement, un nouveau mode de consommation d'une grande variété de drogues est apparu : la toxicomanie de guerre. Souvent très jeunes, les combattants des guerres d'écorcheurs qui se déroulent sur une partie du continent se donnent du « courage » en absorbant des hallucinogènes, des amphétamines.

Jusqu'à la fin des années 90, l'Afrique en voie d'insertion accélérée dans les grands circuits de la criminalité mondiale n'a pas suscité de vives inquiétudes, du moins pas en France. L'ouvrage *Criminalisation de l'État en Afrique*[1] a eu le mérite d'attirer l'attention sur le phénomène. « On peut également envisager que la participation de l'Afrique à des flux financiers ou commerciaux illicites favorise *in fine* sa croissance et son insertion dans l'économie mondiale », relevait Jean-François Bayart dans sa contribution à cet ouvrage collectif, avant de s'en expliquer davantage, un an

1. Jean-François Bayart, Stephen Ellis, Béatrice Hibou, *Criminalisation de l'État en Afrique*, Bruxelles, Complexe, 1997.

plus tard, dans la revue *Esprit*[1] : « Ce que font des Africains, un certain nombre d'Italiens l'ont fait aux États-Unis, des Corses l'ont fait en France, etc. Le crime a toujours été une voie, et souvent la seule, d'ascension sociale pour des défavorisés économiques ou politiques. De ce point de vue, les activités des Nigérians ou des Sud-Africains sont tout à fait “banales”. De la même manière, les guerres auxquelles nous assistons actuellement ne sont pas une remise en cause de l'État, mais une matrice tragique de formation de l'État. » Bref, en variant sur la célèbre formule de l'historien Charles Tilly, si « l'État fait la guerre et la guerre fait l'État », pourquoi l'État criminel ne se fortifierait-il pas par le savoir-faire nécessaire à sa criminalisation ? Cette idée a été poussée plus loin par d'autres auteurs, avec une fascination pour le « système D » qui avait déjà valu à l'économie informelle ses lettres de noblesse d'inventivité sociale, voire d'alternative économique, bien que ce fût au prix d'une large part du PIB – 70 % dans certains pays – échappant au pouvoir régulateur et fiscal de l'État. « Ne vaut-il pas mieux créer des choses diaboliques que ne rien créer du tout ? » se demandait, en 1998, l'africaniste Gérard Prunier. L'année suivante, deux de ses collègues, Patrick Chabal et Jean-Pascal Daloz, prenaient le contre-pied du livre-phare de René Dumont paru en 1962, *L'Afrique noire est mal partie*[2], en publiant un ouvrage sous le titre : *L'Afrique est partie ! Du désordre comme instrument politique*[3]. Depuis, l'effondrement du World Trade Center à New York a baigné la thèse sur les vertus démiurgiques du « chaos créateur de l'ordre » dans un jour nettement plus sombre.

Sur le site Internet du Quai d'Orsay, dans le texte de référence intitulé « L'Afrique subsaharienne aujourd'hui : une vision française », on lit : « Derrière l'Afrique qui inquiète se dessine une Afrique qui promet, et la France,

1. *Esprit*, juin 1998.
2. René Dumont, *L'Afrique noire est mal partie*, Paris, Seuil, 1962.
3. Patrick Chabal, Jean-Pascal Daloz, *L'Afrique est partie ! Du désordre comme instrument politique*, Paris, Economica, 1999.

qui peut s'enorgueillir d'une relation ancienne et confiante avec le continent, continuera à aider la première tout en accompagnant la seconde. » Qu'on ne vit pas dans le même monde à Paris et à Washington saute aux yeux quand on se reporte au document de cadrage équivalent de la politique américaine. Il s'agit du chapitre VII (« Élargir le cercle du développement en ouvrant des sociétés et en bâtissant les infrastructures de la démocratie ») de « La stratégie de sécurité nationale des États-Unis d'Amérique », telle qu'elle a été définie un an après les attentats de septembre 2001 par les autorités américaines. « Des décennies d'assistance massive au développement ont échoué à stimuler la croissance économique dans les pays les plus pauvres. Pis, l'aide au développement a souvent servi à soutenir des politiques erronées, en diminuant la pression en faveur de réformes et en perpétuant la misère. De façon révélatrice, les résultats de l'aide sont mesurés en dollars dépensés par les donateurs, et non pas en taux de croissance ou en réduction de la pauvreté chez ses bénéficiaires. Ce sont là les indices d'une stratégie qui a échoué. En collaboration avec d'autres nations, les États-Unis font face à cet échec. » Comment ? Dès le 1er juin 2002, dans un discours d'orientation à l'académie militaire de West Point, George W. Bush avait déclaré : « La cause de notre nation a toujours été plus grande que la défense nationale. Nous nous battons, comme nous nous sommes toujours battus, pour une paix juste – une paix qui favorise la liberté. Nous allons défendre cette paix contre les menaces de terroristes et de tyrans. Et nous allons étendre cette paix en encourageant des sociétés libres et ouvertes sur tous les continents. » Autrement dit : l'ingérence américaine est de retour, elle concerne désormais toute la planète, sans exception, et ses objectifs sont clairement affichés. L'Amérique veillera à sa sécurité nationale en exportant son « modèle » de société dans le monde entier.

Il ne s'agit pas, ici, de juger le « modèle » américain ou la doctrine d'une « guerre globale » contre le terrorisme. Seul importe que l'un comme l'autre s'affirment dans un univers présumé sans frontières. En effet, une sécurité *nationale* qui est assurée par une défense avancée *dans le monde entier* ignore les frontières, à commencer par les siennes, constitutives de sa nationalité. Intellectuellement, et sans doute politiquement, c'est une contradiction. Mais cette contradiction correspond aux réalités de l'après-11-Septembre. Face à la globalité de la menace terroriste, qui abroge la distinction entre le « dedans » et le « dehors », les États et, en tout cas, les États-Unis, combattent un danger qui est existentiel pour eux. Il n'y a là rien de bien nouveau : déjà avant les attentats contre les Twin Towers à New York et le Pentagone à Washington, les États-Unis intervenaient contre de multiples menaces naissantes – comme, par exemple, le trafic de drogues – en dehors de leurs frontières, notamment en Amérique latine. Compte tenu de la proximité géographique, de l'interdépendance économique et de la forte immigration hispanique, cette « préemption » des périls à venir était, selon les points de vue, impérialiste ou impérieuse. Depuis le 11-Septembre, cette politique « pro-active » a été étendue à l'ensemble de la planète, y compris à l'Afrique, malgré son éloignement, sa marginalité et l'afflux comparativement faible de ses migrants. Le 21 février 2005, le *New York Times* a fait sensation avec un article titré : « Plus d'Africains entrent aux États-Unis que du temps de l'esclavage. » Son auteur, Sam Roberts, expliquait que la moyenne annuelle des ressortissants du continent noir arrivant en Amérique du Nord avant l'interdiction de la traite négrière en 1807 était moins élevée que celle de l'immigration africaine depuis la fin de la guerre froide, avec quelque cinquante mille immigrés légaux par an (et, sans doute, trois fois plus d'illégaux). Cette comparaison a frappé les esprits. Dans les années 90, vingt fois plus d'Africains que dans les années 60 se sont légalement installés aux États-Unis, où le nombre d'habitants nés sur le continent noir a plus que doublé durant cette période, passant de à 0,8 % à 1,7 % de la population totale, soit environ six cent mille personnes – un total toujours relativement faible, en fait l'équivalent de la seule communauté marocaine en France, un pays hôte cinq fois moins peuplé que les États-Unis. Or, en France aussi, trente ans auparavant, la présence d'immigrés nord-africains – ils étaient si peu nombreux qu'on ne faisait pas encore la distinction entre Tunisiens, Algériens ou Marocains – était dérisoire : dans les années 30, il n'y avait guère plus de cent mille Maghrébins sur le sol français. Aussi, quelles que soient actuellement les divergences géopolitiques entre Paris et Washington, le « dedans » et le « dehors » n'ont pas plus de valeur distinctive entre la France et l'Afrique qu'entre les États-Unis et l'Amérique du Sud – et peut-être bientôt, pour les deux, à l'égard du reste du monde. Dans l'Hexagone, avec un décalage qui s'amenuise, l'immigration subsaharienne suit déjà l'exemple nord-africain en instaurant une interdépendance – politique, économique et culturelle – fondatrice d'une nouvelle communauté de destin. En 2001, les rétrotransferts des immigrés marocains en France vers leur pays d'origine représentaient plus de 10 % du PIB marocain, soit sept fois le montant de l'aide publique au développement reçue par le royaume ; la même année, les immigrés sénégalais en France contribuaient pour l'équivalent d'un tiers de l'aide publique perçue par leur pays, le plus aidé de l'Afrique francophone par habitant.

Depuis le 11 septembre 2001, cette interdépendance est perçue et vécue intégralement, sinon sur le mode intégriste, comme un enjeu « civilisationnel ». Un pont a été jeté entre la banlieue parisienne et les bidonvilles africains, de la même façon que « les » Arabes aux États-Unis savent leur sort lié à la politique américaine à l'égard de leur pays d'origine (plus ou moins lointain). Il ne s'agit pas de choix individuels. Qu'il soit naissant, comme en France, ou de tradition, comme en Grande-Bretagne et aux États-Unis, le « communautarisme » subordonne l'individuel au collectif. En France, il mêle déjà foi et loi au sujet du foulard islamique, ne distingue plus citoyenneté et religion, invoque les crimes imprescriptibles du passé, tel le trafic d'esclaves, pour revendiquer une « discrimination positive » en faveur des « minorités visibles » d'origine africaine. L'immigré est l'« indigène » d'hier qui revendique sur le sol français sa reconnaissance pleine et entière, sa juste représentation, l'égalité des chances, voire un coup de pouce. Dans ce contexte, où tout semble lié à tout, comment la politique africaine de la France pourrait-elle rester « étrangère » ? Quand l'équipe nationale de football s'affiche « black-blanc-beur », le Maghreb et l'Afrique noire sont à la fois sur la pelouse et dans les gradins. Quand le Conseil économique et social prône, en octobre 2003, l'augmentation du quota d'immigration « qualifiée » pour compenser le départ à la retraite des « baby-boomers », il se prononce sur un choix de société. Mais comment l'expliquer aux dirigeants africains « amis » de la France, quand un diplômé sur trois originaires de leurs pays s'installe déjà dans l'Hexagone à la fin de ses études, aggravant toujours plus la « fuite des cerveaux » qui hypothèque l'avenir du continent ? Quand le sénateur Michel Charasse indique que, entre 1982 et 2000, la baisse des « apports financiers nets de la France aux pays en développement et aux organismes multilatéraux » a atteint 47,7 %, comment des Français d'origine africaine jugent-ils « Mitterrand l'Africain » et son successeur à l'Élysée ? Quand des charters de « sans-papiers » sont expédiés en Afrique, mais jamais en Chine populaire, l'intérieur et l'extérieur de la politique française se mélangent aussi inextricablement que lors des vacances d'été que des immigrés des banlieues françaises passent au « village », dans le Sahel ou en Kabylie.

Avec tous les risques de chocs en retour qu'implique cette nouvelle donne pour la France, l'Afrique constitue l'un des théâtres de la « guerre » antiterroriste engagée par les Américains à l'échelle mondiale. Le continent au sud de l'Europe, et sur le flanc occidental de la péninsule arabique riche en pétrole, a connu une « nette augmentation de son importance stratégique », a souligné, le 29 février 2004, le général Charles Wald, qui fait partie de l'état-major du Commandement Europe (Eucom) de l'armée américaine dont la responsabilité opérationnelle s'étend à une grande partie de l'Afrique. Dans cette – rare – déclaration à la presse, il a expliqué que des terroristes de la mouvance al-Qaïda visaient à s'établir « dans la partie nord de l'Afrique – à la fois au Sahel et au Maghreb – et dans la Corne », ajoutant : « Ils cherchent un endroit pour faire comme en Afghanistan, en Irak et ailleurs. Ils ont besoin d'un havre pour s'équiper, s'organiser et recruter. » En raison de cette menace perçue, Washington a implanté près de deux mille soldats à Djibouti pour « couvrir » la Corne de l'Afrique, la mer Rouge et le Yémen. Ce contingent fait partie d'une « *task force* combinée », créée en juin 2002 et qui rassemble neuf pays de la région, sous la houlette des États-Unis : Djibouti, l'Éthiopie, l'Érythrée, le Kenya, l'Ouganda, le Soudan, la Tanzanie, la Somalie et le Yémen. « Des terroristes ont besoin de sanctuaires, a affirmé, en août 2004, le commandant en chef de cette *task force*, le général de brigade Samuel Helland. Ils sont à la recherche d'endroits où règnent le chaos et l'illégalité, où il ne s'exerce pas de contrôle par le gouvernement. » L'un de ces « endroits » est le Sahel, les marges incontrôlées – au nord comme au sud – de l'immense désert saharien qui barre le continent et en occupe près d'un tiers de la superficie. Ce « vide » constitue un sanctuaire naturel. Quant à la bande sahélienne, « l'Afrique du 16e parallèle » qui s'étend du Sénégal au Soudan en passant par le Mali, le Burkina Faso, le Niger et le Tchad, elle pourrait d'autant plus facilement se transformer en un vivier islamiste qu'elle est la « zone de contact » historique entre les croyances animistes et chrétiennes, au sud, et l'islam conquérant venu du nord. Pour toutes ces raisons, les États-Unis ont lancé, à la fin 2002, leur initiative Pan-Sahel. Celle-ci vise à assurer « la protection des frontières, le suivi des mouvements de personnes, la lutte contre le terrorisme et la coopération régionale », grâce au regroupement de huit pays riverains (l'Algérie, le Mali, le Maroc, la Mauritanie, le Niger, le Sénégal, le Tchad et la Tunisie) prêts à collaborer avec les Américains. D'un budget initial de sept millions de dollars, cette initiative devait être financée par la suite à hauteur de vingt-cinq millions de dollars par an. Elle prévoit l'aménagement de « bases avancées », de simples plates-formes destinées à accueillir des hélicoptères et quelques dizaines d'hommes des forces spéciales américaines, pour des opérations ponctuelles. En revanche, les États-Unis projettent la construction d'une grande base permanente dans le golfe de Guinée, pour sécuriser leur approvisionnement pétrolier à partir de la côte ouest du continent africain. Dans un premier temps, cette base devait être localisée à São Tomé et Príncipe. Mais en février 2005, des sources diplomatiques évoquaient aussi l'hypothèse d'une implantation de l'armée américaine au Gabon.

L'activisme américain met la France sous pression sur un continent où, pendant longtemps, elle avait été sans concurrence. À la suite de l'installation à Djibouti des quelque deux mille soldats américains – dans un camp désaffecté de la Légion étrangère –, Paris a dû négocier la location de sa propre base militaire, pour deux mille huit cents hommes, qu'elle maintient dans son ex-colonie. Depuis 2003, la France verse trente-cinq millions d'euros par an au trésor public djiboutien en échange des « facilités » qui lui sont accordées à l'entrée du Bab el-Mandeb, la « Porte des pleurs », le détroit reliant la mer Rouge au golfe d'Aden. C'est une première non seulement depuis l'indépendance de l'ancien territoire français des Afars et des Issas en 1977, mais aussi pour toute l'ex-Afrique française où les troupes « prépositionnées » de l'ex-métropole étaient traditionnellement « accueillies » comme une force de protection, en vertu des accords de défense ou d'assistance militaire, sans devoir s'acquitter d'un loyer. Au moins, depuis que Djibouti est sorti de cet ancien système conjuguant « présence étrangère » et « défense nationale », l'armée française pourra-t-elle se servir de sa base sur la mer Rouge en cas de nouveau conflit sur la péninsule arabe ou au Moyen-Orient : en

1991, pendant la première guerre du Golfe, cette possibilité lui avait été interdite, le gouvernement djiboutien lui ayant rappelé que l'accord d'établissement ne permettait pas l'utilisation des installations, cédées gratuitement, pour des opérations extérieures... Logiquement, le changement intervenu à Djibouti, qui abrite la plus importante base française sur le continent, aurait dû inciter Paris à réviser aussi les conditions de son implantation dans les quatre autres capitales africaines : à N'Djamena, Libreville, Abidjan et Dakar. C'était d'ailleurs prévu dans le discours que Dominique de Villepin, alors chef de la diplomatie française, a prononcé, le 13 juin 2003, à l'Institut des hautes études de la défense nationale (IHEDN). Mais le paragraphe ouvrant la perspective d'une renégociation des accords d'installation en vue d'un système locatif, d'une « relocalisation » des bases militaires dans d'autres pays et, en tout cas, hors des grandes capitales, voire d'un passage à un système de sécurité régionale qui aurait mis fin au tête-à-tête entre l'ex-métropole et ses anciennes colonies a été biffé par le ministre au dernier moment. « Il voyait bien l'utilité d'une telle initiative, mais il la jugeait iconoclaste », confie son entourage. « Il ne voulait pas aller au clash avec la Défense, et surtout pas avec l'Élysée. » Il est vrai que, depuis dix ans, toutes les tentatives en ce sens s'étaient heurtées à une fin de non-recevoir de la présidence française, quel qu'en fût l'hôte. En 1993, Édouard Balladur n'avait pas pu arracher cette concession à François Mitterrand ; en 1998, lors du « reformatage » de la présence militaire française en Afrique, Jacques Chirac n'avait pas profité de la professionnalisation de l'armée pour faire passer une vraie réforme du dispositif au sud du Sahara au-delà de la fermeture des deux bases en Centrafrique ; en 2003, il n'était toujours pas prêt à poser le problème, pas plus que celui de la révision des accords de défense. Ce n'est finalement qu'au début de l'année 2005, sous l'impact des événements en Côte d'Ivoire où la base du 43e BIMa était devenue un abcès de fixation de la crise, que Jacques Chirac a publiquement abordé la question.

Lors de ses vœux, début janvier, puis, un mois plus tard, en visite à Dakar, il a déclaré que les troupes françaises « prépositionnées » sur le continent ne resteraient que « là où les gouvernements africains le souhaitent, à leur demande ». C'était un petit pas, en marche arrière. On en mesure les entraves en interrogeant le président gabonais Omar Bongo sur le maintien de la base française à Libreville. « C'est de la haute politique, ça ne se discute qu'entre chefs d'État ! », réagit-il vivement, le 19 janvier 2005, avant de souligner que l'accord de défense conclu avec la France porte sur « deux volets, la défense extérieure et la défense intérieure ». En cas d'insurrection dans sa capitale, compterait-il sur une intervention de l'armée française ? « On aurait d'autres amis », esquive d'abord le chef d'État gabonais. Puis il livre le fond de sa pensée : « S'il y avait du grabuge à Libreville, les expatriés français seraient menacés et l'armée française sortirait bien de sa base pour les protéger. » Il affleure une menace dans cette conviction. Vous avez aimé Abidjan, vous adorerez Libreville...

Sans volonté politique de démolir un passé devenu encombrant, ou de construire un avenir sur des bases nouvelles, la France s'enlise dans des combats d'arrière-garde qui ne rassurent plus ses « amis » traditionnels sur le continent mais la privent d'alliés potentiels pour faire face aux problèmes de l'Afrique, qui la dépassent désormais. Jusqu'au sein de l'OTAN, Paris est perçu comme une « puissance agrippée aux lambeaux de sa présence en Afrique, une force d'inertie qui empêche d'innover, de passer à autre chose », selon un haut responsable de l'Alliance transatlantique à Bruxelles. En février 2005, l'opposition française à un séjour d'entraînement en Mauritanie de la Force de réaction rapide de l'OTAN a irrité non seulement les Américains mais aussi nombre de ses partenaires européens. Constituée en 2003 avec neuf mille cinq cents hommes, dont deux tiers de soldats européens, la NRF – NATO Response Force – doit monter en puissance pour devenir pleinement opérationnelle en octobre 2006, avec un effectif de vingt mille hommes, capables de se déployer en cinq jours. La NRF s'était déjà entraînée en Turquie et en Sardaigne. Mais sa présence en Mauritanie, malgré l'accord des autorités de Nouakchott, est apparue à la France comme une manœuvre américaine pour rehausser l'importance stratégique du Sahel dans la lutte antiterroriste, déjà mise en exergue par l'initiative Pan-Sahel. « Il n'est pas indiqué de transformer un exercice militaire en une démonstration politique dans cette région. La France n'y voit aucun intérêt », a commenté une source diplomatique française à Bruxelles, citée dans *Le Monde.* « La Mauritanie participe déjà au “dialogue méditerranéen” de l'OTAN et d'autres pays de la région, comme l'Algérie, ont signalé leur accord pour apporter leur concours à l'opération Active Endeavour, qui a pour but de contrôler le trafic maritime dans la Méditerranée, a estimé un diplomate américain. C'est ça qui gêne la France. » À Paris, l'intrusion du GI américain sur la rive sud de la *Mare nostrum* et dans les « sables chauds » de la bande sahélo-saharienne, qui a fait le bonheur de la tradition méhariste de l'armée française, est en effet vécue comme un revers historique.

Cette querelle, bien que mineure, illustre la renaissance de rivalités franco-américaines et, plus généralement, l'opportunité que le 11 septembre 2001 entraîne pour l'Afrique. Cependant, la lutte planétaire entre l'ordre américain et des réseaux terroristes mettant à profit le chaos propagé par des « États voyous » va-t-elle changer la face du continent ? Et dans quel sens ? En rétablissant une rente géopolitique, un « loyer » comparable à celui qui fut versé du temps de la guerre froide, ou en révoquant les libertés politiques à peine (re)conquises, au nom de nouvelles « priorités stratégiques » ? Il est trop tôt pour le savoir. Une seule certitude : le continent de l'entropie, la tendance naturelle vers la dislocation de tout ordre structuré, ne restera plus à l'écart du monde. Il a servi à la répétition générale des attentats de New York et de Washington qu'a été le double attentat, en août 1998, contre les ambassades américaines à Nairobi et à Dar es-Salam ; il est entré de plain pied dans l'après-11-Septembre, d'abord à Mombasa, le 28 novembre 2002, où des kamikazes ont lancé leur véhicule bourré d'explosifs sur un hôtel, tuant douze Kenyans et trois touristes israéliens, puis à Casablanca, le 16 mai 2003, quand cinq attentats suicides concomitants ont coûté la vie à quarante-cinq personnes ; il sera – dans l'optique américaine – l'un des champs de bataille entre « le Bien et le Mal ». D'ailleurs, le réengagement de la communauté internationale en Afrique est déjà en cours. La multiplication des opérations de rétablissement de paix des Nations unies – au Liberia, en Sierra Leone, au Burundi, au Congo-Kinshasa, en Côte d'Ivoire... – en témoignent, mais aussi, par exemple, la forte pression que les États-Unis ont exercée sur le Soudan pour aboutir à la signature, en janvier 2005, d'un accord de partage du pouvoir entre le Nord et le Sud, malgré l'embrasement du Darfour dans l'Ouest. Mais un bon siècle après la « pacification » coloniale, cette reprise en main du continent – à nouveau pour mettre fin à d'« effroyables tueries tribales » – n'est plus assumée directement par des puissances occidentales. Sa mise en œuvre est confiée, d'une part, à des Casques bleus originaires de pays du tiers-monde non africains (Inde, Pakistan, Bangladesh...), et, d'autre part, à des puissances régionales telles que le Nigeria et l'Afrique du Sud, bientôt peut-être dotées d'un siège permanent au Conseil de sécurité et, en tout cas, appelées à jouer le rôle de « sous-traitance » qui fut celui de la France pendant la guerre froide, sans doute également en poursuivant leur propre « agenda ». En juillet 2003, au sommet de Maputo, l'Union africaine a décidé la levée d'une armée panafricaine pour le maintien de la paix que l'Europe s'est déclarée prête à cofinancer en mobilisant des fonds d'aide au développement qui pourront désormais être consacrés à la « tâche prioritaire de la sécurisation du continent ».

Dans un document de synthèse publié, le 9 janvier 2004, sous le titre « L'Afrique en 2020 », le National Intelligence Council américain – qui réunit des diplomates, des experts et des membres de la « communauté du renseignement » – s'est livré à une projection du poids stratégique de l'Afrique dans les années à venir. « À l'échelle du continent, l'importance de l'Afrique pour la communauté internationale ne subira pas de changement extraordinaire, y lit-on. Le terrorisme ne sera pas une raison suffisante pour la communauté internationale de s'engager massivement en Afrique. Les terroristes pourront probablement y être combattus par des frappes militaires rapides, ponctuelles. Les exportations de pétrole et de gaz à partir de l'Afrique vont augmenter d'une façon très substantielle au cours des vingt prochaines années, mais cela entraînera moins d'engagement [international] qu'on ne le suppose communément. L'extraction offshore de ces ressources naturelles, et les liens extrêmement ténus qui existent entre le secteur énergétique et le reste de l'économie, mettent cette production à l'abri de la plupart des événements politiques. Pour ces mêmes raisons, l'exploitation et la production [du pétrole] s'étaient poursuivies en Angola pendant une longue guerre civile. Par ailleurs, aucun pays africain ne dispose à lui seul d'une quantité de pétrole telle que sa défaillance puisse avoir un impact significatif sur l'économie mondiale, même si l'effet cumulatif d'un grand nombre de producteurs [africains] mis à contribution aura de l'importance pour diminuer la dépendance du monde du Golfe persique. » C'est un point de vue, parmi d'autres. Mais tous convergent pour mettre en avant le rôle décisif du pétrole, *la* matière première stratégique de l'après-11-Septembre.

2

L'AUTRE GOLFE PÉTROLIER

Le pétrole au Tchad est un cas d'école. À tel point que le professeur Philippe Baumard, spécialiste de « l'intelligence économique », a choisi le dossier de l'oléoduc Tchad-Cameroun comme épreuve pour ses étudiants à l'ENA, la pépinière de la République. Les 30 septembre et 1er octobre 1999, sur une durée totale de vingt heures, il a organisé un « exercice de simulation » pour l'apprentissage de la « guerre de l'information ». Dans le temps imparti, les étudiants devaient rédiger une synthèse de cinq pages maximum pour identifier les acteurs clés et les enjeux tant économiques que politiques, préparer des négociations éventuelles et une « stratégie globale » de communication, répondre aux questions environnementales et humanitaires soulevées par le cas et, but ultime, détecter des « infos-déstabilisation » susceptibles de mettre en échec le projet « Un pipeline vers l'océan ». Leurs travaux étaient notés par un jury d'experts dans les domaines de la géopolitique, de l'industrie, des négociations multilatérales et de la gestion des médias. Objectif : « préserver ou restaurer la vérité, défendre des intérêts géostratégiques et économiques, interdire ou dissuader la prolifération d'une information déstabilisatrice ou destructrice ». Une petite note en bas de page insistait sur le caractère « purement fictif » de l'exercice, ajoutant que « la situation décrite dans cet extrait a été imaginée pour le propos d'une simulation à des fins uniquement pédagogiques ». Une précision utile car, si les élèves de l'ENA avaient dû évaluer la politique africaine de la France au Tchad, leur épreuve aurait tourné au jeu de massacre.

Voici donc un pays pour lequel la France n'a cessé de se battre depuis 1900, quand trois colonnes de son armée convergèrent sur les rives du Chari où elles défirent quelques « bannières » – bataillons – d'esclavagistes sous les ordres d'un aventurier soudanais, Rabah, dont la tête fut triomphalement promenée au bout d'une pique, le 22 avril à la chute du jour. En l'honneur d'un commandant tué dans ce féroce combat, la future capitale de la colonie à délimiter fut alors baptisée Fort-Lamy. Jusqu'à l'indépendance, en 1960, des officiers français méharistes chérissaient le Nord du Tchad, nomade et musulman, tandis que le *dar el-abid*, le « pays des esclaves » que fut historiquement le Sud fertile, allait à l'école coloniale et épousait la foi des missionnaires. La suite était prévisible et a constitué, à partir de 1966, l'année de la création du Front de libération nationale du Tchad (Frolinat), le feuilleton martial le plus riche de la Vᵉ République : puisque le Sud, fort de son instruction, s'était accaparé l'État postcolonial, le Nord lui faisait la guerre, et la France intervenait si souvent en arbitre-joueur que ses opérations, puisant leurs noms dans la taxinomie animale, sont passées en trente ans des poissons (Manta) aux oiseaux de proie (Épervier)... À la guerre civile se sont ajoutées les velléités expansionnistes du maître de la Libye, le colonel Kadhafi, toujours prêt à partager un rêve d'union. « La politique française, c'est d'empêcher l'Afrique du Nord de déborder sur l'Afrique subsaharienne », écrit l'ancien directeur de la DGSE, Claude Silberzahn, dans ses Mémoires[1]. Hélas, l'artisan de la victoire sur l'envahissante Libye, le président Hissène Habré, doit être « lâché » par les services secrets français, non pas en raison des milliers de morts sous la torture qu'il avait sur la conscience, mais pour avoir « joué dans notre dos avec les Américains »,

1. Claude Silberzahn, Jean Guisnel, *Au cœur du secret : 1500 jours aux commandes de la DGSE*, Paris, Fayard, 1995.

comme l'explique Claude Silberzahn. Le patron des services français entre 1989 et 1993 est tout aussi explicite au sujet du successeur à la présidence tchadienne, Idriss Déby, qu'il dit « redevable à la DGSE de son arrivée au pouvoir » en décembre 1990.

Deux ans plus tard, juste retour sur investissement, Elf fait son entrée à hauteur de 20 % dans le consortium international prospectant le Tchad à la recherche de pétrole, avec de bonnes chances de réussite : dès la fin des années 50, les études gravimétriques de la Société des pétroles d'Afrique équatoriale française avaient révélé au sud du Tchad, dans le bassin du Logone, une zone propice, allongée d'est en ouest de part et d'autre du poste de Doba. Puis, en 1975, du pétrole avait été trouvé près du lac Tchad, à Sédigui, dans le centre-ouest. « Tu ne peux pas ne pas associer les Français à l'avenir pétrolier de ton pays », explique, à la demande de Paris, le président gabonais Omar Bongo à Idriss Déby, après l'arrivée au pouvoir de son jeune « frère » tchadien. Non sans difficultés, une place honorable est libérée à la compagnie française, celle de l'américaine Chevron qui exige un « prix juste » pour le rachat de ses parts, refusant le « prix politique » proposé par Elf avec le soutien du gouvernement tchadien. Au terme d'âpres tractations, le bras pétrolier de la « Françafrique » met au moins la main gauche sur le pactole : les majors anglo-saxonnes Exxon et Shell, qui détenaient chacune 40 % du capital, l'accueillent en *junior partner*, en associé minoritaire.

C'est le rêve ! Deux fois et demie grand comme la France, mais peuplé seulement de sept millions d'habitants, le Tchad, dont le budget n'excède pas celui de la ville de Quimper et de ses soixante-deux mille habitants, ou celui du film *Titanic*, commence à croire à un avenir en or noir. Dès 1994, une base de forage s'ouvre près de Doba ; un monde tellement à part qu'il semble tombé du ciel au milieu de la savane : on y roule au pas, mais le port de la ceinture de sécurité et du casque est obligatoire ; on y vit dans des mobil-homes, placardés d'affiches avertissant du risque de paludisme (*Is today your malaria pill day ?*, « Est-ce aujourd'hui le jour où il faut prendre votre pilule contre le palu ? ») ; on y suit des matchs de base-ball retransmis par CNN et des films américains à longueur de journée ; l'alcool est interdit à l'intérieur du périmètre, de même que les femmes qui ne travaillent pas pour le projet ; mais, en pleine brousse, il existe un distributeur de crèmes glacées italiennes, un autre de café et de thé. À l'entrée de Doba, une nouvelle « foire » – un marché – aligne des commerces dans des bâtiments « en dur » à colonnades, comme dans une ville du Far West pionnier du début du XIXe siècle. Un petit hôtel assez bien équipé – *La Pétrolière* – s'ouvre, et les grandes villes du Sud sont connectées à Internet. La spéculation immobilière bat son plein. Le général Wadal Abdelkader Kamougué, l'ancien « héros du Sud », figure en tête de liste des deux cents personnalités sollicitant l'attribution d'un terrain. De mars 1979 à septembre 1982, l'ancien enfant de troupe de l'armée française, qu'il a servie comme sergent, avait dirigé l'administration séparée des cinq préfectures du Tchad méridional, *de facto* en sécession. Mais les « nordistes » au pouvoir à N'Djamena avaient reconquis et « pacifié » le Sud, au prix de nombreux morts, notamment pendant une longue saison des pluies, en 1984, au cours d'une campagne menée par Idriss Déby, alors le « com'chef » du président Habré. À présent, l'heure de la revanche est-elle venue ? Dans la « Mésopotamie entre le Logone et le Chari », tous l'espèrent, ne demandent qu'à croire que l'argent du pétrole fera de nouveau pencher la balance en faveur du Sud. Après l'or blanc du coton, trop léger, l'or noir, le brut... En attendant, il y a déjà des fonds à récolter, les miettes d'un projet d'un coût de 3,7 milliards de dollars, dont 2,2 pour la construction de l'oléoduc sur 1 070 kilomètres, jusqu'au terminal sur la côte camerounaise, et qui devra doubler le budget de l'État pendant trente ans, même sans nouvelles découvertes : le Plan de compensation et de réinstallation des populations locales se transforme en machine à sous, tant est forte la pression des ONG – locales mais, surtout, internationales – militant pour une « exploitation éthique » du pétrole tchadien. Le prix d'un manguier à abattre passe ainsi de 3 500 CFA (5,34 euros) à 420 000 CFA (640 euros). Pour mieux comprendre les « peuples autochtones vulnérables », le consortium s'adjoint les services d'une ethnologue avec trente ans d'expérience de terrain, Hélène Braun, qui négociera un tracé du pipeline respectant les tombes mais pas les « sites sacrés », avec un argument imparable : nul ne peut indiquer les sites sacrés, puisqu'ils perdent leur pouvoir une fois révélés aux non-initiés...

Ainsi, tout est fin prêt, en novembre 1999, pour le plus grand investissement privé au sud du Sahara, une opération devant rapporter – sur une base de calcul prudente de 15,25 dollars le baril de pétrole – un bénéfice net, après remboursement des dettes et amortissement des investissements, de 2,3 milliards de dollars, à partager entre les pétroliers (50 %), le Tchad (38 %) et le Cameroun (12 %). Or, c'est au moment de toucher au but qu'un coup d'éclat semble tout remettre en question : Elf et Shell se retirent du projet ! Les deux compagnies nourrissent-elles des doutes au sujet de la caution que la Banque mondiale doit apporter au consortium, à la fois sur le plan financier – en lui prêtant 476 millions de dollars – et comme « garant moral » d'une entreprise dès lors estampillée « bonne pour le développement » ? Sans le soutien de la Banque mondiale, craignent-elles pour leur image en raison des campagnes virulentes déclenchées par des ONG très actives dans les pays où se trouvent leurs sièges ? Ou, l'un dans l'autre, préfèrent-elles concentrer leurs investissements sur les gisements en mer dans le golfe de Guinée plutôt que dans un pays enclavé et politiquement « volatil » ? Quelle que soit la bonne réponse, ce qui est pardonnable à la compagnie anglo-néerlandaise Shell ne saurait être permis à « Elf-Africaine ». Le 9 novembre 1999, réagissant dans un communiqué officiel à l'annonce du retrait, faite la veille, le pouvoir tchadien instruit un procès d'intentions politiques : « Le caractère brusque de ces décisions laisse penser qu'elles ne sont dictées ni par des raisons économiques ni par des considérations techniques. Ce lâchage ne vise en réalité qu'un seul but, à savoir compromettre la réalisation du projet et mettre en difficulté le gouvernement vis-à-vis de son opinion publique. » Une semaine plus tard, le 16 novembre, tout le monde comprend que ne sont ainsi visés ni Shell ni le gouvernement néerlandais, mais bien Elf et les autorités françaises : au cours d'une manifestation à N'Djamena, des bâtiments officiels de la France mais aussi des maisons et des véhicules d'expatriés français sont pris pour cibles, parfois saccagés, voire incendiés. Le drapeau tricolore est brûlé sur la place publique. Par la voix de son ministre des Affaires étrangères, le Tchad présentera ses excuses à la France. Cependant, le 2 mars 2000, le président tchadien demande à Paris le « rappel immédiat » de l'ambassadeur Alain du Boispéan. Celui-ci s'était chargé, début novembre, d'annoncer lui-même la mauvaise nouvelle du retrait d'Elf à Idriss Déby. Une confusion des rôles qui ne lui sera pas pardonnée : si le représentant de la France parle au nom de la compagnie pétrolière, qui croira que le forfait d'Elf n'aurait pas été décidé dans les palais de la République française ? Le pire, à bien des égards, c'est qu'en fait, personne à Paris n'a pris une décision stratégique au sujet du Tchad, ni à l'Élysée ni à Matignon, pas plus qu'au Quai d'Orsay ou à la Défense. « C'est beaucoup plus banal, témoigne un responsable de la politique africaine de la France. On a laissé filer. On avait la tête ailleurs. »

Le 6 juin 2000, sept mois après le retrait d'Elf, la Banque mondiale a donné son feu vert au projet de Doba et au consortium recomposé autour d'Exxon (40 %), avec la compagnie malaise Petronas (35 %) comme nouvel associé et, ancien partenaire revenu, Chevron (25 %). Depuis l'été 2003, comme prévu, l'or noir coule au Tchad, dont la production doit monter en puissance pour rejoindre, en 2006, le même niveau qu'au Gabon, environ douze millions de tonnes par an. De nouveaux forages prometteurs laissent espérer un avenir pétrolier au-delà de 2030. Quant à la

France, elle reste très présente dans son ancienne colonie, avec les huit cent cinquante militaires et l'escadrille de l'opération Épervier, avec ses coopérants, ses PME, son centre culturel... Elle est partout, dans tous les domaines, sauf dans le plus important, celui qui fait désormais vivre le pays, qui est au cœur des intrigues politiques, là où tout se noue et se dénoue : le secteur pétrolier. À l'ambassade de France, qui ressemble à une sous-préfecture ensablée, il y a longtemps qu'on s'est résigné à l'irréversible. « Le tournant, ça a été la privatisation d'Elf en 1994 », y explique-t-on, avant de se remonter le moral en se félicitant « quand même des contrats de sous-traitance, dont 60 % sont allés à des entreprises françaises ». Triste désert.

Le Tchad n'est pas une exception. En 1993, au Congo-Brazzaville, quand la compagnie américaine Occidental Petroleum (OXY) avait marché sur les plates-bandes d'Elf en signant un contrat de vente par anticipation de soixante-quinze millions de tonnes de pétrole pas encore extrait du sous-sol, en échange de cent cinquante millions de dollars versés au président Pascal Lissouba à la veille d'un week-end électoral, l'État français avait vivement réagi : « Nous avons tenu une série de réunions à Matignon autour de deux thèmes principaux : comment adapter la politique d'Elf aux impératifs de la politique de la France en Afrique ? Comment défendre nos intérêts face aux Américains ? » avait confié son ministre de la Coopération d'alors, Michel Roussin, à l'hebdomadaire *Jeune Afrique* en 1993. Mais quand, en octobre 1997, la guerre civile congolaise entre dans sa phase décisive, c'est l'armée angolaise qui impose comme vainqueur l'ex président Sassou N'Guesso, au détriment de Pascal Lissouba, qui passe à tort pour un « résistant » à l'égard d'Elf à qui, au contraire, il avait bradé la part de l'État dans Elf Congo et attribué les meilleurs permis de prospection. La France a été incapable d'agir par ses propres moyens et Elf, qui avait exécuté les ordres de paiement des *deux* côtés pendant les combats à Brazzaville, est obligée de faire amende honorable au lendemain de la victoire de Sassou N'Guesso, qui lui fera payer son indécision – alors que la presse parisienne cloue la compagnie au pilori pour avoir financé le « massacre des civils au Congo »...

À l'automne 2000, les autorités françaises essuient à leur tour les foudres des médias dans l'« Angolagate », ainsi baptisé d'après l'« Irangate » sous la présidence Reagan, la vente d'armes illégale à l'Iran – pour obtenir la libération des otages américains à Beyrouth – dont le profit avait servi à financer clandestinement la guérilla antisandiniste au Nicaragua. Or en France, si les ventes d'armes au pouvoir angolais par Pierre Falcone ont certes été couvertes par un blanc-seing d'exportation du ministère de l'Intérieur du temps où celui-ci était dirigé par Charles Pasqua, il s'agissait d'un scandale de corruption, sans agenda politique caché, d'autant moins que le régime du président Eduardo dos Santos n'était pas hostile à la France. Il ne l'était pas, mais il l'est devenu : l'immense contresens de cette affaire, c'est que le pouvoir angolais s'est braqué contre la France parce que l'exécutif à Paris ne s'est pas opposé aux poursuites engagées par la justice française ; pis, que Pierre Falcone, l'homme de confiance du président dos Santos qui finira par le protéger d'un statut diplomatique officiel, a été inculpé et même mis en détention provisoire, en décembre 2000. Le 26 février 2001, en recevant les lettres de créance du nouvel ambassadeur de France à Luanda, le président dos Santos défend son « mandataire », Pierre Falcone, et demande aux autorités françaises d'abandonner toute poursuite contre lui pour « sauver » les relations entre les deux pays. Puis, dans une lettre adressée à Jacques Chirac le 18 avril 2001, révélée par *Le Nouvel Observateur*, le président angolais estime que « la situation juridique qui résulte des plaintes déposées par l'État français contre notre mandataire, tant en matière fiscale que dans le cadre de la législation française sur les ventes d'armes, constitue une atteinte à la souveraineté de notre État qui peut causer un grave préjudice aux relations entre la France et l'Angola. Il nous paraît indispensable que l'État français, qui est impliqué dans ce processus, retire les plaintes qu'il a déposées aussi bien pour fraude fiscale que pour cette vente illicite d'armes. » Depuis, n'ayant pas obtenu satisfaction, l'Angola est passé aux représailles : une visite du chef de la diplomatie française n'a cessé d'être repoussée et, en novembre 2004, un important permis d'exploitation et d'exploration dans l'offshore peu profond – le bloc 3/80 – a été retiré à la société française Total, l'héritière d'Elf, au profit de la société chinoise Sinopec. À Paris, la vertueuse défaite que la raison d'État a subie dans l'« Angolagate » reste entourée d'un halo de scandale « françafricain ». À Luanda, elle se paie au prix fort.

Le « décrochage » de la France pétrolière au sud du Sahara est général, sans exception. Il date des années 90 mais hypothèque la « souveraineté énergétique » de la France au XXIe siècle. Au moment où la Guinée équatoriale amorçait son vertigineux essor de futur eldorado, qui fera d'elle le troisième producteur africain – après le Nigeria et l'Angola – dès 2007, la compagnie Elf, paralysée par ses déboires judiciaires, sa privatisation puis son absorption par Total, n'a guère tenté de s'implanter au pays du président Teodoro Obiang. Celui-ci, en froid avec l'Espagne, l'ancienne puissance coloniale, multipliait pourtant des signes d'ouverture, notamment en faisant adhérer la Guinée équatoriale à la zone franc, mais aussi en se mettant à l'apprentissage du français et en se plaçant dans le sillage du chef de l'État gabonais, Omar Bongo. Aujourd'hui, il vole de ses propres ailes et deux compagnies américaines, Marathon et Exxon, font la loi pétrolière à Malabo. Dans l'autre « archipel du pétrole » dans le golfe de Guinée, à São Tomé et Príncipe, ce sont également des sociétés américaines – outre Exxon, Conoco et Anadarko – qui se partagent le pactole. De même d'ailleurs qu'à l'intérieur du continent, sur la « nouvelle frontière » qu'est devenu le Sahel : déjà engagés au Tchad, Exxon et Petronas intensifient leurs recherches au Niger voisin et au Mali. Associée dans les années 80 à Elf, qui s'est ensuite retirée malgré la découverte de trois cents millions de barils de brut à Agadem, Exxon persévère dans ses efforts d'atteindre le seuil de rentabilité pour exploiter le pétrole du Niger. La major américaine analyse également avec soin les données sismiques que le gouvernement malien a mis à la disposition des compagnies pétrolières, en avril 2002. Ces relevés portent sur six blocs dans les bassins de Lullemmeden, Gao et Nara, où ils révèlent des structures similaires à celles qui se sont avérées pétrolifères à Agadem, au Niger, et à Doba, au Tchad.

Depuis le 11 septembre 2001, après une éclipse d'une douzaine d'années dans l'après-guerre froide, l'adjectif « stratégique » est ainsi de retour, au moins pour *une* richesse du sous-sol africain : le pétrole. En 2004, le continent recelait 90 milliards de barils de réserves prouvées, dont près de la moitié au sud du Sahara. Certes, c'est nettement moins que les réserves de l'Arabie saoudite (260 milliards de barils), mais de peu inférieur aux réserves de l'Irak (112 milliards de barils) et autant que celles de l'ex-URSS. Qui plus est, depuis les années 90, la production africaine a augmenté de 40 %, soit le double de la moyenne mondiale. Et, surtout, ce brut, « léger » en soufre et donc facile à raffiner, est extrait juste en face de l'Amérique, sur l'autre rive de l'Atlantique, sans côtes à longer, sans canal ou détroit à franchir, donc sans risque d'un attentat kamikaze. Dès janvier 2002, quelques semaines seulement après les attaques lancées contre le World Trade Center et le Pentagone, Walter Kansteiner, alors secrétaire d'État adjoint pour les Affaires africaines, a annoncé au nom des États-Unis que le pétrole africain relevait dorénavant de l'« intérêt stratégique national ». Depuis, la pression politique pour en accroître la production n'a cessé de s'accentuer et dès 2004, les découvertes de nouveaux gisements en Afrique ont en effet dépassé celles de toutes les autres régions du monde. À l'horizon de 2010, le tonnage extrait sur le continent doit augmenter de plus de 60 % selon les prévisions. Or en 2003, l'or noir africain représentait déjà 14,5 % de l'approvisionnement des États-Unis, qui importent plus de la moitié – 56 % pour la même année – du pétrole qu'ils consomment. Cette part de marché était alors équivalente à celle de l'Arabie saoudite, mais inférieure de moitié à celle en provenance de l'ensemble de la péninsule arabe (30 %). Pour 2015, les États-Unis se sont fixé pour objectif de couvrir « au moins 25 % » de leurs besoins en pétrole à partir de l'Afrique et, plus précisément, à partir du golfe de Guinée, « l'autre golfe pétrolier ». Que les États propriétaires du pétrole au sud du Sahara ne soient pas, pour certains d'entre eux, membres du cartel de l'OPEP ni, tous, séides de la cause arabe ou musulmane constitue, vu de Washington, un atout supplémentaire dans le monde de l'après-11-Septembre.

Les avantages escomptés par les Américains sont multiples. Engagés dans un périlleux « remodelage » du Proche et Moyen-Orient, les États-Unis assurent leurs arrières en Afrique. Celle-ci leur fournit un précieux contrepoids en produisant environ un tiers du pétrole extrait au Moyen-Orient, qui reste au cœur de toutes les batailles pour la sécurité énergétique, car détenteur de 79 % des réserves prouvées et, en 2030, si les tendances actuelles se prolongent, pourvoyeur de plus de la moitié du brut vendu sur le marché mondial. Mais les pays africains, à commencer par les grands producteurs que sont le Nigeria et l'Angola, offrent aux États-Unis une marge de manœuvre suffisante pour désamorcer la menace d'un « chantage » de la part du monde arabe. En même temps, l'Afrique noire constitue un champ de rivalité avec d'autres puissances aux besoins énergétiques rapidement grandissants, en premier lieu avec la Chine, dont les importations de pétrole – d'une croissance annuelle de 25 % – sont passées de 10 millions de tonnes en 1993 à 70 millions de tonnes en 2002. D'ici 2020, l'ancien empire du Milieu escompte des besoins d'approvisionnement sur le marché mondial de l'ordre de 450 millions de tonnes. Dépendante pour plus de 60 % de sa consommation des réserves du Moyen-Orient, la Chine ne pourra trouver de surplus qu'en Afrique, son deuxième fournisseur de brut avec environ 20 %, devant l'Asie centrale (14 %) et l'Europe (6 %). L'entrée, en 1997, de PetroChina dans un consortium international au Soudan, qui dispose d'importantes réserves dans la zone de contact entre le Nord à majorité arabo-musulmane et le Sud peuplé de Négro-Africains chrétiens ou animistes, s'inscrit dans cette stratégie d'approvisionnement. En 2004, couvrant les crimes contre l'humanité commis par les milices gouvernementales au Darfour, dans l'ouest du Soudan, Pékin a menacé de recourir à son droit de veto au Conseil de sécurité pour éviter à Khartoum des sanctions de l'ONU. Au nom des nouvelles valeurs communes sino-africaines que sont la « non-ingérence dans les affaires intérieures de chacun » et l'« aide sans conditionnalité politique », de tels renvois d'ascenseurs – pétrole contre impunité – sont devenus fréquents, dans les deux sens, au sein de la commission des droits de l'homme des Nations unies.

Pendant la guerre froide, pour faire pièce à la mainmise des Américains sur les gisements du Moyen-Orient, des pays européens – la France et la Grande-Bretagne, mais aussi les Pays-Bas et l'Italie – avaient prospecté dans leurs anciennes colonies, notamment en Afrique. British Petroleum (BP) et Royal Dutch Shell avaient ainsi découvert, à la fin des années 50, des gisements au Nigeria ; des compagnies d'État françaises, appelées à être regroupées au sein d'Elf, avaient trouvé du brut d'abord dans le Sahara algérien, puis au Gabon, au Congo et au Cameroun. À partir de 1975, après la tardive décolonisation des possessions portugaises, l'Angola, malgré un quart de siècle de guerre civile, est devenu un producteur majeur et une terre de partage entre compagnies américaines et européennes. Les techniques de recherche et d'extraction évoluant, des gisements en eaux de plus en plus profondes ont été découverts et exploités. Aujourd'hui, de la Côte d'Ivoire à l'Angola en passant par le Nigeria, la Guinée équatoriale et l'archipel são-toméen, sans parler du *hinterland* sahélien, le golfe de Guinée est une vaste baie d'or noir. Son importance stratégique est clairement perçue à Washington, dans un contexte géopolitique qui rend vital l'approvisionnement énergétique des grands pôles du monde de demain : l'Amérique, la Chine, le Japon, l'Europe... Cette dernière en général, et la France en particulier, ont en revanche perdu des positions pétrolières en Afrique depuis la chute du mur de Berlin. Ces positions seront difficiles à reconquérir sur un continent qui, redevenu un enjeu de la « guerre des civilisations » engagée à l'échelle planétaire, tentera de tirer le meilleur parti des rivalités dont il est l'objet en faisant monter les enchères. Au regard du passé, il est hélas invraisemblable que la manne pétrolière des décennies à venir bénéficie au plus grand nombre en Afrique. Dernier venu au club des pétroliers, la Guinée équatoriale a connu, en 2003, une croissance de son PIB de 25 %. En cette année, sa richesse par habitant a été au même niveau que celle de la Grèce. Mais, selon le Programme des Nations unies pour le développement (PNUD), les trois quarts des quelque cinq cent mille Équato-Guinéens continuaient de vivre au-dessous du seuil de pauvreté. Et cette situation pourrait perdurer, voire empirer, à en juger par l'expérience du Nigeria, le plus ancien et le plus important producteur de brut au sud du Sahara. Plus de trois cents milliards de pétrodollars, engrangés pendant le dernier quart du XXe siècle, n'y ont laissé guère d'autres traces que l'effroyable pollution dans le delta du Niger et des avoirs à rallonge dans des comptes aussi offshore que les plates-formes en haute mer : selon le classement du PNUD pour le développement humain en 2004, le « géant de l'Afrique noire » accuse des indices de pauvreté supérieurs de 30 % à ceux de 1980.

3

TERRE D'AFRIQUE, « BIEN COMMUN DE L'HUMANITÉ »

Le dense cœur forestier du sud-ouest de la Côté d'Ivoire fut conquis et « pacifié » par l'armée française entre 1907 et 1912. Ce triangle d'environ quinze mille kilomètres carrés, délimité par les routes que le colonisateur traça ensuite entre les villes de Daloa, Soubré et Gagnoa, constitue aujourd'hui le pays bété. Ses habitants n'ont aucunement conscience du fait que leur ethnie est une « création coloniale », intitulé de l'étude que leur a consacrée le chercheur Jean-Pierre Dozon[1]. Or, ils doivent leur nom aux appels répétés à la clémence – « bete o ! », « mais doucement ! » – que leurs aïeuls proféraient pour calmer les ardeurs répressives des envahisseurs français. Depuis, les Bétés ont vu arriver bien d'autres « étrangers » par lesquels ils se sentent envahis, qu'ils considèrent comme des « colonisateurs économiques ». Il y a, d'abord, les « allogènes », des Ivoiriens comme eux mais « nés ailleurs », qui sont venus, avant et après l'indépendance, du centre et du nord du pays pour défricher les terres du sud-ouest. En l'absence d'engrais et d'une alternance de cultures appropriée, l'épuisement des sols au centre de la Côte d'Ivoire poussait les Baoulés vers

1. Jean-Pierre Dozon, « Les Bétés : une création coloniale », *in* Jean-Loup Amselle, Eliakia M'Bokolo, *Au cœur de l'ethnie, ethnies, tribalisme et État en Afrique*, Paris, La Découverte, 1985.

le sud, bientôt suivis par les Dioulas du nord, qui fuyaient la désertification de leurs terres ou, plus souvent, suivaient simplement, en bons commerçants, leur clientèle qui migrait pour s'installer en pays bété. Après y avoir négocié avec le « chef de terre » d'un village la cession d'un lopin de forêt, les Baoulés s'établissaient, en restant entre eux, dans des « campements » en brousse, essartant alentour des clairières de plus en plus étendues pour cultiver, notamment, le café et le cacao, comme ils l'avaient fait chez eux. En revanche, les Dioulas demeuraient dans les villes et villages bétés entre eux, dans leur « quartier » qui existe maintenant partout. Ensuite, de nouvelles vagues d'immigration firent venir les « cousins sahéliens » des Dioulas, cette fois-ci de vrais étrangers, dans leur grande majorité originaires du Burkina Faso et du Mali. Cette main-d'œuvre immigrée se mit à trimer dans les plantations industrielles qui commençaient à voir le jour pour une exploitation à grande échelle du café, du cacao, de l'hévéa... Une fraction des Sahéliens restait des travailleurs saisonniers, vivant dans des baraquements sur les plantations entre deux retours au pays. Une autre s'installait à son tour en marge des villes et villages bétés, eux aussi à part, dans *leurs* quartiers. Si bien que, dans les années 80, les Bétés ont fini par devenir minoritaires dans leur propre région, cernés au cœur de leurs localités par des « allogènes » et des immigrés souvent deux ou trois fois plus nombreux qu'eux. En brousse, bien des « campements » dépassaient la taille de leurs villages. Les conflits devenaient alors récurrents, d'autant plus qu'il n'y avait que très peu de mariages entre « autochtones », « allogènes » et immigrés, du fait du refus – des deux côtés – de « se mélanger », d'une insistance obsessionnelle à vouloir toujours « savoir qui est qui ». Mais ces rixes, et parfois ces flambées de violences n'avaient jamais pris une ampleur échappant, *in fine*, au contrôle régulateur des « tuteurs » bétés et de leurs « parents adoptés » venus d'ailleurs. Pour deux raisons essentielles : l'incontestable patriarche du pays, le président Houphouët-Boigny, avait édicté comme règle d'airain que « la terre appartient à celui qui la cultive » ; et la Côte d'Ivoire n'était pas une démocratie. D'un côté, il n'était donc pas envisageable de chasser les immigrés sahéliens de la « boucle du cacao » – le nom qu'avait pris le Sud-Ouest ivoirien –, et encore moins les « allogènes », qui étaient des nationaux jouissant des mêmes droits que les Bétés dans le cadre de l'État moderne légué par la colonisation. D'un autre côté, les Bétés n'étaient pas menacés de perdre le contrôle de leur fief, puisqu'on votait seulement dans le cadre du parti unique, « verrouillé » dans le souci de conférer à chaque communauté le sentiment d'être administrée chez elle par des « fils du pays » – ce qui permettait d'autant mieux aux Baoulés, l'ethnie de Félix Houphouët-Boigny, d'exercer la réalité du pouvoir au niveau national.

La suite est connue : l'instauration du multipartisme en 1990 et la mort d'Houphouët-Boigny trois ans plus tard ont permis la libre expression de toutes les revendications qu'une crise économique et financière durable ôtait à l'État tout moyen de satisfaire. Mais au-delà de la « mauvaise conjoncture », de nombreux problèmes structurels, auparavant ensevelis sous l'interminable fin de règne du « Vieux », se conjuguaient : le rajeunissement considérable de la population à la suite d'une forte poussée démographique, une vertigineuse urbanisation, un modèle agro-exportateur à bout de souffle, une immigration aussi massive qu'incontrôlée, un doute sur la nationalité qui, exploité par la démagogie xénophobe autour de l'« ivoirité », allait se transformer en crise d'identité... L'énumération de ces causes n'est pas exhaustive. Cependant, même une analyse sommaire identifie aisément le noyau écologique de la crise en Côte d'Ivoire : dans ce pays, entre 1958 et 1980, deux tiers des douze millions d'hectares de forêt primaire ont été défrichés pour faire exploser, grâce à ces terres vierges non renouvelables et à l'abondante main-d'œuvre importée du Sahel, les récoltes de café et de cacao, qui sont passées pendant cette période respectivement de 55 000 à 250 000 tonnes et de 62 000 à 815 000 tonnes. Outre des dégâts pour l'environnement sans doute irréparables, le « miracle » ivoirien a provoqué l'effondrement des cours mondiaux du café et du cacao puis, l'État ne disposant plus des moyens nécessaires pour apaiser les conflits, la mise en cause de la présence des « allogènes » et des immigrés dans la « boucle du cacao ». Dès le milieu des années 90, des « chasses » aux étrangers se sont produites dans le Sud-Ouest ivoirien. Qu'un concours de circonstances, qu'il juge lui-même « calamiteuses », ait permis en octobre 2000 au leader – bété – de l'opposition, Laurent Gbagbo, de s'installer dans le fauteuil présidentiel, a sûrement exacerbé les contradictions dans la « boucle du cacao ». Mais si les responsables de la politique africaine de la France en sont réduits à scruter la psychologie d'un « Docteur Jekyll et Mister Hyde » au pouvoir et à vouloir réinventer la carte ethnique ivoirienne, c'est qu'ils n'ont pas prêté suffisamment attention aux fondamentaux d'une crise qui se noue depuis vingt ans. Au cœur de cette crise, deux problèmes touchent, l'un et l'autre, à la maîtrise de l'espace humain : le foncier rural, notamment dans le Sud-Ouest, et une immigration qui vaut à la Côte d'Ivoire, selon le dernier recensement datant de 1998, de détenir le record mondial du nombre d'étrangers sur son sol : 26 %.

Le bouleversement démographique du continent, sa révolution urbaine, ses migrations internes, la fragilisation de ses sols en particulier par l'avancée des déserts, la déforestation, une pollution de plus en plus importante, le stockage « sauvage » de déchets industriels et, en point de mire de l'ensemble de ces problèmes, la menace de futures dictatures écologiques – des « écocraties » – qui veilleraient de façon coercitive à la gestion de pénuries permanentes, dont notamment celle de l'eau potable, propulsent les questions d'environnement en Afrique au premier plan des préoccupations du XXIe siècle. Certes, l'iniquité globale est indiscutable dans un monde où un sixième de la population bénéficie de 78 % des revenus planétaires et provoque 80 % de la pollution. Mais la culpabilité des uns ne rachète pas les abus des autres : huit Africains sur dix cuisinant au feu de bois ou au charbon de bois, 85 % du bois coupé en Afrique est destiné à la cuisson des aliments. Et tant qu'une bouteille de gaz coûte, comme au Mali, le dixième du Smic local (vingt-six euros), il n'y a guère de chance de mettre à la portée de tous la protection de l'environnement. Néanmoins, pour y parvenir un jour, une multitude d'organisations se sont créées à travers le continent, avec une opposition – schématique – entre l'Afrique anglophone et l'Afrique francophone : dans la première, il s'agit d'ONG qui cherchent à jouer le rôle d'« aiguillon » pour une meilleure préservation de l'écosystème ; dans les pays francophones, « tradition » étatiste oblige, des partis écologistes ont vu le jour pour arriver au même résultat par la conquête du pouvoir politique puis l'action législative. La plupart de ces partis n'existent qu'en ville, parfois seulement dans la capitale, pour exercer un magistère davantage pris en compte à l'étranger que dans leur pays, où ils restent sans poids électoral ni audience réelle, bien que de plus en plus de citadins africains – 71 % en 2001, soit cent soixante-dix millions de personnes – vivent dans des bidonvilles, dans des conditions d'insalubrité extrême. Mais il y a des exceptions notables, aussi bien en Afrique francophone (un ministre d'État chargé de l'environnement au Burkina Faso) qu'en Afrique lusophone (deux élus verts au parlement bissau-guinéen) ou anglophone (la Kenyane Wangari Maathai, prix Nobel de la paix 2004, activiste de l'ONG Green Belt – « ceinture verte » – et, après l'alternance démocratique de décembre 2001, secrétaire d'État à l'environnement du président Mwai Kibaki).

La politisation des enjeux écologiques en Afrique semble programmée. Sous forme de scandales récurrents, elle a déjà lieu chaque fois qu'un stockage de déchets industriels venus d'un pays extérieur au continent est dénoncé, en même temps qu'est découverte la complicité d'un responsable local qui s'est laissé corrompre. De part et d'autre, la tentation – criminelle – est grande : une tonne de déchets « envoyée » en Afrique coûte cent fois moins cher qu'une tonne retraitée en Europe. À la fin février 2005, plus de deux mois après le tsunami qui a dévasté l'Asie du Sud mais aussi, dans une moindre mesure, la côte orientale de l'Afrique, des containers fracassés par la vague géante ont été inspectés par des experts des Nations unies. Ils ont confirmé que les déchets toxiques que ces containers avaient libérés étaient bien à l'origine des multiples épidémies mystérieuses qu'on venait de signaler en Somalie, un pays sans État depuis 1991 sur les plages duquel les containers avaient tout simplement été « déchargés »...

L'approvisionnement en eau potable est en passe de devenir le problème le plus aigu de l'environnement africain. En 2003, seulement 45 % des habitants du continent disposaient de l'eau courante à la maison ou dans la cour partagée avec d'autres. La consommation moyenne par ménage était alors de vingt-cinq litres par jour, contre trente litres dans les années 60. Dans son jargon, l'ONU parle de « stress hydrique » et souligne qu'il est augmenté par l'inexistence de réseaux d'assainissement, auxquels seulement 18 % des foyers sont reliés, ainsi que par le « péril fécal » qui provoque fréquemment des épidémies de gastroentérites. En Afrique, moins de 2 % des eaux usées sont actuellement traitées et, comme la dépollution se fait par dilution et que les besoins d'eau pour l'assainissement croissent au rythme de la consommation, ce problème n'est pas près de trouver une solution. Selon le Programme des Nations unies pour l'environnement, deux tiers de la population urbaine d'Afrique souffriront en 2025 de « graves problèmes de pénurie d'eau ». Or, ce manque s'accompagne de cruelles injustices sociales : à Dakar, la consommation par habitant dans les quartiers pourvus d'eau courante est dix fois supérieure (deux cent dix litres) par rapport à la périphérie (vingt et un litres) où l'eau n'est disponible qu'à la borne fontaine ; à Nairobi, un pauvre du quartier Kineba paie le mètre cube d'eau transporté dans un jerricane dix fois plus cher que le résident aisé du centre-ville sa consommation au robinet. À l'échelle du continent, les disparités sont également importantes : en 2002, seulement 15 % des citadins au Rwanda avaient accès à l'eau potable, un tiers au Cameroun et au Tchad, tandis que tous les urbains au Botswana, en Namibie ou à Djibouti en disposaient. Enfin, l'un des paradoxes de l'« environnement » africain : la bière y est souvent moins chère que l'eau minérale. Au Gabon, une bouteille de bière coûte ainsi la moitié du prix d'une bouteille d'eau produite localement, et six fois moins cher que l'eau importée...

À la mesure des défis qu'elle représente pour l'Afrique, l'écologie constitue en même temps une opportunité pour le continent. Elle s'avère un puissant vecteur d'intégration, tant régionale que mondiale. En effet, par nécessité, des regroupements pour la gestion des grands hydrosystèmes fluviaux voient le jour, à l'instar du Consortium international pour la coopération sur le Nil, qui a été créé en 2001 par neuf États riverains. Lors de son voyage au Niger et au Mali en octobre 2003, Jacques Chirac a offert le concours financier et l'assistance technique de Paris pour la relance de la coopération régionale visant l'aménagement de la vallée du Niger, un projet que le président français suit depuis plusieurs années. Depuis 1970, le débit du fleuve a diminué de l'ordre de 30 %, et le partage de ses eaux menace de devenir une source de conflits dans le Sahel. En revanche, la France a été moins à l'avant-garde s'agissant d'un enjeu autrement plus décisif, pour l'Afrique mais aussi pour le reste du monde : la préservation du dernier poumon planétaire – avec l'Amazone – que constituent les forêts tropicales du bassin du Congo, classées « bien commun de l'humanité ». C'est même un cas exemplaire pour illustrer comment, tout en engageant autant de moyens que les États-Unis, la France apparaît moins mobilisée, repliée sur les présidences africaines et incapable d'entrer en phase avec les sociétés civiles, la sienne ou celles des pays africains concernés. Au Sommet mondial sur le développement durable à Johannesburg, en septembre 2002, Paris s'était fait damer le pion par Washington pour le leadership de cette initiative majeure. En février 2005, lors d'un sommet à Brazzaville pour lequel Jacques Chirac s'est déplacé, la France a pris le relais des Américains mais, pour le moins, sans grande inspiration pour ce combat écologique pourtant de premier ordre.

Les forêts primaires du bassin du Congo s'étendent des côtes atlantiques, à l'ouest du continent, jusqu'aux montagnes bleues qui bordent, à l'est, le lac Albert, en Ouganda. Six pays se partagent l'essentiel de ce massif de 230 millions d'hectares, dont 1,3 million d'hectares disparaissent chaque année : le Cameroun, la Guinée équatoriale, le Gabon, la Centrafrique, le Congo-Brazzaville et le Congo-Kinshasa. Pour les populations locales, l'importance économique de ces forêts est primordiale, à la fois dans le secteur formel (exploitation industrielle du bois) et informel (charbon de bois, chasse et cueillette). Pour les pays d'Afrique centrale, le secteur forestier représente entre 5 et 13 % de leur produit intérieur brut (PIB) et en moyenne 10 % de leur commerce extérieur. Le bois compte pour 60 % dans le PIB – hors pétrole – du Gabon et constitue, en valeur, la moitié des exportations de la Centrafrique. Cependant, pour la planète tout entière, cette jungle au cœur de l'Afrique est un gigantesque puits vert à oxygène, vital pour sauver la couche d'ozone des gaz à effet de serre, ainsi qu'un sanctuaire irremplaçable de la biodiversité. Presque intactes, ces forêts abritent des espèces végétales rares (quelque 11 000), des oiseaux introuvables ailleurs (1 086 espèces recensées), de grands mammifères menacés (409 espèces), dont des éléphants des forêts, les « ingénieurs » de cet univers impénétrable d'arbres et de lianes, mais aussi des serpents (152 espèces), des poissons (1 069 espèces) et les derniers primates en nombre et en liberté, des gorilles, chimpanzés et bonobos. Sous la pression d'ONG environnementalistes, les chefs d'État d'Afrique centrale, réunis en mars 1999 au Cameroun, se sont engagés à « œuvrer de manière concertée à la conservation et à la gestion durable de leurs écosystèmes forestiers ». De cette déclaration de Yaoundé à la mise en place, en septembre 2004 à Libreville, de la Commission des forêts d'Afrique centrale (COMIFAC), le chemin a été long. Mais les bailleurs de fonds ont été encore plus lents à réagir. Ce n'est qu'en 2002, sous l'impulsion des États-Unis, qu'un partenariat pour la préservation des forêts du bassin du Congo s'est dessiné. Le 21 juin 2002, l'Afrique du Sud a organisé à Brazzaville – avec le soutien politique et financier des États-Unis – une réunion préparatoire à l'initiative, qui a ensuite été présentée au Sommet mondial sur le développement durable de Johannesburg, en septembre 2002. Créé en marge de ce sommet, le Partenariat pour les forêts du bassin du Congo (PFBC) est une structure informelle réunissant les États concernés, les pays et organisations bailleurs de fonds et une myriade d'ONG, pour la plupart d'entre elles américaines. La mise de départ a été constituée grâce à des contributions offertes par l'Allemagne (63 millions d'euros), la France (50 millions d'euros), les États-Unis (45 millions d'euros), l'Union européenne (42 millions d'euros) et le Royaume-Uni (15 millions d'euros). En reconnaissance de leur rôle pionnier sur ce dossier, et malgré la modicité de leur engagement financier, les États-Unis ont été désignés, pour les deux années à venir, comme « facilitateur » entre les bailleurs de fonds et les organismes d'exécution sur le terrain, des bonnes résolutions adoptées.

En quittant le Sommet mondial pour le développement durable à Johannesburg, le chef de la diplomatie américaine Colin Powell a aussitôt tiré un bénéfice politique de ce nouveau rôle confié à son pays. Il s'est rendu au Gabon, le 5 septembre 2002, survolant en hélicoptère la forêt équatoriale et assistant, à la surprise de ses hôtes, à une rencontre avec les représentants d'une dizaine d'ONG internationales de défense de l'environnement. Prenant la mesure de l'enjeu et s'adaptant vite au pragmatisme américain, les dirigeants gabonais ont alors proposé un deal : le Gabon offrirait à l'humanité 10 % de sa forêt vierge en échange, à court terme, d'une annulation de sa dette et de plusieurs centaines de millions de dollars de dons. Pour joindre l'acte à la parole, la présidence gabonaise a chargé le cabinet de lobbying Barron-Birrell à Washington d'un projet portant sur la création d'un réseau de parcs nationaux, représentant la dîme écologique promise. Il est prévu qu'un groupe d'experts américains apporte son assistance technique aux administrations gabonaises, surtout dans le domaine de l'écotourisme (hôtels, routes, réseau ferroviaire, télécommunications et sécurité). On ne sait s'il y a eu un lien entre cette démarche et, peu après, l'examen de la « bonne gouvernance » au Gabon par le conseil d'administration au FMI, mais l'élève gabonais, d'ordinaire tancé pour son indiscipline budgétaire, a satisfait le jury. Quant à la politique africaine des États-Unis, l'influent Africa Policy Advisory Panel du CSIS (Center for Strategic & International Studies) a inclus la préservation de la forêt équatoriale parmi ses sept propositions contenues dans un rapport intitulé « Rising US Stakes in Africa », « Pour augmenter les intérêts américains en Afrique ». Ce rapport, qui portait par ailleurs sur la lutte antiterroriste, le pétrole africain et le sida, a été remis à Colin Powell en juillet 2004 par Walter H. Kansteiner, président du panel d'experts du CSIS et ancien secrétaire d'État adjoint aux affaires africaines.

Et la France ? Premier importateur de bois tropicaux, elle aurait dû monter en première ligne sur ce dossier : les exportations de bois des pays du bassin du Congo ont représenté, en 2002, plus d'un milliard de dollars, dont 50 % sous forme de grumes, 40 % en sciages, le restant en placages et en contreplaqués. Au Sommet du développement durable à Johannesburg, Jacques Chirac, accompagné de Nicolas Hulot, a bien tenté de rattraper le retard pris sur les Américains. Il a promis la mobilisation des organismes français de recherche, d'une vingtaine d'assistants techniques et 50 millions d'euros. Depuis, l'essentiel de ces fonds – plus de 31 millions d'euros – a été consacré à des projets au seul Gabon, certes gouverné par le meilleur « ami » de la France dans la région, mais pas un paradis sur terre. De temps à autre filtrent des nouvelles peu idylliques sur le respect de l'environnement. Ainsi, en novembre 2004, des responsables de l'ONG gabonaise Rainforest dénonçaient-ils, dans le quotidien national *L'Union*, « des opérations de prospection minière qui se poursuivaient dans le parc national des monts Cristal ainsi qu'une exploration pétrolière au sein du périmètre du parc national de Loango ». Les écologistes gabonais déploraient également la poursuite de l'exploitation forestière dans la plupart des treize parcs nationaux censément « préservés » et « une grave pollution d'hydrocarbures au large de la côte de Mayumba ». Un cri de la forêt sur trois colonnes en fin de journal, sans suite et sans récidive... Le 5 février 2005, au deuxième sommet du Partenariat pour les forêts du bassin du Congo, entre-temps élargi au Tchad et à São Tomé et Príncipe, la France a pris le relais des Américains comme « facilitateur ». Pour cette réunion, Jacques Chirac s'est rendu à Brazzaville, mais en coup de vent : arrivé le 4 février en début de soirée, il est reparti le lendemain à quatorze heures tout en cumulant sa « participation » au sommet et une visite officielle au pays hôte, le Congo, dirigé par un autre de ses « amis » de longue date, le président Denis Sassou N'Guesso. Suivant son exemple, seuls quatre des neuf chefs d'État concernés ont participé de bout en bout au sommet, qui s'est contenté d'entériner les documents préalablement établis : le traité sur la Commission des forêts d'Afrique centrale et un Plan de convergence en faveur de la conservation et de la gestion durable des écosystèmes forestiers d'Afrique centrale, doté de 1,5 milliard de dollars pour les dix années à venir. L'attente pécuniaire a été exprimée sans détour au sommet de Brazzaville par le président gabonais Omar Bongo : « À ce jour, nos États ont su préserver ce patrimoine sans compensation. La préservation de la forêt prive nos États de ressources mais notre dette est toujours là et de plus en plus lourde »... Pour sa part, Jacques Chirac a insisté dans son discours sur le renforcement de la surveillance des « coupes illégales » et du contrôle douanier dans les ports pour les

« essences protégées ». Il a avancé une – large – fourchette entre dix et quinze milliards d'euros pour évaluer « les pertes financières engendrées par le commerce illicite du bois », sans indiquer comment mettre fin à ce crime écologique contre l'humanité. Au même moment, l'Association interafricaine des industries forestières commentait la mise en liquidation de la SIBAF, une société française implantée au Cameroun depuis cinquante ans et qui avait été reprise par le groupe Bolloré, en expliquant que « l'image de marque négative de l'activité en forêt tropicale provoquée par des attaques incessantes des ONG combattantes sur les grandes sociétés [posait] autant de problèmes aux entreprises "formelles" européennes que la concurrence de plus en plus forte de l'informel et de l'illégal ». En fait, le baobab du village franco-africain a été abattu : sous l'effet conjugué des pressions sociales, fiscales et environnementales aggravées par la baisse du dollar, les entreprises forestières françaises, qui avaient longtemps dominé le marché africain, se désengagent.

Dans son scénario de prospection déjà cité, le National Intelligence Council américain décrit « L'Afrique en 2020 » de la façon suivante : « La pauvreté et la mauvaise gouvernance continueront à épuiser les ressources naturelles et à pousser à une rapide urbanisation. Comme les gens paupérisés fuient les zones rurales improductives, de nombreuses villes auront doublé de taille en 2015 mais n'auront pas les moyens de fournir les services adéquats d'eau, de tout-à-l'égout et de santé. Les villes seront des sources de crimes et d'instabilité, alors que des clivages ethniques et religieux vont exacerber la compétition pour des emplois et des biens de plus en plus rares. Le nombre des malnutrits s'accroîtra de plus de 20 % et le potentiel pour des famines persistera là où des conflits internes et de récurrents désastres naturels empêcheront, ou limiteront, des opérations de secours. L'Afrique du Sud et le Nigeria, les deux plus importantes économies du continent, resteront les puissances dominantes jusqu'en 2015. Mais leur capacité à fonctionner comme des locomotives économiques ou facteurs de stabilisation dans leurs régions sera limitée par une vaste demande intérieure, insatisfaite, de ressources stimulant l'emploi, la croissance et des services sociaux, dont le traitement du sida. L'atrophie des relations particulières entre les puissances européennes et leurs anciennes colonies sera quasiment complète en 2015. Le vide créé sera rempli par des organisations internationales et des acteurs non gouvernementaux de toutes sortes : des institutions religieuses transnationales ; des ONG internationales ; les réseaux internationaux du crime et des trafiquants de drogue ; des mercenaires étrangers et des terroristes internationaux à la recherche de havres de paix. Des mouvements fondamentalistes, notamment des groupes islamistes faisant du prosélytisme, vont labourer un champ fertile chez des Africains en quête d'alternatives pour satisfaire leurs besoins fondamentaux. Des conflits internes vont attirer – et les dirigeants vont parfois considérer comme les bienvenus – des organisations criminelles et des mercenaires qui contribueront au pillage de la richesse nationale, alors que des régimes sur le point de s'écrouler échangeront volontiers leur souveraineté contre du cash. » S'il y a deux domaines pour lesquels cette sombre anticipation correspond déjà à la réalité, c'est celui du sida, devenu le fléau le plus meurtrier de l'Afrique, et le royaume de Dieu, qui ne cesse de s'étendre sur le continent.

4

GÉNÉRATION SIDA

S'il n'y avait que deux chiffres à retenir au sujet de l'Afrique noire au début du XXIe siècle, ce serait ceux-là : 48 % de ses habitants ont moins de quinze ans et l'espérance de vie y est tombée à trente-huit ans, la moitié d'une vie occidentale. En combinant ces deux données essentielles, on trace les contours d'un continent de jeunes desperados, la « génération sida ». La France était la mieux placée pour voir émerger ce continent, mais elle a tardé à se rendre à l'évidence de la pandémie, puis ses autorités politiques ont perdu de vue la « jeune Afrique » désespérée. Les États-Unis n'ont pas plus anticipé mais, une fois le malheur arrivé, ils en ont pris la mesure en mêlant compassion et « sécurité nationale ». C'est le bon sens : dans un monde global, un mouroir continental représente un risque épidémique majeur.

Pour l'Afrique, l'épidémie du sida constitue la troisième catastrophe démographique, après la traite négrière et le « clash des civilisations » que fut la colonisation. Le constat est à la limite de la décence, mais historiquement sûr : le continent y survivra, comme il a survécu au trafic d'esclaves, le rapt – traites occidentale, orientale et interne confondues – de près de trente millions de ses habitants entre le VIe et le XIXe siècle, et au choc immunologique dans le sillage de la conquête coloniale, quand entre un tiers et la moitié des

Africains ont succombé à des maladies auparavant inconnues chez eux. À l'instar des précédentes catastrophes, le sida n'est pas le reître de l'Apocalypse, mais un redoutable faucheur de vies africaines qui ralentit, sans l'infléchir, l'extraordinaire croissance démographique que connaît l'Afrique depuis le milieu du XXe siècle. Cependant, si elle convient aux historiens, autant de hauteur de vue ne saurait apaiser la conscience ni l'inquiétude du contemporain, le citoyen du monde qui voit la mort rôder sur le continent noir. Selon le rapport 2005 de l'Onusida, l'agence spécialisée des Nations unies pour la lutte contre la pandémie, sur un total de 39,4 millions de personnes affectées par le virus de l'immunodéficience humaine (VIH), 25,4 millions – 65 % – étaient des habitants de l'Afrique subsaharienne, un sous-continent qui abrite pourtant à peine 10 % de la population mondiale. « Le pire est encore à venir », avertissait le rapport, esquissant trois scénarios – pessimiste, réaliste, optimiste – selon lesquels, dans les vingt années à venir, entre 46 et 89 millions d'Africains de plus seraient infectés. Or, il est déjà acquis que, pour sept pays d'Afrique australe, la partie du continent la plus touchée, l'épidémie entraîne des conséquences comparables aux ravages de la peste bubonique dans l'Europe de la fin du Moyen Âge. Dans ces États – l'Afrique du Sud, le Botswana, la Namibie, le Lesotho, le Swaziland, la Zambie et le Zimbabwe – où le taux de séropositivité chez les adultes dans le meilleur âge de procréation frôle ou dépasse 30 %, l'espérance de vie reculera en moyenne, d'ici à 2015, de dix-sept ans. Au Zimbabwe, où l'espérance de vie était de cinquante-deux ans en 1990, elle tombera à trente-quatre ans. Selon une étude américaine au Botswana, où la séropositivité était en 2002 de 36 % chez les adultes dans le meilleur âge de procréation, elle pourrait même descendre, en 2030, à... vingt-sept ans. Une comparaison sous forme de cercles concentriques achève de convaincre de la gravité du désastre : selon une estimation publiée par les Nations unies en février 2003, les cinquante-trois pays les plus touchés au monde accuseront, du fait de la pandémie, un « déficit » de population qui sera de 129 millions d'habitants en 2015 et de 480 millions en 2050, soit respectivement 3 et 8 % de leur population ; en Afrique, le nombre d'habitants des trente-huit pays les plus affectés accusera un « manque » de 91 millions en 2015 et de 320 millions en 2050, soit respectivement 7 et 19 % de leur population ; enfin, les sept pays précités d'Afrique australe seront privés de 26 millions d'habitants en 2015 et de 77 millions en 2050, soit 19 et 36 % de leur population.

Le « déficit » de développement sera bien plus important encore. D'abord du fait des rangs clairsemés de la population active et, surtout, d'une élite qualifiée, déjà très minoritaire, qui est frappée d'un manière disproportionnée : en raison de leur mobilité sociale et de leurs mœurs sexuelles, le corps enseignant, le personnel médical ou les artistes paient un lourd tribut à l'épidémie. Mais c'est également le cas, par exemple, des routiers ou, à l'autre bout de l'échelle des qualifications, de la main-d'œuvre la plus démunie, sans moyens de se prémunir ou de se faire soigner. Selon les chiffres de la FAO, dans les vingt-cinq pays les plus touchés, près de dix millions de paysans sont morts du sida depuis 1985. Puis il y a le problème, de plus en plus aigu, des « orphelins du sida ». En 2025, leur nombre sera de vingt-sept millions, estime l'Onusida, dont le directeur exécutif, Peter Piot, invoque – « pourquoi pas, s'il n'y a pas d'avenir ? » – le spectre d'une « armée dirigée par des orphelins du sida ». En fait, c'est déjà une réalité dans beaucoup de conflits du continent, où des enfants soldats, et leurs aînés à peine plus âgés, tuent d'autant plus rageusement qu'ils n'ont souvent plus de parents et se savent eux-mêmes condamnés à brève échéance. En janvier 2005, le ministre sud-africain de la Défense a révélé que le taux de séropositivité au sein des forces armées de son pays, le plus développé et le mieux organisé du continent, est évalué dans une fourchette entre 17 et 23 %. On est réduit à des spéculations quant au taux de contamination au sein des milices dans l'Ituri par exemple, le nord-est du Congo-Kinshasa en proie aux pires exactions depuis 1999. Dans son *Atlas des guerres et des conflits dans le monde*[1], Dan Smith estime que la séropositivité parmi les belligérants au Congo-Kinshasa pourrait atteindre 60 %. Les porteurs de fusils en Afrique sont donc aussi, très souvent, porteurs du sida. Ils disséminent une mort silencieuse, effroyable en l'absence de médicaments soulageant, au moins, les douleurs au stade final. Une mort qui aura tué en 2025, selon les trois scénarios de l'Onusida, entre 63 et 83 millions d'Africains, soit largement plus que les 55 millions de morts – civils et militaires confondus – des deux guerres mondiales du XXe siècle.

Puissant vecteur du néant, le sida est en même temps – au propre comme au figuré – un fantastique vecteur d'imaginaire. Pas seulement parmi les Africains, puisque l'hypothèse de la transmission du singe à l'habitant du continent, qu'elle soit vraie ou fausse, charrie de lourdes représentations péjoratives. Tout comme l'idée selon laquelle la fulgurante propagation du sida en Afrique – en réalité due à la fréquence de la syphilis et de l'herpès dont les ulcères génitaux multiplient par dix à cent le risque de contamination – confirmerait la « malédiction biblique de Cham », le fils noir d'Abraham. Certains Africains fatalistes, prêtant foi à ce qui n'est au demeurant qu'un rajout apocryphe à l'Ancien Testament, ont repris à leur compte cette « explication ». D'autres soutiennent que le sida est une maladie initialement contractée par des Européens s'adonnant à des pratiques zoophiles et qui auraient ensuite transmis le « mal ». Au milieu des années 80, quand l'opinion publique africaine s'éveillait à l'ampleur du problème, la première défense contre le SIDA – alors écrit en lettres majuscules – consistait à le reconstruire en « Syndrome Inventé pour Décourager les Africains ». De la blague douteuse, on est vite passé aux théories de conspiration : effrayé par la vitalité génésique de l'Afrique, l'Occident aurait semé la mort parmi les Noirs pour perpétuer sa domination. L'Afrique du Sud, le

1. Dan Smith, *Atlas des guerres et des conflits dans le monde*, Paris, Autrement, 2003.

pays de l'apartheid, a été le haut lieu d'éclosion de ce traumatisme paranoïaque, qui a la vie dure. Jusqu'en août 2003, le président sud-africain Thabo Mbeki et son gouvernement se sont opposés à l'administration de traitements antirétroviraux, qui réduisent de 25 à 2 % la transmission du VIH de la mère à l'embryon, doutant de l'origine virale et donc universelle du sida, et préférant croire à une forme spécifiquement « africaine » de l'épidémie, qui s'expliquerait par la misère séculaire infligée à l'homme noir par... le « Blanc ».

La France, longtemps à l'avant-garde de la lutte contre les épidémies en Afrique, aurait dû être la première vigie à alerter de l'apparition du sida, puis à la tête du combat contre la nouvelle menace. Il n'en a rien été. Greffées sur les systèmes de santé publique en Afrique, les structures d'assistance françaises se sont effondrées avec eux à la fin des années 80. Mais ces termitières écroulées ont continué de recevoir une aide trop centralisée et surtout trop politique pour pouvoir servir de relais rapide, contrairement aux initiatives prises en Afrique anglophone par des ONG, des fondations caritatives et la société civile. Or, dans le « pré carré » francophone, les associations de malades ou proches d'eux, ont été les premières à animer des campagnes de prévention ou pour l'accès aux traitements. Ce fut le cas par exemple d'AIDES, dirigée par Daniel Deffert, l'ami du philosophe Michel Foucault, et le psychiatre Arnaud Marty-Lavauzelle. « Nous avons pris conscience de l'émergence du sida à la fin 1984, se souvient Daniel Deffert. Et nous pensions alors être très en avance par rapport aux Américains. Nous ne savions pas que l'épidémie était déjà installée, et ce depuis un certain temps. En fait, la contamination avait commencé dès 1978. » Pour Arnaud Marty-Lavauzelle, les préjugés attachés à la maladie en Afrique et « le mépris des travailleurs sexuels » ont freiné la prise de conscience. « On s'est fait insulter comme des Blancs gays qui se mêlaient de ce qui ne les regardait pas. » En revanche, les institutions de la « Françafrique », en premier lieu le Centre international de recherches médicales de Franceville (CIRMF), au Gabon, n'ont pas été très réactives. Financée par Elf et inaugurée, en 1979, par le président Omar Bongo en présence du P-DG de la compagnie pétrolière, ce laboratoire génétique, unique en Afrique, devait initialement élucider le problème existentiel du pays hôte : la faible fécondité des femmes gabonaises. Aujourd'hui, le CIRMF est un centre de primatologie de pointe, qui abrite la plus grande réserve de chimpanzés – soixante-huit au début 2005 – servant de cobayes pour analyser la transmission du VIH de la mère à l'enfant. Il travaille en étroite liaison avec l'institut Pasteur, présidé par le professeur Luc Montagnier, et compte parmi ses administrateurs l'ancien ministre français de la Coopération, le professeur Bernard Debré, l'urologue de la nomenklatura franco-africaine.

La première initiative d'envergure est prise, en 1988, par le professeur Marc Gentilini, qui crée l'Organisation panafricaine de lutte contre le sida (OPALS). D'abord installée dans l'École de médecine à Paris, cette association de professionnels de la santé, mais aussi de personnes infectées du VIH, se développe par la suite avec le soutien croisé de la fondation France Libertés de Danielle Mitterrand et de la mairie de Paris, alors occupée par Jacques Chirac. Mais son premier centre de traitement ambulatoire (CTA) en Afrique, à Brazzaville, n'est inauguré qu'en 1994. Marc Gentilini se rapproche ensuite du nouveau président de la République et de son parti : membre du RPR, il est maire adjoint de Bris-sous-Forges, chargé de l'environnement, et suppléant du député Pierre-André Wiltzer, futur ministre de la Coopération. En mai 1997, avec l'appui du couple Chirac, il accède à la présidence de la Croix-Rouge française, qui accueille alors dans ses bureaux, avenue George-V, l'OPALS. Par ce rapprochement, Marc Gentilini entend récuser une « logique » inapte à faire face au sida. « Le discours dominant s'est porté sur la prévention, certes essentielle, explique-t-il, mais rares sont ceux qui ont concentré leurs efforts sur le traitement des malades ; plus rares encore ceux qui ont martelé que seulement 5 à 10 % des séropositifs du monde étaient réellement pris en charge et qu'on ne pouvait accepter que les 90 % restants, ou davantage, soient passés par "pertes et profits", comme s'il s'agissait, une fois encore, d'une fatalité. » C'est le discours d'un catholique engagé, qui va étendre le réseau des « cercles » OPALS dans une vingtaine de pays africains. Des centres de traitement ambulatoire sont implantés, outre au Congo, au Burkina Faso, en Côte d'Ivoire et au Sénégal. Le 2 avril 2003, à Libreville, un autre CTA, financé par Total Gabon, est inauguré par Édith Bongo et le professeur Gentilini, qui avait d'ailleurs fait passer, dans une autre vie, sa thèse de médecine à la future épouse présidentielle. En décembre 2004, au terme de deux mandats, Marc Gentilini quitte la tête de la Croix-Rouge tout en conservant la présidence de l'OPALS, qui est intégrée à la Croix-Rouge depuis la signature d'une convention-cadre en 1998. « Il faut en finir avec les générations sida sacrifiées, privées d'espoir et de raisons de vivre, affirme-t-il. Nous sommes à une étape charnière, dans laquelle notre responsabilité est engagée. Nous sommes à un tournant moral, qui ne se négocie pas[1]. »

Autre médecin et homme de convictions, Bernard Kouchner s'est également servi de la politique comme levier pour financer des opérations de lutte contre le sida. L'ancien ministre de la Santé socialiste préside le programme Esther, acronyme signifiant « Ensemble pour une solidarité thérapeutique hospitalière en réseau ». En mars 2002, le « programme » devient un groupement d'intérêt public (GIP) bénéficiant d'un budget de seize millions d'euros, sur trois ans, des ministères de la Santé et de la Coopération. Outre au Cambodge et au Vietnam, Esther intervient dans le « champ » africain de la France : Bénin, Burkina Faso, Côte d'Ivoire, Gabon, Sénégal et Maroc. Sollicité pour l'amélioration des systèmes de santé en Afrique, Bernard Kouchner a notamment été chargé par le président Bongo d'élaborer un projet de sécurité sociale au Gabon, qui pourrait figurer dans

1. www.croix-rouge.fr

le programme du candidat à sa réélection, à la fin 2005. Le fait que sida et présidence riment aussi bien que France et Afrique est par ailleurs attesté par des galas de bienfaisance organisés par les premières dames du continent. Celles-ci sont nombreuses à avoir créé leur propre fondation ou association pour la lutte contre le sida, en même temps qu'elles président souvent la Croix-Rouge nationale et gardent un œil sur le ministre de la Santé, l'interlocuteur attitré de tous les intervenants extérieurs. Les frères Feliciaggi et leurs associés, qui contrôlent le PMU dans plusieurs pays d'Afrique francophone, sont les fidèles sponsors des mondanités humanitaires des femmes présidentielles. C'était le cas, par exemple, le 11 mai 2000, à la veille du Ve Grand Prix de l'amitié France-Afrique du PMU à l'hippodrome de Vincennes, quand l'épouse du chef de l'État burkinabé, Chantal Compaoré, a convié de nombreuses personnalités au nom de sa fondation, Suka-Orphelins du sida, à un gala au pavillon Dauphine. Son comité d'honneur ne manquait pas d'allure : Hervé Bourges, Boutros Boutros-Ghali, Jacques Dominati, Marc Gentilini, Anne-Aymone Giscard d'Estaing, Jacques Godfrain, Stéphane Hessel, Patrick Le Lay, Pierre Messmer, René Monory, Christian Poncelet, Michel Sardou, Bernard Stasi, Xavier de Villepin et Danielle Ben Yahmed, l'épouse du directeur de publication de *L'Intelligent*, l'ex-*Jeune Afrique*. Un an plus tard, le 14 mai 2001, Antoinette Sassou N'Guesso et son association Congo Assistance ont été à l'honneur du PMU lors d'une soirée au pavillon d'Armenonville, dans le bois de Boulogne. Au prix de quatre mille cinq cents euros la table, des entreprises présentes au Congo ont mis la main à la poche et toutes les places étaient prises, non seulement par les quelque trois cents Congolais venus exprès de Brazzaville, mais aussi par des invités de marque : aux épouses des autres chefs d'État africains se sont ajoutés, par exemple, Marc Gentilini et les professeurs de droit Charles Debbasch et Charles Zorgbibe, tous deux « consultants » à la présidence congolaise. Cependant, le vrai exploit a été réussi, lors de sa Conférence des premières dames d'Afrique pour la prévention des conflits et contre le sida, par l'épouse du chef de l'État camerounais, Chantal Biya, qui a réuni côte à côte, le 15 novembre 2002 à Yaoundé, les deux co-découvreurs du HIV, le professeur Luc Montagnier et l'Américain Robert C. Gallo, surnommé « Honest Bob » dans son laboratoire de virologie humaine à l'université du Maryland. Il est vrai que Chantal Biya a quasiment érigé son association, Synergies africaines, en un État dans l'État au Cameroun, forte d'un statut d'organisation internationale avec accord de siège, exemption fiscale et immunité diplomatique.

On est loin du « terrain » et de ses réalités que les associations, les ONG mais aussi les entreprises françaises affrontent tous les jours en Afrique. Médecins sans frontières (MSF) est à la pointe de la campagne internationale pour l'accès aux médicaments génériques et, en particulier, aux trithérapies sur le continent. Inquiets de voir leurs cadres africains disparaître, les groupes français qui opèrent en Afrique ont créé l'association Sida Entreprises pour financer leurs traitements. Au Cameroun, le groupe Pechiney a engagé, en 2002, une première expérience de trithérapies, baptisée Tricam, dans son usine locale d'aluminium, avec l'appui technique de l'hôpital Rothschild. Les patrons français ont fait leurs comptes : il est moins cher de financer une trithérapie que de former un nouvel ingénieur. Début février 2003, le French Business Club du Kenya, qui comprend une dizaine d'entreprises françaises (Total, Vivendi, Bolloré, CFAO, Ciments Lafarge, Alcatel...), a paraphé une charte de lutte contre le sida en présence de la ministre kenyane de la Santé Charity Ngilu et de la secrétaire d'État française au Développement durable Tokia Saifi. Par ailleurs, le gouvernement français a instauré en 2004 un poste d'ambassadeur chargé de la lutte contre le VIH/sida, un poste d'abord confié à Mireille Guigaz, puis, le 2 février 2005, au professeur Michel Kazatchkine, directeur de l'Agence nationale de recherche contre le sida (ANRS) et président du groupe consultatif stratégique et technique pour le VIH/sida à l'Organisation mondiale de la santé

(OMS). Enfin, pour 2005, la France a inscrit dans son budget de Coopération une contribution très sensiblement revue à la hausse – cent cinquante millions d'euros – au Fonds mondial de lutte contre le sida, la tuberculose et le paludisme.

D'où vient alors l'impression d'une absence d'initiatives chez les autorités françaises, le sentiment qu'elles ont pendant longtemps manqué de conviction dans le combat contre le sida en Afrique ? Pour être urticante, la comparaison avec l'action des autorités américaines se révèle éclairante. L'heure du sida africain a sonné beaucoup plus tard à Washington qu'à Paris, mais quand le bourdon a retenti dans la capitale américaine, quel réveil ! En 2003, c'est dans son discours-phare de l'année, celui sur « l'état de l'Union » qui est autant un bilan que l'occasion de fixer de nouvelles priorités, que le président George W. Bush a abordé le problème. Il a annoncé un « programme spécial » d'aide d'urgence aux victimes du VIH/sida, doté de quinze milliards de dollars sur cinq ans, au bénéfice de quinze pays du tiers-monde dont douze en Afrique noire. Il a expliqué à la nation, c'est-à-dire aux citoyens-électeurs-contribuables, qu'il s'agissait d'empêcher l'infection de sept millions de personnes supplémentaires, de financer le traitement de deux millions de malades et de venir en aide à dix millions de victimes indirectes de la pandémie, notamment aux orphelins du sida. « L'Amérique ne peut pas rester indifférente à la souffrance dans le monde », a-t-il déclaré, à un moment où le Fonds mondial de lutte contre le sida disposait à peine de la moitié des sommes – 5 milliards de dollars sur 10,5 milliards – qu'il jugeait indispensables, où seulement quatre cent mille personnes infectées étaient sous traitement antirétroviral, dont à peine cent mille en Afrique, soit moins de 2 % des malades sur le continent. Imagine-t-on Jacques Chirac parler aux Français, à la télévision, du sida en Afrique ? A-t-on tout simplement relevé que, depuis de longues années, le chef de l'État n'a accordé *aucune* interview consacrée à la situation dramatique du continent ?

« Et il ne le fera pas tant que la crise ivoirienne ne sera pas résolue », explique son conseiller pour l'Afrique, Michel de Bonnecorse, lui-même étonné du fait que « même avant la crise, on ne nous en ait jamais demandé ». Parce qu'en France, l'Afrique n'est pas un sujet grand public. Non par manque d'affinités ou de connaissances mais, au contraire, parce que trop d'idées reçues y étouffent la curiosité, le regard neuf. L'Afrique ? Depuis le temps, on connaît, on sait... Quoi, précisément ?

Comme le président français, George W. Bush fait de la politique. Il cherche à rester dans la course avec les fondations caritatives, comme celles de Jimmy Carter ou de Bill et Melinda Gates, qui tantôt précèdent, tantôt suivent les mouvements d'opinion dans le pays. Il doit aussi composer avec les élus qui, en l'occurrence, ont soumis à bien des conditions le déboursement de l'aide qu'il avait promise. D'ailleurs, en 2005, la contribution américaine au Fonds mondial de lutte contre le sida – entre quatre cents et quatre cent cinquante millions de dollars – ne constitue pas, par habitant, la moitié de celle de la France. Mais l'aide américaine passe par de nombreux canaux depuis que l'« urgence » du combat contre le sida a été proclamée au plus haut niveau. Pour l'année budgétaire 2006, l'administration Bush a soumis au Congrès, pour approbation, des programmes d'un coût global de 3,2 milliards de dollars. Ces fonds irriguent un ensemble d'initiatives gouvernementales et non gouvernementales, y compris pour la lutte contre le paludisme qui fait aussi partie des attribution du Fonds mondial. La mobilisation est telle que le magazine *Time* a décerné son prix pour « l'invention la plus sensationnelle de 2004 » à un fabricant de moustiquaires imprégnées d'une durée de vie de cinq ans, au prix de cinq à huit dollars la pièce. Imagine-t-on un hebdomadaire français faire de même ? Au Pentagone, un « monsieur Sida » a été nommé, entre autres pour coordonner la lutte contre l'épidémie avec les forces alliées étrangères. Depuis 2001, plus de soixante-quinze millions de dollars ont déjà été consacrés à cette coopération, qui est relayée au sein du Commandement européen de l'armée américaine (EUCOM), dont dépend l'Afrique subsaharienne, par deux colonels, l'un chargé des projets en cours, l'autre à la tête d'un programme spécifique de recherche sur le sida. Sur quarante et un « pays partenaires », vingt-neuf sont africains. Le Nigeria et l'Ouganda sont les « partenaires » privilégiés des États-Unis au sud du Sahara. Le plus grand producteur de pétrole a accepté, en 2004, le dépistage systématique – sur une base de volontariat – de ses soldats. L'Ouganda, le plus ancien « partenaire » africain de l'Amérique, a bénéficié, depuis 1998, de plus de dix-huit millions de dollars pour la prévention et le traitement du sida dans les rangs de son armée.

Là encore, nul n'est dupe des intérêts (géo)politiques que recèlent ces initiatives pour combattre le sida : les États-Unis coopèrent avec l'Ouganda parce que ce pays représente la moitié de l'étau dans lequel Washington voudrait enserrer le Soudan voisin ; la mise en avant du « modèle » ougandais et, en particulier, du président Yoweri Museveni n'est pas innocente, et s'accompagne d'un lourd silence sur l'absence de pluralisme dans son pays et sur le pillage auquel se livre son armée dans l'est du Congo-Kinshasa ; pour sa part, Kampala se sert à des fins de « communication » des chiffres mirifiques – contestés de sources indépendantes – de sa lutte contre l'épidémie : la séropositivité nationale serait passée de 13 % au début des années 90 à 4,1 % à la fin 2003. Cependant, ni l'altruisme américain ni la nature du régime ougandais n'importent ici. Il s'agit seulement de comprendre, par opposition, pourquoi, par exemple, Jacques Chirac, en visite à Dakar en février 2005, n'a pas vanté le succès du Sénégal dans la lutte contre le sida et les mérites de la coopération française dans ce domaine. Qu'une politique de prévention et des campagnes de sensibilisation aient réussi à maintenir à un niveau très bas – 0,5 % – le taux de contamination constitue pourtant une *success story* exceptionnelle sur le continent, digne d'éloges et, pour un homme politique « afro-optimiste », une opportunité à ne pas manquer. Mais, hélas, le président français avait d'autres préoccupations. Un œil rivé sur la Côte d'Ivoire, un autre lorgnant sur Libreville, il a préféré expliquer que les forces françaises « prépositionnées » à Dakar ne se trouvaient là qu'avec le consentement du Sénégal, indépendant depuis quarante-cinq ans...

Il est difficile de voir l'Afrique d'aujourd'hui, avec ses enjeux essentiels pour elle et pour le reste du monde, quand on lui tourne le dos pour scruter son passé condamné sur le continent. C'est le problème de la France.

5

DIEU, *BORN AGAIN*

Renouveau spirituel ou régression intégriste, parure ou linceul, la religion est la grille de lecture universelle de l'après-11-Septembre. Sur la carte de l'Afrique, où l'islam progresse depuis le nord et le christianisme depuis le sud, tous deux baignant dans un milieu « animiste » qui n'est pas près de disparaître, les attentats de New York et de Washington ont provoqué l'effet d'une loupe grossissante : sans adaptation d'échelle, le local est surinterprété dans la perspective globale d'un « clash de civilisations ». Le continent subit et s'approprie ce contexte international, qui incite au prosélytisme et à l'exacerbation des différences en même temps qu'il en donne les moyens.

Comme infatigables bâtisseurs, piqués d'orgueil au point de vouloir élever un édifice pour atteindre la sphère des dieux, y a-t-il candidats plus improbables que les Gabonais ? Et pourtant, la colonie qui, en 1960, aspirait à devenir plutôt un département français d'outre-mer qu'un État indépendant, cet « émirat d'Afrique centrale » qui roule sur l'or noir depuis un demi-siècle, le pays d'Omar Bongo où tout s'achète et tout se vend, même les consciences, est à pied d'œuvre pour ériger sa tour de Babel. Les langues liturgiques s'y expriment dans une confusion de plus en plus grande, en même temps que le langage de la foi, quelle qu'elle soit, devient commun à tous, aussi en tant que nouveau sabir pour traiter avec le reste du monde. La politique, l'économie et même l'ethnie se drapent dans le religieux, qui est à la fois « ce qui réunit » – le sens du mot grec *symbole* – et ce qui diabolise, c'est-à-dire « sépare ». Jamais l'offre religieuse n'a été aussi abondante : pour un million d'habitants, le Gabon compte un bon millier d'Églises du Réveil, dont quelque sept cents disposent d'un lieu de culte dans la capitale. À Libreville, en plus des églises catholiques et des mosquées de quartier, onze chapelles protestantes se serrent au kilomètre carré. « En moyenne, il y en a une tous les dix mètres, autant que de lampadaires sur le boulevard de front de mer », plaisante Steeve Mvé, excellent guide dans le labyrinthe du pentecôtisme local, lui-même ancien adepte de l'Esprit-Saint et de la glossolalie, mais revenu de l'immersion totale.

Les premières Églises évangéliques américaines s'installent au Gabon dans les années 30. Leurs prédicateurs entrent en concurrence avec le clergé catholique, qui s'est établi dans le sillage de la colonisation. « À Libreville, ce n'est que dans les trois quartiers du littoral qu'il y avait alors des églises catholiques, loin des quartiers populaires qui commençaient à s'étendre à l'intérieur », indique Steeve Mvé. Dans les années 60, ce clivage social se double d'une polarisation politique, les protestants soutenant majoritairement Jean-Hilaire Aubame, l'opposant au président Léon M'ba. En 1973, en plein choc pétrolier, le successeur au pouvoir, Albert-Bernard Bongo, se convertit à l'islam et change de prénom. C'est donc contre le musulman Omar Bongo que les Églises du Réveil, tout l'éventail des chapelles prêchant la restauration de la foi originelle, se mobilisent à partir du milieu des années 80. « C'était renouveau spirituel, bienfaits divins et miracles à tous vents, se souvient Steeve Mvé. On avait moins de vingt ans et, avec Dieu de notre côté, on contestait le système Bongo, le parti unique, l'injustice sociale. » En 1989, un décret présidentiel interdit l'Église évangéliste du Gabon, au cœur du mouvement. Ses leaders sont arrêtés et sanctionnés de six mois de prison, sans jugement. Leur « martyr » renforce seulement l'audience des diverses chapelles qui, entrées dans la clandestinité, se réunissent dans des domiciles, des lieux de culte improvisés. Leur souffle prophétique enfle en « vent de la démocratie », qui secoue le régime et menace de l'emporter. Le pouvoir plie, sans rompre : il ne révoque pas le décret d'interdiction, mais autorise, à partir de 1991, l'accès aux médias d'État et les tournées à l'intérieur du pays des prédicateurs évangélistes, dont les foudres verbales lui évitent peut-être des voies de fait autrement plus graves. À la veille des premières élections pluralistes, en 1992, les messagers du Réveil sillonnent le Gabon en prêchant l'abstention, ce qui ne fait pas l'affaire de l'opposition. « L'espace démocratique est infesté d'esprits malfaisants », conjurent-ils. La quête de pureté des uns permettra à d'autres de marchander leur récupération.

Car la mouvance évangélique se diversifie. Les Églises américaines en fournissent les gros bataillons, au moins les trois quarts des quelque cent vingt mille adeptes du Réveil recensés au début des années 90. Elles continuent de progresser en se structurant avec le soutien des « Églises mères » aux États-Unis, qui les aident financièrement et forment leurs prédicateurs au marketing du divin, notamment sur les cinq radios et la chaîne de télé-évangélisme qui voient le jour au Gabon. Mais à l'ombre de ces grandes Églises, de plus en plus de petites chapelles prolifèrent au fond des quartiers populaires de Libreville, comme à Zeng-Ayong. Ici, sous des auvents improvisés, des prédicateurs congolais, originaires du Congo-Kinshasa, excellent en trouvailles liturgiques, chantent à tue-tête, vaticinent dès qu'ils entrent en transe, vendent aux enchères leurs bénédictions et guérissent tous les maux, à commencer par le sida. Aux quêtes s'ajoutent le florissant commerce des cassettes, audio et vidéo, l'organisation de concerts et de « tournées apostoliques ». La tarification est lourde sur la *hot line* de Dieu... Il n'est donc pas étonnant que la jonction se fasse avec l'establishment, les pécheurs qui ont les moyens de leur rédemption, en premier lieu ceux du palais présidentiel. Formé en 2004 par seize évangélistes, le Rassemblement des églises pour la paix (RASEP) est dirigé par un neveu du vice-président de la République, Didjob Divungui, le pasteur Mbadinga. Celui-ci dirige déjà la plus importante « dénomination » évangéliste au Gabon, l'Église Béthanie, dont le numéro 2, le pasteur Obiang, est l'un des piliers de l'association de lutte contre le sida de la première dame, Édith Bongo, autre porte d'entrée des « éveillés » à la présidence. La première épouse d'Omar Bongo, Joséphine, devenue Aicha après la conversion du couple à l'islam, puis, après son divorce, Patience Dabany, son nom de scène en tant que chanteuse, sympathise également avec eux et, à l'occasion, interprète leurs gospels en guise de soutien. Par-delà le Réveil protestant, la famille régnante couvre l'ensemble du spectre religieux, combinant œcuménisme et division du travail : le catholicisme avec Pascaline Bongo, la fille aînée et directrice du cabinet présidentiel ; l'islam avec Ali Ben Bongo, fils et ministre de la Défense, musulman comme son père ; enfin, le président, qui se fait désormais appeler Omar Bongo Ondimba, coiffe tous les cultes, y compris celui des ancêtres, depuis qu'il a retrouvé son patronyme en 2004, à la suite d'une apparition en rêve de son père (« Tu m'as oublié, tu renonces à tes racines »). Un an avant une élection présidentielle, « Ondimba » est venu à point nommé pour attester la double filiation du chef de l'État, téké par sa mère et ombamba par son père. C'est un atout dans un pays où le fait ethnique communie avec la conscience religieuse : l'Église de Béthanie regroupe surtout des Punus, derrière le vice-président Didjob Divungui ; l'Église céleste, dans le schisme de deux tendances, accueille de nombreux Fangs, majoritaires au Gabon, derrière la présidente de la Cour constitutionnelle, Marie-Madeleine Mborantsuo ; les cadres nzébis se réunissent, de leur côté, au temple de l'Église Nazareth ; enfin, les Myénés de l'Estuaire se retrouvent aussi entre eux, comme Adventistes du septième jour. Assurément, l'univers est plein d'harmonie :

l'au-delà importé des États-Unis recoupe les lignes de partage héritées de la nuit des temps...

Le Gabon n'est qu'un exemple, surprenant, de la « révolution religieuse » en cours sur le continent. Dans l'un des pays d'Afrique qu'elle connaît le mieux, qu'elle a « découvert » au XIXe siècle, puis colonisé et jamais « lâché », la France apparaît totalement étrangère à une mutation majeure. Elle n'est pourtant pas absente du tableau, bien au contraire : la France est *partout* au Gabon, avec ses expatriés, ses coopérants, ses militaires. En cela, elle ressemble à l'Église catholique, elle aussi une institution forte et omniprésente, mais frappée d'inertie, du moins en regard de la turbulence évangéliste. Pour limiter l'érosion de son audience, l'Église de Rome oppose au Réveil protestant son « renouveau charismatique ». Mais elle ne sort pas du contretemps, ne semble céder qu'à un effet de contagion en innovant sa liturgie, d'autant que ses fidèles préfèrent à la modernisation et à l'« acculturation » qu'elle propose la version intégriste, en latin et en grand apparat, des messes de l'institut du Christ Roi ou des adeptes de Mgr Lefèvre, qui a servi au Gabon et y reste très populaire. Il y a là comme une fatalité dans l'inadéquation de l'offre et de la demande. À l'instar de la France, l'Église catholique est une force en présence qui ne pèse pas de son poids sur l'issue de la bataille en cours. Sur le plan religieux, dans l'Afrique du début du troisième millénaire, l'islam(isme) et le protestantisme incarnent la foi conquérante.

Dans l'optique de l'après-11-Septembre, le continent africain se subdivise en un « pays d'islam » – *dâr al-islam* – au nord et sur son flanc oriental, en expansion depuis treize siècles, comptant plus de trois cent cinquante millions de fidèles, soit davantage de fils et de filles d'Allah que l'ensemble des pays arabes ; et une terre chrétienne au centre et au sud, rassemblant environ 40 % de la population africaine, unis dans une foi certes vieille de vingt siècles en Égypte et d'un millénaire et demi en Éthiopie, mais qui n'est arrivée au sud du Sahara qu'avec le colonialisme, au

XIXe siècle. Le milieu commun à ces deux religions universelles est l'animisme, du latin *animus*, « esprit », le nom générique donné par l'ethnologue britannique Edward B. Tylor (1832-1917) aux croyances africaines traditionnelles. Celles-ci constituent le bouillon de culture ancestrale dans lequel évoluent les religions venues d'ailleurs. L'Afrique du 16e parallèle – du Sénégal au Soudan – est historiquement la zone de contact entre l'islam et le christianisme. Depuis toujours, les heurts y sont fréquents mais, depuis 2001, ils sont « surdéterminés » par la tension religieuse à l'échelle mondiale. Or le point de vue global travestit une violence locale qui naît moins d'un antagonisme que d'une convergence : des deux côtés, tant chez les chrétiens que chez les musulmans, le désir d'intégrité – au risque de verser dans l'intégrisme – est fort et authentiquement populaire, parce qu'il se nourrit du rejet des multiples abus et de la corruption qui font le bonheur des *happy few* et le malheur du plus grand nombre. De part et d'autre, il s'agit d'une réaction à la dépravation de la vie publique, et non d'une « guerre de religions » ni d'un assaut lancé contre les libertés individuelles. Celles-ci sont cependant sacrifiées sans hésitation, comme la tolérance religieuse en général, à l'instauration dogmatique d'une « cité idéale ». C'est le cas, par exemple, au Soudan et dans les États septentrionaux de la fédération nigériane qui, depuis 2000, ont adopté la charia comme loi pénale. La revendication, parfois violente, d'un État islamique, arbitre d'un mode de vie qui ne saurait se concevoir que dans sa rigueur originelle, jusqu'à l'application des châtiments corporels prévus par le Coran, est abondamment répercutée par les médias. Côté chrétien, en revanche, le foisonnement d'une myriade d'Églises du Réveil – plus de mille cinq cents à la fin du XXe siècle –, se livrant à un prosélytisme parfois très agressif, retient peu l'attention. Or en Afrique, terre annexe de la « croisade » lancée par George W. Bush comme elle fut un champ de bataille secondaire entre le capitalisme et le communisme pendant la guerre froide, le *revival* chrétien est tout aussi politique et, au pied de la lettre, totalitaire que l'islamisme. S'il y a des « fous de Dieu », ils ne se trouvent pas d'un seul côté.

Quels sont les ressorts des ruptures religieuses en Afrique ? Le converti vit une nouvelle foi : c'est une banalité. Encore qu'on ne mesure pas nécessairement la puissance du mythe de la « renaissance », d'un nouveau départ dans la vie, tous les compteurs remis à zéro, tout un passé d'échecs, d'humiliations et de compromissions effacé sur l'ardoise magique d'un nouveau Dieu. Pour le converti, qu'il soit musulman ou pentecôtiste, l'existence change entièrement, de la tenue vestimentaire au régime alimentaire en passant par les liens sociaux, désormais soudés par une communauté d'esprit transcendantale, infiniment plus vaste que le monde ici-bas, petit et misérable. C'est toujours une refonte identitaire, dans certains cas une résurrection. La nouvelle conduite de vie est souvent, aussi, une revanche : celle de l'ouaille sur le berger, à qui est ravi le monopole de la bonne parole, de l'exégèse biblique, qui tombe dans le domaine public ; celle du diplômé chômeur « brimé », exclu de l'élite au pouvoir qui se partage les prébendes ; celle d'une individualité naissante face à un collectif gardien de la « tradition africaine », cette source d'obligations désormais incapable de donner le change sous forme de protection sociale. L'un des traits saillants des Églises du Réveil, qui n'échappe à personne en Afrique, est leur promesse d'un « blindage » contre les sortilèges tant redoutés du monde ancestral. Seule une foi neuve, pure et ardente peut résister, avec l'aide d'un Dieu tout-puissant, aux pressions de la tribu, du clan, des aînés, de la parentèle qui s'invitent à la table d'hôte... Pourquoi faut-il dépenser tant pour le mort, lui acheter un cercueil richement décoré, entretenir pendant les veillées des centaines de personnes, payer les pleureuses, louer des véhicules pour le cortège funèbre et le matériel vidéo pour l'enregistrement des funérailles, quand on n'a pas de quoi régler son loyer, se vêtir et se nourrir, envoyer ses enfants à l'école ? La peur de « l'Afrique de nuit », du répertoire de l'invisible et de ses terribles vengeances, dicte ces conduites. La plupart des Africains vivent dans la hantise permanente d'être « fétiché ». Le discours de la rupture avec la « tradition » ne peut être tenu que collectivement, grâce à une cohésion plus forte encore que la consanguinité. Ce discours – sectaire dans la double filiation étymologique de *sequor*, « suivre » un maître, et de *secare*, se « couper » du monde tel qu'il est – rejette le parasitisme de la « tribu » au profit de la famille nucléaire, récuse le « principe de séniorité » – la primauté des anciens – pour faire de la place aux jeunes méritants, fustige le « vagabondage sexuel » en prenant le parti du couple, refuse les excès des rites mortuaires en plaidant la cause des vivants.

Le converti vit une nouvelle fois : c'est la raison la plus élémentaire de la religiosité de rupture en Afrique. La « renaissance » n'est pas qu'un enjeu spirituel quand le lendemain correspond à une échéance *vitale*. Or, sur le continent, la défaillance est la règle partout, dans les transports, à l'école, dans les hôpitaux, sur le marché du travail, dans l'administration... Ni l'État moderne ni les solidarités traditionnelles d'ordre familial n'arrivent plus à faire face à une nécessité toujours plus grande, au chômage de masse, à la pandémie du sida, sans parler de la guerre. Dans ce contexte, le fonctionnaire impayé depuis des mois fait-il un choix plus judicieux en militant dans un parti ou en rejoignant les rangs d'une « nouvelle Jérusalem » ? S'il s'agit de survivre, la question ne se pose pas. La politique est discréditée, ne rapporte qu'à l'infime minorité au pouvoir, ne fait plus rêver les foules. Comment espérer un avenir meilleur, alors que le pays recule sur tous les plans, incapable de se ressaisir lui-même et hors de portée des « camarades » ou alliés à l'étranger ? Deux ou trois fois l'an, un billet d'avion pour le dirigeant d'un parti qu'on extirpe de « son » Afrique pour un congrès ou un séminaire, voilà tout ce que l'on peut attendre de l'Internationale libérale ou socialiste. Chez les Verts ou les altermondialistes, il y a plus d'effervescence mais encore moins de moyens. En revanche, n'importe quelle Église du Réveil fournit un réseau d'entraide local et international, dans le quartier, dans la grande ville, à l'intérieur du pays, mais aussi dans les États voisins et même en Amérique. Certes, elle ne dispose pas de ses propres écoles et hôpitaux, elle ne crée pas – ou peu – d'emplois rémunérés. Mais elle organise régulièrement des collectes pour les plus démunis et œuvre à la « guérison » des maux qui les affligent. En attendant le miracle, elle intègre les « frères et sœurs en Christ » dans une hiérarchie parallèle, relevant d'un autre monde, où chacun trouve une place qui lui est assignée selon son mérite. Quand le quotidien s'assimile à un vain épuisement, c'est le salut, une vraie alternative, la paix de l'âme. La foi partagée abroge les barrières de classe et de race, voire les frontières internationales : elle unit nationaux et étrangers, riches et pauvres, Noirs et Blancs. Le « réveil » met l'Afrique à la même heure que le reste du monde. Il offre une seconde vie, en temps universel, aux exclus de la mondialisation.

L'Amérique est la Mecque des Africains *born again*, littéralement « nés à nouveau » ou, selon la traduction française convenue, des chrétiens « convertis ». Pour bien des raisons, tant prosaïques que théologiques, le protestantisme américain capte mieux que d'autres cultes les signaux de détresse émanant du continent africain : à cause du grand nombre de ses chapelles, qui représentent chacune une « antenne » particulière ; d'une ferveur missionnaire sans équivalent dans le monde développé ; du prestige et des moyens uniques des États-Unis ; du relais qu'y assure la communauté afro-américaine. L'Amérique est le sanctuaire religieux de l'Occident, qui vit simultanément un net recul de la pratique chrétienne et une « contre-révolution » politique inspirée par une lecture civilisationnelle de cette foi. Si en 2000, moins de 1 % des Américains se déclaraient athées, ils étaient trois fois moins nombreux que dix ans auparavant à assister au culte – mais toujours trois fois *plus* nombreux que les Européens dont seulement un sur dix pratique encore sa religion. Cependant, vus de l'Afrique, les États-

Unis fournissent surtout l'exemple d'un pays d'une très grande diversité ethnique, uni par sa foi en Dieu, bien que ce ne soit pas le même pour tout le monde. En ce sens, au sud du Sahara, on est en phase avec le *Deep South* américain, avec la *Bible Belt* (la « ceinture de la Bible ») qui veut honorer les Écritures au pied de la lettre, mais aussi avec le manichéisme moral entré en politique avec « l'empire du Mal » de Ronald Reagan, le « travail de Dieu » de Bush père ou « l'axe du Mal » de Bush fils. De là à la Christian Coalition des pentecôtistes, il n'y a qu'un pas que les radicaux des « convertis » africains pourraient un jour aussi aisément franchir que certains membres de l'entourage de George W. Bush. Pour le reste, on se perd en conjectures, comme par exemple sur de possibles résonances entre la société de spectacle américaine, qui met la religion en scène, sur plus de deux cents chaînes de télévision, par la violente vitupération du vice et l'étalage des tourments intimes de la conscience, et le goût pour l'exhibitionnisme qui caractérise une partie de l'Afrique centrale. Quoi qu'il en soit, une certitude n'est fondée sur aucune spéculation : la France ne « parle » pas à l'Afrique religieuse, mais s'en éloigne aussi vite qu'elle perd sa foi. Nul *revival* du protestantisme français, de toute façon très minoritaire dans l'Hexagone. Quant à la « fille aînée de l'Église », elle comptait, au début du XXe siècle, quarante mille prêtres catholiques pour trente millions d'habitants ; à la fin du millénaire, ils n'étaient plus que douze mille prêtres, souvent très âgés, pour une population qui avait doublé. Désormais, en France, rien n'est plus suspect, surtout en politique, qu'une foi ancrée dans l'absolu, que des vérités révélées. Or, dans une grande partie de l'Afrique, c'est le contraire. Peut-être par la force des choses, on y croit de plus en plus à l'apocalypse, le mot grec pour « révélation ».

Est-ce l'une des raisons de l'incompréhension quasi autiste qui s'est installée entre Paris et Abidjan ? Les autorités françaises ont sous-estimé l'âpreté de la guerre de succession de l'après-Houphouët-Boigny et ont baissé les bras devant la faillite de l'État « patrimonial » en Côte d'Ivoire, se résignant à passer le relais à la Banque mondiale et au FMI qui n'ont pas mieux réussi qu'elles ; sur fond de crise financière et, ceci expliquant cela, de l'exacerbation des clivages ethniques, elles ont longtemps ignoré les conflits fonciers dans la « boucle du cacao » et l'épuisement du modèle agro-exportateur qui avait permis le « miracle ivoirien » à un coût écologique élevé, la destruction des deux tiers de la forêt primaire du sud-ouest ; elles ont également ignoré les problèmes qu'une immigration massive sur trois générations posait à l'identité nationale, ne réagissant pas non plus à l'alerte que constituait la démagogie autour de l'« ivoirité » ; habitué à confondre la Côte d'Ivoire avec le « pays du Vieux », en raison de l'interminable fin de règne d'Houphouët-Boigny, la France n'a pris en compte ni le fulgurant rajeunissement de la population ivoirienne ni sa « révolution citadine » ; elle n'a pas perçu la nécessité de prendre les devants pour une mise à jour de sa « présence » dans son ancienne colonie, de sa coopération civile et militaire, de sa rente de situation économique et de son exercice de certains attributs de la souveraineté ivoirienne, notamment en matière de défense. À cette liste déjà longue d'actes manqués s'ajoute une cécité spirituelle, *a priori* vertueuse pour une République laïque mais qui aveugle Paris sur la dimension apocalyptique de la crise ivoirienne.

Homme du peuple, professeur d'histoire et opposant socialiste pendant trente ans, rien ne semblait prédestiner Laurent Gbagbo à faire le « plongeon » – le *baptisma* évangélique – dans les eaux lustrales du pentecôtisme. Catholique, scolarisé au petit séminaire de Gagnoa, il en avait été renvoyé pour « indiscipline ». Par la suite, selon les témoignages concordants de ses amis ivoiriens et français, ni à l'université d'Abidjan ni lors de son exil à Paris dans les années 80, il ne s'est fait remarquer par un signe particulier de religiosité ni, à plus forte raison, de dévotion. « Bien au contraire », ajoutent beaucoup parmi ceux qui le connaissent de longue date. Aussi savait-on tout juste qu'il s'était converti au protestantisme en 1970 pour pouvoir épouser une femme également divorcée avec des enfants, Simone Ehivet, professeur de linguistique et militante de gauche de la première heure. On savait aussi, sans y attacher davantage d'importance, que Laurent Gbagbo fréquentait, comme d'autres hommes politiques ivoiriens, les « prophètes pasteurs » du littoral, nombreux et influents. Le plus connu d'entre eux, « Papa Nouveau », de son vrai nom Dagri Najva, lui avait prédit un avenir présidentiel. C'était en août 2001, un mois avant la mort du « dernier prophète de la lagune » dans son village de Toukouzou Hozalem, littéralement le « lieu du génie de la Nouvelle Jérusalem ». Papa Nouveau avait également révélé « un message de Dieu qui demande aux Ivoiriens de ne pas confier la direction de leur Côte d'Ivoire à une autre communauté ». Cette « révélation » avait été d'emblée comprise par tous les Ivoiriens : l'autre communauté ne pouvait être que celle des musulmans, compatriotes du Nord et immigrants sahéliens confondus, dont Alassane Ouattara était devenu la figure de proue politique. Au début des années 90, quand l'ancien directeur général adjoint du FMI, né dans le nord de la Côte d'Ivoire mais élevé dans l'actuel Burkina Faso, était le dernier Premier ministre de Félix Houphouët-Boigny, il avait ajouté les fêtes religieuses musulmanes au calendrier officiel des jours chômés et payés, où figuraient depuis longtemps les grandes dates chrétiennes. Il avait aussi créé, en 1993, le Conseil national islamique (CNI), présidé depuis par l'imam Idriss Koudouss. Ses adversaires avaient dénoncé une récupération politique de l'islam. La confrontation s'était aggravée lorsque le CNI avait pris position contre l'« ivoirité », promue par le président Henri Konan Bédié, le successeur du « Vieux », qui empêchait Alassane Ouattara de briguer un mandat électif au motif de la « nationalité douteuse » de son rival.

Le soupçon sur l'appartenance à la communauté nationale se porte vite sur tous les ressortissants du Nord, les « grands boubous » – les musulmans – ou « Dioulas », locuteurs de la langue véhiculaire du commerce. Se rendant compte du danger de les voir rallier en bloc le camp d'Alassane Ouattara, le président Bédié charge un richissime prédicateur musulman, Mustapha Diabi dit « Koweït » (le pays du Golfe d'où sont censés provenir ses fonds), de couper l'herbe sous les pieds du CNI. Ayant renversé Henri Konan Bédié le 24 décembre 1999, le général Robert Gueï réitère cette vaine tentative en nommant « conseiller spécial à la présidence chargé des affaires politiques et religieuses » Balla Keïta, un ami de Mustapha Diabi, lui-même originaire du Nord, plusieurs fois ministre sous Félix Houphouët-Boigny. La boucle sera bouclée quand, à la veille de l'insurrection militaire du nord de la Côte d'Ivoire, déclenchée en septembre 2002 depuis le Burkina Faso, Balla Keïta sera assassiné dans une villa à Ouagadougou où il avait trouvé refuge après la chute du général Gueï, deux ans plus tôt. Après avoir tenté un hold-up électoral, le général-président a en effet été délogé, le 25 octobre 2000, à la faveur d'un soulèvement populaire à Abidjan, auquel avait appelé Laurent Gbagbo, son seul challenger électoral de taille, tous les autres candidats de poids ayant été empêchés de se présenter. Au prix d'une soixantaine de morts, cette « révolution d'octobre » porte l'opposant au pouvoir, alors que le général Gueï parvient de justesse à fuir la capitale et se réfugie dans la lagune... chez Papa Nouveau. Le 26 octobre au soir, quand Laurent Gbagbo prête serment comme nouveau chef de l'État, d'autres cadavres jonchent les rues. À leur tour, les partisans d'Alassane Ouattara ont marché sur la présidence pour exiger la reprise des élections, « sans exclusive ». Laurent Gbagbo les a fait mater par la gendarmerie, le corps de l'armée qui lui est acquis. Vainqueur d'une élection à laquelle n'a pris part qu'un quart du corps électoral, il se considère comme l'élu du peuple, quitte à démocratiser le martyre.

Ce péché originel entache la légitimité de Laurent Gbagbo, qui ne sera reconnu par la communauté internationale qu'à l'insistance de la France, alors en cohabitation, avec un gouvernement socialiste. Isolé, visé par plusieurs coups de force, le nouveau chef de l'État se barricade dans sa résidence, ne faisant pleinement confiance qu'à ses « parents » bétés et, de plus en plus, à des prédicateurs pentecôtistes. Les échos de longues séances de prières circulent en ville. La *vox populi* dit le président « pasteurisé ». Tous les visiteurs de Laurent Gbagbo remarquent le tableau du pécheur contrit, effondré sous le poids de sa déréliction, qui domine son bureau. Le tout-Abidjan chuchote le nom de son « gourou ». Le président dément par voie de presse que le pasteur Moïse Koré soit son « Raspoutine ». Ingénieur de télécommunications, ancien cadre d'une multinationale, par ailleurs joueur émérite de basket-ball, le fondateur de la mission évangélique Shekina Glory n'a en effet rien en commun avec le « débauché » – *raspoutnyï* – de la cour tsariste. Néanmoins, après la sanglante tentative de coup d'État du 19 septembre 2002 et la rébellion du Nord qui divise le pays, c'est bien lui qui lui sert de *missi dominici* dans les affaires les plus secrètes. Dans un long entretien titré « Le peuple de Dieu en Côte d'Ivoire » et publié, les 13 et 14 septembre 2003, par le journal du parti présidentiel *Notre Voie*, Moïse Koré s'en est expliqué : « Je ne suis pas arrivé à la présidence parce que je le voulais ; c'est Dieu qui m'a envoyé là-bas. La responsabilité qui m'a été confiée par l'Éternel est de veiller sur la bonne santé spirituelle du chef de l'État [...]. En tant que son pasteur, il est ma brebis. Et je lui indique comment il doit marcher, selon ce que Dieu m'a enseigné, c'est tout. »

Le président ivoirien et son épouse, très radicale dans sa volonté de bâtir le royaume de Dieu sur terre, ont adhéré à l'Église évangélique Foursquare, d'origine américaine mais bien implantée dans de nombreux pays de l'Afrique de l'Ouest. Un personnage d'un charisme météorique, Kacou Séverin, a été leader de Foursquare en Côte d'Ivoire, jusqu'à sa mort dans un accident de voiture, à trente-sept ans, le vendredi 13 avril 2001, un vendredi saint... L'une de ses prédictions, la résurrection du pays après l'avènement d'un

« premier président chrétien », est devenue l'article de foi du pentecôtisme national, qui inspire la présidence ivoirienne. Pour cette mouvance, « chrétien » signifie fatalement « converti » et la « Seconde République » fondée par Laurent Gbagbo n'est pas l'État laïc prévu par la Constitution mais une conversion collective, le baptême de tous par l'Esprit-Saint donnant accès à la vérité révélée. Dès lors, les épreuves politiques subissent une dramatisation christique, la guerre contre les rebelles est menée comme une croisade contre Satan, le Nord musulman insurrectionnel doit être ramené dans la voie du Salut, par ordre divin. L'élu du peuple est devenu l'élu de Dieu. Pour lui, l'apocalypse est sûre. Laurent Gbagbo remettra-t-il son mandat en jeu à l'échéance constitutionnelle d'octobre 2005 ? La France veut croire qu'une « élection libre, équitable et ouverte à tous » offrira à la Côte d'Ivoire une sortie de crise – et à son armée une issue honorable. Mais le verdict des urnes peut-il infirmer la prédestination divine ?

ÉPILOGUE : « VERS 1994 »

Dans le XVIe arrondissement de Paris, rue Pierre-Ier-de-Serbie, la « Françafrique » dispose d'un musée. Il n'est pas très grand, mais peut-être est-il finalement moins petit que touffu, tant il déborde de souvenirs, ces « fétiches » des Blancs : les murs sont couverts de photographies, des portraits officiels ou des instantanés en bonne compagnie, tous dédicacés de beaux paraphes, comme les lettres à en-tête des présidences de la République, française ou africaines, adressées à Me Robert Bourgi. Jacques Chirac sourit partout. Omar Bongo aussi. « À Robert, mon complice. » Feu le maréchal président Mobutu, pendant plus de trente ans le maître du Zaïre, a toujours été un peu plus direct et railleur que les autres, une brute espiègle en quelque sorte. En son temps, il aimait empaqueter l'argent comptant de la corruption, des liasses de dollars, dans de minuscules bouts de papier kraft, de sorte que son visiteur, en le quittant, devait battre en retraite sous le regard moqueur ou avide des membres de la cour, de l'antichambre jusqu'aux portes du palais. « Ah, lui aussi a donc pris, fait désormais partie du club... » Sur le bureau de « Bob », en bonne place, trône un buste de Napoléon en bronze. Ce n'est pas la seule présence corse. Sur le flanc du bureau, forcément monumental, s'élève une figure de proue, une Madone énigmatique du XVIIe siècle. Elle ornait un navire qui a coulé, il y a deux siècles, au large de l'île de Beauté. Mais cela, presque personne ne le sait. En revanche, tous ceux qui ont blanchi sous le harnais de la France (néo)coloniale, les citoyens plus ou moins honorables de la « Françafrique », se souviennent de la longue rivalité de la pieuse dame avec une autre paire d'yeux fixes, un peu globuleux et impénétrables : ceux de Jacques Foccart. Transformée en statue, la figure de proue se trouvait dans son appartement parisien, rue de Prony, où elle en intriguait plus d'un, Africain ou non. Après la mort du père des réseaux franco-africains en 1997, Me Robert Bourgi en a hérité. Un legs qui se justifie.

C'est donc dans le cabinet de Me Bourgi que la « Françafrique » se commémore, sans beaucoup de visiteurs, plutôt dans la solitude. Fils d'un grand commerçant libanais installé de longue date à Dakar et ami de Jacques Foccart, Robert Bourgi a été élevé dans la relation franco-africaine. Il en connaît les rutilances et les ombres, les protagonistes et les comparses, les épigones aussi. Si bien que c'est « tout naturellement », comme il dit, qu'il a travaillé avec Jacques Foccart, qu'il est devenu son dernier et plus fidèle serviteur. « Ses jambes », disaient les envieux, quand Robert Bourgi servait de *missi dominici* à l'octogénaire, plus en mesure de se déplacer. Puis « l'irremplaçable est parti », décédé, et Me Bourgi s'est mis au service de ses successeurs, à un titre ou à un autre. La liste serait longue. Mais outre Jacques Chirac, l'héritier gaulliste, il faudrait au moins citer Michel Aurillac, Jacques Toubon et Dominique de Villepin. Quand l'ancien secrétaire général de l'Élysée puis chef de la diplomatie française et, en 2005, ministre de l'Intérieur traite avec les présidences africaines, « Bob » n'est jamais très loin. Aussi, quand « Laurent » (Gbagbo) est arrivé à la tête de l'État ivoirien, Robert Bourgi a-t-il fait passer des messages plus codés que ceux du chiffre diplomatique. La veille d'un voyage de « DDV », comme il l'appelle, il était déjà à Abidjan en train d'expliquer à « Laurent » ce que le ministre allait lui demander, le lendemain. Un précieux gain de temps, sinon plus. Car « Bob » sait parler aux Africains, dans le langage fleuri qu'il affectionne et qui puise « autant aux sources du cœur qu'à celles de la raison ». Ainsi l'a résumé le président Omar Bongo, dans une lettre datée du 16 mars 1984 et adressée à Jacques Chirac, alors maire de Paris. À l'époque, Me Bourgi était professeur de droit à l'université d'Abidjan, par ailleurs membre du Club 89 du RPR, et venait de faire la connaissance du chef de l'État gabonais. Celui-ci en avisa son « très cher ami » Jacques Chirac, qui dans un courrier daté du 23 mai, l'encourageait à approfondir sa nouvelle relation, Me Bourgi étant « un homme qui a su parfaitement assimiler la pensée du général de Gaulle et la traduire dans les différentes actions qu'il mène pour développer l'amitié entre la France et les États d'Afrique ». Mieux que des lettres de créance.

Ce fut la belle époque. Elle est révolue. Abidjan va mal, Me Bourgi réfléchit par deux fois avant d'y aller. « C'est dangereux, et un accident est vite arrivé. » Dans les autres capitales du continent, il y a aussi plus de soucis que de joies. Seule Libreville fonctionne encore, grâce à « papa », le nom affectueux que Robert Bourgi réserve à Omar Bongo. « Je suis le raccord avec le passé mais, à Paris, plus personne ne connaît et ne suit vraiment l'Afrique. » Pas même Dominique de Villepin ? « Il en a son idée, mais elle est un peu abstraite, pas charnelle. Il cherche à prolonger la Françafrique, mais il ne trouve plus les relais nécessaires. » En face, « les Africains savent qu'ils comptent aussi pour d'autres », ce qui ne facilite pas la tâche. Si bien que, sous les regards croisés du petit Corse et de la Madone de Foccart, au milieu de ses « témoignages affectueux », des livres et images d'une planète désormais si éloignée, il arrive à Me Bourgi de se plaindre. « Je suis le dernier des Mohicans, et j'existe uniquement parce que je suis le dernier ! » Puis la vie continue, pour lui plutôt agréablement.

Me Bourgi pense que la « Françafrique » est morte du schisme entre Édouard Balladur et Jacques Chirac, au début des années 90. La guerre fratricide au sein du RPR a déchiré les réseaux gaullistes, auxquels Charles Pasqua avait déjà arraché un pan. Chez Elf, la guerre des clans a fait exploser la caisse noire. Bref, tout est parti en lambeaux et dans les cartons de la justice... Vu de l'extérieur, et en rendant à l'Histoire – non gaulliste – ses droits, l'année de décès de la « Françafrique » serait plutôt 1994 : la chute du mur monétaire qu'a été la dévaluation du franc CFA, en janvier ; les obsèques du « Vieux » Houphouët-Boigny à Yamoussoukro, en février, qui ont marqué le début de la fin en Côte d'Ivoire ; le génocide au Rwanda, à partir d'avril, la nouvelle « honte » de la France. Sur les plans économique, politique et militaire, ces événements font césure. D'autant plus qu'on pourrait y ajouter la privatisation d'Elf, qui ampute la République française de son bras pétrolier et enlève à l'Afrique une compagnie d'État – dans tous les sens de l'expression. Cependant, comme l'atteste ce livre, c'est finalement une histoire au long cours qui s'achève, un peu comme une vague sur la plage. La fin de la guerre froide n'a-t-elle pas déjà scellé le sort de l'« exception française » sur le continent ? Cela pourrait se plaider. Depuis quand les Africains sont-ils si nombreux, jeunes et urbanisés que les vieux cadres de la « Françafrique » ont volé en éclats ? La question n'a pas de sens, mais la réponse fait partie de l'acte de décès que cet ouvrage a voulu établir. En empruntant une astuce à l'état civil africain, on pourrait conclure : la « Françafrique » est morte « vers 1994 ».

Et après ? Comme pour Me Bourgi, la vie continue. Les rémanences historiques sont d'une inertie telles qu'on ajoutera encore bien des post-scriptum à la grande saga franco-africaine ; on parlera encore longtemps de « réseaux » plutôt que de lobbies, tels qu'il en existe partout dans le monde, ne serait-ce que pour intriguer, pour faire l'important, pour vendre du papier journal ; enfin, une vieille complicité liera encore longtemps la France à « son » Afrique, de Dakar à Djibouti en passant par N'Djamena, Brazzaville et Antananarivo. Un peu comme, au Congo-Kinshasa, on continue d'échanger des « civilités » de préférence avec les « tontons » belges, bien que ceux-ci ne comptent plus et ne changent pas le cours des choses, même pas à feu Léopoldville. Mais qui sait, peut-être un événement majeur ou un gouvernement exceptionnel infléchiront-ils le destin africain déclinant de la France ? Dans le nouvel ordre international de l'après-11-Septembre, la rente de situation dont l'Hexagone jouit encore sur le continent serait facile à faire fructifier dans une division de travail avec – *horresco referens* – les Américains.

Pour le reste, peu de certitudes, sinon celles-ci, aux antipodes : la Chine poursuivra sa percée en Afrique, alors que la France n'y remontera la pente qu'en identifiant clairement *ses* intérêts. En 2004, Pékin était déjà le deuxième acteur économique dans la zone franc, en y incluant le Nigeria et le Ghana, avec une part de marché de 7,2 %, certes toujours loin derrière la France, avec 16 % (contre 29 % dans les années 80), mais déjà devant les États-Unis (6,2 %) et la Grande-Bretagne (6,1 %). Partout sur le continent, du Soudan à l'Angola, la Chine s'assure un accès garanti aux matières premières, à commencer par le pétrole, en entrant dans le capital des sociétés d'exploitation ou en concluant des contrats d'approvisionnement pluriannuels. Partout, aussi, elle rafle des marchés, en particulier dans le bâtiment et les travaux publics, grâce à des offres souvent trois fois moins chères que celles des concurrents occidentaux. Enfin, Pékin n'attache aucune « conditionnalité » à son aide ou à son commerce, bien au contraire : chacun réprime chez soi, en toute souveraineté, quitte à se retrouver tous à Genève, pour se soutenir au sein de la Commission des droits de l'homme de l'ONU... Face à cette realpolitik sans scrupule, la faiblesse de la France apparaît au grand jour. Non pas en raison d'un soutien massif à la promotion des droits de l'homme en Afrique, même si la « judiciarisation » de la sphère internationale lui pose les mêmes problèmes qu'aux autres démocraties occidentales ; pas non plus à cause de son respect de la législation sociale dont la Chine n'a cure, ou de la torpeur tropicale de ses entreprises travaillant en Afrique, souvent performantes. Mais, au risque de surprendre, parce que Paris s'offre le luxe d'une *politique africaine*. Ailleurs qu'en Afrique et dans le monde arabe, cette autre partie du globe où la France s'accroche à sa « mission civilisatrice », cette prétention serait incongrue. Il n'y a ni politique américaine, ni politique allemande ou australienne de la France, et pour une raison simple : dans ces contrées, habitées par des gens qui s'occupent très bien d'eux-mêmes, la France veille à *ses* intérêts, et à rien d'autre. Par conséquent, il existe une politique de la France *à l'égard* des États-Unis, à l'égard de l'Allemagne ou par rapport à l'Australie. Leur alpha et oméga est l'intérêt de la France qu'il faut y défendre. Le jour où, au lieu de se targuer d'une « politique africaine » censée faire le bonheur du continent noir, il existera une politique *française* en Afrique, qu'on pourra présenter aux citoyens-électeurs-contribuables français comme étant de *leur* intérêt, la France aura tourné la page de son passé colonial.

L'Afrique politique

● ○ Villes de plus de 1 000 000 d'habitants
● ○ Villes de plus de 250 000 à 1 000 000 d'habitants
• ◦ Villes de moins de 250 000 habitants
● Capitales politiques
○ Capitales économiques

1 000 km

Le golfe de Guinée pétrolier

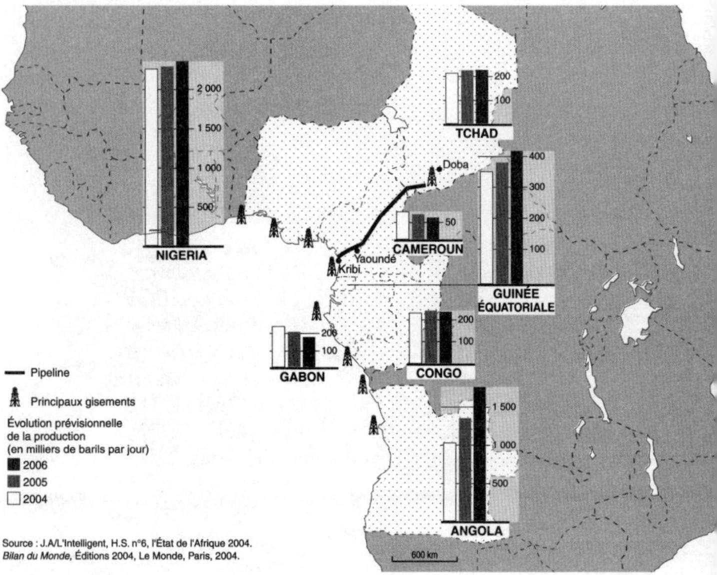

Source : J.A/L'Intelligent, H.S. n°6, l'État de l'Afrique 2004.
Bilan du Monde, Éditions 2004, Le Monde, Paris, 2004.

INDEX

TABLE DES MATIÈRES

Troisième partie

L'APRÈS-11 SEPTEMBRE 2001
LA FRANCE *OUT OF AFRICA*

COLLECTION « PLURIEL »

ACTUEL

ACHACHE José
Les sentinelles de la Terre

ADLER Alexandre
J'ai vu finir le monde ancien
Au fil des jours cruels
L'Odyssée américaine

ATTIAS Jean-Claude,
BENBASSA Esther
Les Juifs ont-ils un avenir ?

BACHMANN Christian,
LE GUENNEC Nicole
Violences urbaines

BARBER Benjamin R.
Djihad versus McWorld
L'Empire de la peur

BEN-AMI Shlomo
Quel avenir pour Israël ?

BURGORGUE-LARSEN
Laurence,
LEVADE Anne,
PICOD Fabrice
La Constitution européenne expliquée au citoyen

BRZEZINSKI Zbigniew
Le Grand Échiquier

BURGEL Guy
La Ville aujourd'hui

COHEN Daniel
La Mondialisation et ses ennemis

COLLECTIF
Le Piège de la parité

DAVIDENKOFF Emmanuel
Peut-on encore changer l'école ?

DELUMEAU Jean
Un Christianisme pour demain

ÉTIENNE Bruno,
LIOGIER Raphaël
Être bouddhiste en France aujourd'hui

FAUROUX Roger,
SPITZ Bernard
Notre État

GLUCKSMANN André
De Gaulle, où es-tu ?
Ouest contre Ouest
Le Discours de la haine

GRESH Alain
Israël-Palestine

GRESH Alain,
VIDAL Dominique
Les Cent Clés du Proche-Orient

JADHAV Narendra
Intouchable

KAGAN Robert
La Puissance et la Faiblesse

LAÏDI Zaki
Un monde privé de sens

LE BONNEC Yves,
SAULOY Mylène
À qui profite la cocaïne ?

LENOIR Frédéric
Les Métamorphoses de Dieu

MINCES Juliette
Le Coran et les femmes

PROLONGEAU Hubert
Sans domicile fixe

RAMBACH Anne,
RAMBACH Marine
Les Intellos précaires

RENAUT Alain
La Libération des enfants

ROY Olivier
Généalogie de l'islamisme
La laïcité face à l'islam

ROY Olivier,
ABOU ZAHAD Mariam
Réseaux islamiques

SALAS Denis
Le Tiers Pouvoir

SMITH Stephen
Négrologie
Oufkir, un destin marocain

STRAUSS-KAHN Dominique
La Flamme et la Cendre

TISSERON Serge
L'Intimité surexposée

TRAORÉ Aminata
Le Viol de l'imaginaire

URFALINO Philippe
L'Invention de la politique culturelle

VIROLE Benoît
L'Enchantement Harry Potter

WARSCHAWSKI Michel
Sur la frontière

Wieviorka Michel
La tentation antisémite

PSYCHANALYSE / PSYCHOLOGIE

BARROIS Claude
Psychanalyse du guerrier

BETTELHEIM Bruno
Dans les chaussures d'un autre
Le Poids d'une vie

BONNAFÉ Marie
Les livres, c'est bon pour les bébés

BRUNSCHWIG Hélène
N'ayons pas peur de la psychothérapie

CRAMER Bertrand
Profession bébé

CZECHOWSKI Nicole,
DANZIGER Claudie
Deuils

DANON-BOILEAU Henri
De la vieillesse à la mort

DE MIJOLLA Alain (sous la direction de)
Dictionnaire international de psychanalyse (2 vol.)

DUMAS Didier
La Sexualité masculine

FLEM Lydia
Freud et ses patients

HEFEZ Serge,
LAUFER Danièle
La Danse du couple

GAY Peter
Freud, une vie (2 vol.)

GREEN André
La Déliaison
Un psychanalyste engagé

GRIMBERT Philippe
Pas de fumée sans Freud
Psychanalyse de la chanson

HADDAD Antonietta,
HADDAD Gérard
Freud en Italie

HADDAD Gérard
Manger le Livre

HOFFMANN Christian
Une introduction à Freud

HUMBERT Élie G.
Jung

KORFF SAUSS Simone
Dialogue avec mon psychanalyste

LACHAUD Denise
L'Enfer du devoir
Jalousies

LAPLANCHE Jean,
PONTALIS Jean-Bernard
Fantasme originaire. Fantasme des origines. Origines du fantasme

LESSANA Marie-Magdeleine
Entre mère et fille : un ravage

MORO Marie-Rose
Enfants d'ici venus d'ailleurs

MURAT Laure
La Maison du docteur Blanche

PERRIER François
L'Amour

PHILLIPS Adam
Le Pouvoir psy

PIGNARRE Philippe
Comment la dépression est devenue une épidémie

RIBAS Denys
L'Énigme des enfants autistes

SAVIER Lucette
Des sœurs, des frères

SIETY Anne
Mathématiques, ma chère terreur

SUTTON Nina
Bruno Bettelheim

TISSERON Serge
Comment Hitchcok m'a guéri

TOMKIEWICZ Stanislas
L'Adolescence volée

VIGOUROUX François
L'Âme des maisons
L'Empire des mères
Le Secret de famille

Sociologie, anthropologie

ARNALDEZ Roger
L'Homme selon le Coran

AUGÉ Marc
Un ethnologue dans le métro

BADIE Bertrand,
BIRNBAUM Pierre
Sociologie de l'État

BAUMAN Zygmunt
Le Coût humain de la mondialisation

BEAUD Stéphane,
PIALOUX Michel
Violences urbaines, violence sociale

BIRNBAUM Pierre
La Fin du politique
Le Peuple et les gros

BOUDON Raymond
La Logique du social
L'Inégalité des chances

BOUSTANY Antoine
Drogues de paix, drogues de guerre

BROMBERGER Christian
Passions ordinaires

CALVET Louis-Jean
Histoire de l'écriture
La Guerre des langues et les politiques linguistiques

CASTEL Robert,
HAROCHE Claudine
Propriété privée, propriété sociale, propriété de soi

DE SINGLY François
Les Uns avec les autres

DIGARD Jean-Pierre
Les Français et leurs animaux

DUPUY Jean-Pierre
Libéralisme et justice sociale

EHRENBERG Alain
Le Culte de la performance
L'Individu incertain

ELLUL Jacques
Le Bluff technologique

FONDATION DES ÉTUDES DE DÉFENSE
Les Manipulations de l'image et du son

GIDDENS Anthony
La transformation de l'intimité

GUÉNIF-SOUILAMAS Nacira
Des beurettes

HIRSCHMAN Albert O.
Bonheur privé, action publique

JEANNENEY Jean-Noël
L'Écho du siècle. Encyclopédie historique de la radio et de la télévision en France

KAUFMANN Jean-Claude
L'Invention de soi

LAHIRE Bernard
L'homme pluriel

LE BRAS Hervé
Marianne et les lapins

POIRIER Lucien
Le Chantier stratégique

PONT-HUMBERT Catherine
Dictionnaire des symboles, des rites et des croyances

RAUCH André
Crise de l'identité masculine, 1789-1914
Vacances en France de 1830 à nos jours

RIOUX Jean-Pierre,
SIRINELLI Jean-François
La culture de masse en France

ROSANVALLON Pierre
La Question syndicale

SABEG Yazid,
MÉHAIGNERIE Laurence
Les oubliés de l'égaliré des chances

SENNETT Richard
Respect

TIERNEY Patrick
Au nom de la civilisation

WIEVIORKA Michel
La Violence

LETTRES ET ARTS

BADIOU Alain
Beckett

CACHIN Françoise
Gauguin

CLARK Kenneth
Le Nu (2 vol.)

DE BAECQUE Antoine
La Cinéphilie

DE DUVE Thierry
Résonances du readymade

DELON Michel
Le Savoir-vivre libertin

FERRIER Jean-Louis
Brève histoire de l'art
De Picasso à Guernica. Généalogie d'un tableau

GOODMAN Nelson
Langages de l'art

GRAVES Robert
Les Mythes grecs (2 vol.)

GUILBAUT Serge
Comment New York vola l'idée d'art moderne

HASKELL Francis,
PENNY Nicholas
Pour l'amour de l'antique. La statuaire gréco-romaine et le goût européen

HURÉ Pierre-Antoine,
KNEPPER Claude
Liszt en son temps

JANOVER Louis
La Révolution surréaliste

LAZARD Madeleine
Rabelais l'humaniste

LIÉBERT Georges
L'Art du chef d'orchestre

MESCHONNIC Henri
De la langue française

MICHAUD Yves
L'Art à l'état gazeux
Critères esthétiques et jugement de goût

PACHET Pierre
Les Baromètres de l'âme. Naissance du journal intime

RANCIÈRE Jacques
La Parole muette

REWALD John
Le Post-impressionnisme

RICHARD Lionel
L'Art et la guerre

ROMILLY (de) Jacqueline
La Douceur dans la pensée grecque

STEINER George
De la Bible à Kafka
Extraterritorialité

TAPIÉ Victor L.
Baroque et classicisme

VALLIER Dora
L'Art abstrait

Philosophie

ARON Raymond
Essai sur les libertés
L'Opium des intellectuels

AXELOS Kostas
Métamorphoses

BLAIS Marie-Claude,
GAUCHET Marcel,
OTTAVI Dominique
Pour une philosophie de l'éducation

BOUVERESSE Jacques
Le Philosophe et le réel

BURKE Edmund
Réflexions sur la Révolution en France

CHÂTELET François
Histoire de la philosophie
t. 1 : *La Philosophie païenne (du VIe siècle av. J.-C. au IIIe siècle après J.-C.)*
t. 2 : *La Philosophie médiévale (du Ier au XVe siècle)*
t. 3 : *La Philosophie du monde nouveau (XVIe et XVIIe siècle)*
t. 4 : *Les Lumières (XVIIIe siècle)*
t. 5 : *La Philosophie et l'histoire (de 1780 à 1880)*
t. 6 : *La Philosophie du monde scientifique et industriel (de 1860 à 1940)*
t. 7 : *La Philosophie des sciences sociales (de 1860 à nos jours)*
t. 8 : *Le XXe siècle*

CONSTANT Benjamin
Principes de politique

COURTINE-DENAMY Sylvie
Hannah Arendt

DETIENNE Marcel
Dionysos à ciel ouvert

FINKIELKRAUT Alain,
SLOTERDIJK Peter
Les Battements du monde

GIRARD René
La Violence et le sacré
Celui par qui le scandale arrive
Mensonge romantique et vérité romanesque

GLUCKSMANN André
Le Bien et le Mal

HABERMAS Jürgen
Après Marx

HABIB Claude
Le Consentement amoureux

JANICAUD Dominique
Heidegger en France (2 vol.)

JANKÉLÉVITCH Sophie,
OGILVIE Bertrand
L'Amitié

JARDIN André
Alexis de Tocqueville

JOUVENEL (de) Bertrand
Du pouvoir

LA ROCHEFOUCAULD
Maximes, réflexions, lettres

LÖWITH Karl
Nietzsche

MANENT Pierre
Histoire intellectuelle du libéralisme

MONGIN Olivier
Face au scepticisme

NEGRI Anthony
Job, la force de l'esclave

NIETZSCHE Friedrich
Aurore
Humain, trop humain
Le Gai Savoir
Par-delà le bien et le mal

ORY Pascal
Nouvelle Histoire des idées politiques

QUINET Edgar
L'Enseignement du peuple, suivi de La Révolution religieuse au XIXe siècle

RIALS Stéphane
La Déclaration des droits de l'homme et du citoyen

RICHIR Marc
La Naissance des dieux

RICŒUR Paul
La Critique et la conviction

ROUSSEAU Jean-Jacques
Du contrat social

RUYER Raymond
La Gnose de Princeton

SCHOLEM Gershom
Walter Benjamin, Histoire d'une amitié

SERRES Michel
Les Cinq Sens
Le Parasite
Rome

SIRINELLI Jean-François
Sartre et Aron, deux intellectuels dans le siècle

SLOTERDIJK Peter
Bulles, Sphères I
L'Heure du crime et le temps de l'œuvre d'art, suivi de *Essai d'intoxication volontaire*
Ni le soleil ni la mort

SUN TZU
L'Art de la guerre

TODOROV Tzvetan
Les Morales de l'histoire

HISTOIRE

ADLER Laure
Les Maisons closes
Secrets d'alcôve

AGULHON Maurice
De Gaulle. Histoire, symbole, mythe
La République (de 1880 à nos jours)
t. 1 : *L'Élan fondateur et la grande blessure (1880-1932)*
t. 2 : *Nouveaux drames et nouveaux espoirs (de 1932 à nos jours)*

ALEXANDRE-BIDON Danièle, LETT Didier
Les Enfants au Moyen Âge

ANATI Emmanuel
La Religion des origines

ANDREU Guillemette
Les Égyptiens au temps des pharaons

BALLET Pascale
La Vie quotidienne à Alexandrie

BANCEL Nicolas, BLANCHART Pascal, VERGÈS Françoise
La République coloniale

BARTOV Omer
L'Armée d'Hitler

BEAUFRE Général
Introduction à la stratégie

BÉAUR Gérard
La Terre et les hommes. Angleterre et France aux XVIIe et XVIIIe siècles

BECHTEL Guy
La Chair, le diable et le confesseur

BECKER Annette
Oubliés de la Grande Guerre

BENNASSAR Bartolomé, VINCENT Bernard
Le Temps de l'Espagne, XVIe-XVIIe siècles

BENNASSAR Bartolomé
L'Inquisition espagnole, XVe-XIXe siècles

BERCÉ Yves-Marie
Fête et révolte. Des mentalités populaires du XVIe au XVIIIe siècles

BERNAND André
Alexandrie la grande
Sorciers grecs

BLUCHE François
Le Despotisme éclairé
Louis XIV

BOLOGNE Jean Claude
Histoire de la pudeur
Histoire du mariage en Occident

BOTTÉRO Jean
Babylone et la Bible

BOTTÉRO Jean,
HERRENSCHMIDT Clarisse,
VERNANT Jean-Pierre
L'Orient ancien et nous

BRANTHOMME Henry,
CHÉLINI Jean
Histoire des pèlerinages non-chrétiens
Les Chemins de Dieu

BREDIN Jean-Denis
Un tribunal au garde-à-vous

BROSSAT Alain
Les Tondues, un carnaval moche

BRULÉ Pierre
Les femmes grecques

CAHEN Claude
L'Islam, des origines au début de l'empire ottoman

CAMPORESI Piero
Les Baumes de l'amour

CARCOPINO Jérôme
Rome à l'apogée de l'Empire

CARRÈRE D'ENCAUSSE Hélène
Catherine II
Lénine
Nicolas II

CHAUNU Pierre
Le Temps des réformes
3 Millions d'années, 80 milliards de destins
Histoire des élites en France, du XVIe au XXe siècle

CHÉLINI Jean
Histoire religieuse de l'Occident médiéval

CHOURAQUI André
Jérusalem

CIZEK Eugen
Mentalités et institutions politiques romaines

CLOULAS Ivan
Les Châteaux de la Loire au temps de la Renaissance

DARMON Pierre
Le Médecin parisien en 1900

DAUMAS Maurice
La Tendresse amoureuse

DELUMEAU Jean
La Peur en Occident
Rome au XVIe siècle
Une histoire du paradis
t. 1 : *Le Jardin des délices*
t. 2 : *Mille ans de bonheur*
t. 3 : *Que reste-t-il du paradis ?*

DUBY Georges
Le Chevalier, la femme et le prêtre
Le Moyen Âge (987-1460)

DUCELLIER Alain
Le Drame de Byzance. Idéal et échec d'une société chrétienne

DUCREY Pierre
Guerre et guerriers dans la Grèce antique

DUPÂQUIER Jacques,
KESSLER Denis
La Société française au XIXe siècle

DUROSELLE Jean-Baptiste
L'Europe, histoire de ses peuples

EISEN Georges
Les Enfants pendant l'Holocauste

EISENSTEIN Elizabeth L.
La Révolution de l'imprimé

EPSTEIN Simon
Histoire du peuple juif au XXe siècle

ESPRIT
Écrire contre la guerre d'Algérie (1947-1962)

ÉTIENNE Bruno
Abdelkader

FAURE Paul
Parfums et aromates dans l'Antiquité

FAVIER Jean
De l'or et des épices

FERRO Marc
Le Livre noir du colonialisme
Nazisme et communisme
Pétain

FINLEY Moses I.
On a perdu la guerre de Troie

FOURASTIÉ Jean
Les Trente Glorieuses

FROMKIN David
Le dernier été de l'Europe

FRUGONI Chiara
Saint François d'Assise

FURET François,
NOLTE Ernst
Fascisme et communisme

FURET François
La Gauche et la Révolution au XIXe siècle
La Révolution (1770-1880)
t. 1 : *La Révolution française, de Turgot à Napoléon (1770-1814)*
t. 2 : *Terminer la Révolution, de Louis XVIII à Jules Ferry (1814-1880)*

FURET François,
RICHET Denis
La Révolution française

FURET François,
JULLIARD Jacques,
ROSANVALLON Pierre
La République du centre

GARIN Eugenio
L'Éducation de l'homme moderne (1400-1600)

GERVAIS Danièle
La Ligne de démarcation

GIRARD Louis
Napoléon III

GIRARDET Raoul
Histoire de l'idée coloniale en France

GOUBERT Pierre
Initiation à l'histoire de la France
L'Avènement du Roi-Soleil
Louis XIV et vingt millions de Français

GRANDAZZI Alexandre
La Fondation de Rome

GRAS Michel,
ROUILLARD Pierre,
TEIXIDOR Xavier
L'Univers phénicien

GRIMAL Pierre
Les Erreurs de la liberté

GUICHARD Pierre
Al-Andalus (711-1492). Une histoire de l'Andalousie arabe

GUILAINE Jean
La Mer partagée

GUILLERMAZ Jacques
Une vie pour la Chine. Mémoires, 1937-1993

GUTTON Jean-Pierre
La Sociabilité villageoise dans la France d'Ancien Régime

HALÉVY Daniel
La Fin des notables
t. 1 : *La Fin des notables*
t. 2 : *La République des ducs*
Visite aux paysans du centre

HAZARD Paul
La Pensée européenne au XVIIIe siècle

HEERS Jacques
Esclaves et domestiques au Moyen Âge
Fête des fous et carnavals
La Cour pontificale au temps des Borgia et des Médicis
La Ville au Moyen Âge en Occident

HOBSBAWM Eric J.
L'Ère des Révolutions (1789-1848)
L'Ère du Capital (1848-1875)
L'Ère des Empires (1875-1914)

HORNUNG Erik
L'Esprit du temps des pharaons

JERPHAGNON Lucien
Histoire de la Rome antique
Les dieux ne sont jamais loin

JOMINI (de) Antoine-Henri
Les Guerres de la Révolution (1792-1797)

JOXE Pierre
L'Édit de Nantes

KRIEGEL Maurice
Les Juifs à la fin du Moyen Âge dans l'Europe méditerranéenne

LABY Lucien
Les Carnets de l'aspirant Laby

LACARRIÈRE Jacques
En cheminant avec Hérodote

LACORNE Denis
L'Invention de la République

LE BRIS Michel
D'or, de rêves et de sang

LEBRUN François
Histoire des catholiques en France

LE GOFF Jacques
La Bourse et la vie

LE ROY LADURIE Emmanuel
L'État royal (1460-1610)
L'Ancien Régime (1610-1770)
t. 1 : *L'Absolutisme en vraie grandeur (1610-1715)*
t. 2 : *L'Absolutisme bien tempéré (1715-1770)*

LINDENBERG Daniel
Destins marranes

MALET-ISAAC
Histoire
t. 1 : *Rome et le Moyen Âge (735 av. J.-C.-1492)*
t. 2 : *L'Âge classique (1492-1789)*
t. 3 : *Les Révolutions (1789-1848)*
t. 4 : *La Naissance du monde moderne (1848-1914)*

MANDROU Robert
Possession et sorcellerie au XVIIe siècle

MASSON Philippe
Histoire de l'armée allemande

MAUSS-COPEAUX Claire
Appelés en Algérie. La Parole confisquée

MELCHIOR-BONNET Sabine
Histoire du miroir

MILO Daniel
Trahir le temps

MOREAU Jacques
Les Socialistes français et le mythe révolutionnaire

MOSSE George L.
De la Grande Guerre au totalitarisme

MUCHEMBLED Robert
L'Invention de l'homme moderne

NEVEUX Hugues
Les Révoltes paysannes en Europe (XIVe-XVIIe siècle)

NOIRIEL Gérard
Réfugiés et sans-papiers

NOLTE Ernst
Les Mouvements fascistes

PELIKAN Jaroslav
Jésus au fil de l'histoire

POMEAU René
L'Europe des Lumières

POURCHER Yves
Les Jours de guerre

POZNANSKI Renée
Les Juifs en France pendant la Seconde Guerre mondiale

RANCIÈRE Jacques
La Nuit des prolétaires

RAUSCHNING Hermann
Hitler m'a dit

REVEL Jacques
Fernand Braudel et l'histoire

RICHÉ Pierre
Les Carolingiens

RIOUX Jean-Pierre
De Gaulle
La France d'un siècle à l'autre (2 vol.)

RIVET Daniel
Le Maghreb à l'épreuve de la colonisation

ROBERT Jean-Noël
Eros romain

ROTH François
La Guerre de 1870

ROUSSET David
Les Jours de notre mort
L'Univers concentrationnaire

ROUX Jean-Paul
Les Explorateurs au Moyen Âge

SALLES Catherine
La Mythologie grecque et romaine

SHIRER William
La Chute de la IIIe République

SINGER Claude
Vichy, l'Université et les Juifs

SNODGRASS Anthony
La Grèce archaïque

SOLÉ Jacques
L'Âge d'or de la prostitution, de 1870 à nos jours

SOLER Jean
L'Invention du monothéisme
t. 1 : *Aux origines du Dieu unique*
t. 2 : *La Loi de Moise*
t. 3 : *Sacrifices et interdits alimentaires dans la Bible*

SOUSTELLE Jacques
Les Aztèques à la veille de la conquête espagnole

STORA Benjamin,
HARBI Mohammed
La Guerre d'Algérie

STORA Benjamin
Messali Hadj

THIBAUDET Albert
La République des Professeurs suivi de *Les Princes lorrains*

TROCMÉ Étienne
L'Enfance du christianisme

TULARD Jean
Napoléon

VALENSI Lucette
Venise et la Sublime Porte

VALLAUD Pierre
Atlas historique du XXe siècle

VERDON Jean
La Nuit au Moyen Âge
Le Plaisir au Moyen Âge

VERNANT Jean-Pierre
La Mort dans les yeux

VEYNE Paul
Le quotidien et l'intéressant

VIANSSON-PONTÉ Pierre
Histoire de la République gaullienne
t. 1 : *La Fin d'une époque : mai 1958-juillet 1962*
t. 2 : *Le Temps des orphelins : août 1962 — avril 1969*

WEBER Eugen
L'Action française

WEIL Georges
Histoire de l'idée laïque en France au XIXe siècle

WIEVIORKA Annette
Déportation et génocide
L'Ère du témoin
Auschwitz

Imprimé en Espagne, par LIBERDUPLEX (Barcelone)

HACHETTE LITTÉRATURES - 31, rue de Fleurus - 75006 Paris

Collection nº 25 - Édition nº 01
Dépôt légal : 73837-09/06
ISBN : 2.01.279293.6